세계 최고의 부자들을 만난 남자

월가의 천재 조던 벨포트부터 —————
————————— 스타벅스 의장 하워드 슐츠까지

# 세계 최고의
# 부자들을
# 만난 남자

**윌리엄 리스** 지음 | **박우정** 옮김

WHY SOME PEOPLE CAN MAKE MONEY —————
————————— AND OTHER PEOPLE CAN'T

**일러두기**

1. 이 책의 주는 모두 옮긴이 주다.
2. 책은 《 》, 잡지·영화·드라마·그림 등은 〈 〉로 표기했다.
3. 책에 등장하는 주요 인명, 지명 등은 국립국어원 외래어 표기법을 따랐지만 일부 단어에 대해서는 소리 나는 대로 표기했다.

–

부모님께

–

## 목차

## 2장
# 자본주의 사회의
# 악당은 누구인가

## 3장
# 왜 부자가 되는 것을
# 망설이는가

## 4장
# 강물을 돈으로 바꾸는
# 연금술을 아는가

## 5장
# 부자가 되는 옳은 길은
# 무엇인가

# 1장

무엇이
부자를
만드는가

# 부자가 되는 것을 막는
# 메커니즘

나는 마치 가난해지지 못해서 안달이 난 사람 같다. 차라리 가난한 게 낫다고 생각하는 것 같기도 하다. 내 모든 행동이 의식적으로든 무의식적으로든 이렇게 말하는 듯하다.

"이봐, 가난이여. 이리로 오게. 난 자넬 사랑한다네."

백만장자가 되는 비결을 알게 될 예정이었던 날 아침, 눈을 뜨면서 했던 생각들이다. 내가 있는 곳에서 50마일 떨어진 첼시 하버Chelsea Harbour에서는 조던 벨포트Jordan Belfort가 나를 기다리고 있을 터였다. 본 적은 없지만 그가 지내는 곳은 커다란 유리판으로 덮인 새하얀 건물의 호텔일 것이다. 맞다, 조던 벨포트. 자신을 월가의 늑대라고 부르는 남자. 진심으로 그렇게 생각하는지는 모르겠지만, 적어도 자기 자서전 제목은 그렇게 붙였다.

그 제목을 보고 있으면 고개를 갸웃하게 된다. 내가 만약 벨포트라면, 그래서 어떻게 백만장자가 됐고, 기대와 달리 막상 수백만 달러를 손에 쥐었음에도 가난한 느낌이 들어서 사기를 꾸미다 붙잡혀 감옥에 갔던 일에 관한 책을 쓴다면 제목을 '월가의 늑대'라고 붙이진 않을 거다. 뭔가 다른 것을 생각해내려 애썼을 테다. 그게 정확히 뭔지는 모르겠지만. 그런데 여기서 중요한 건 제목이 아니라, 그 책이 왜 누구는 돈을 벌고 누구는 그렇지 못한가에 대해 이야기한다는 것이다. 그 주제가 나를 사로잡았고, 동시에 뱃속이 찌르르 하면서 속이 불편해졌다.

이건 비밀인데, 사실 나한테는 경제적 문제를 유발하는 정신 장애가 있다. 그래서 나는 내가 부자가 되는 것을 막도록 설계된 메커니즘에 따라 움직인다. 심지어 그 메커니즘은 부자가 되는 길과는 정반대로 행동하도록 설계돼 있는 '척'한다. 그 메커니즘은 적이 나에게 보낸 첩자다. 그것이 뇌 회로에 깊숙이 박혀 있는데도 나는 놈이 어떻게 작동하는지 전혀 모른다. 다만, 내가 가난뱅이로 비참하게 죽기 전에 놈을 해체해서 새로운 메커니즘으로 바꿔야 한다는 건 확실하다. 그렇지만 막상 그렇게 하려고 하니 겁이 난다. 사실은 이 메커니즘이 첩자가 아니라 나 자체인 것 같기 때문이다.

어쨌거나 돈은 기묘한 존재다. 우리는 본능적으로 돈을 이해한다고 생각한다. 그런데 사실은 그렇지 않다. 예를 들어보자. 대부분의 사람은 돈이라는 게 실제로 존재한다고 생각한다. 하지만 틀렸다. 돈 자체는 실존하는 게 아니다. 우리가 그렇게 생각하기 때문에 돈이 실재하는 것처럼 여겨질 뿐이다. 돈은 초기 인류의 상호작용에서 등장했다. 돈은 신보다도 우위를 차지한다. 신이 존재한다는 생각만으로 신을 존재하게 만들 수는 없으니까. 신은 존재하거나 존재하지 않는다. 하지만 돈은 다르다. 돈은 우리 그 자체이면서 우리가 만들어낸 걸작품이며, 동시에 우리를 죽이고 있는 것이기도 하다. 이것이 돈과 우리의 관계다.

이것에 돈에 대한 기본 개념이다. 그러니 이미 돈에 망가진 사람이 어떻게 자기 자신을 늑대니 뭐니 하고 지칭할 수 있겠는가? 심지어 책 표지에도 '돈이 월가의 슈퍼스타를 어떻게 망가뜨렸나?'라고 쓰여 있는데. 더군다나 월가는 돈의 중심지이지 않나. 벨포트는 돈의 중심지에 있는 늑대가 아니었다. 그렇지 않은가? 만약 당신이 마이크 타이슨Mike Tyson과 링에서 맞붙어 만신창이로 깨졌다면, 스스로를 마이크 타이슨의 늑대라고 부를 수 있겠는가? 이게 내가 백만장자가 되는 비결을 알게 된 날에 했던 두 번째, 세 번째, 네 번째 생각이다. 보다시피 여기까지는 긍정적인 생각들이 아니었다.

어쩌면 그 늑대가 조던 벨포트가 아닐지도 모르겠다는 생각이 들었다. 어쩌면 사람이 아닐지도 모른다. 늑대는 돈 자체를 말하는 것일 수도 있다. 벨포트를 만나서 물어봐야겠다. 아니면 마틴 스코세이지Martin Scorsese에게 물어보거나. 나는 스코세이지가 벨포트에 관한 영화를 만들고 있다는 걸 안다. 제목을 〈더 울프 오브 월 스트리트The Wolf of Wall Street〉라고 붙인 것도 알고 있다. 영화가 어떨지, 그가 벨포트의 이야기를 어떻게 다룰지도 그려진다. 원대한 포부, 불안하고 사악한 웃음, 욕설, 입에 담기 힘든 추잡한 말들, 교묘하게 남을 설득하는 번드르르한 말솜씨, 돈이 최고라는 이야기가 눈에 훤히 보인다. 타락한 천사의 카리스마를 뽐내는 레오나르도 디카프리오가 벨포트 역을 연기할 것이다.

잠에서 깨 반쯤 정신이 든 머릿속의 캄캄한 하늘 위로 이런 생각의 불꽃들이 올라왔다 사라지는 동안 나는 기지개를 켠 뒤 삑삑거리는 알람 시계를 찾느라 손을 더듬거렸다. 지각하면 재앙이 닥칠 것이다.

오늘 아침에 내가 꼭 기억해야 하는 두 가지가 있다. 종이에 써서 침대 옆 탁자에 올려놓은 것을 보니 그렇다. 잡지에 실릴 벨포트와의 인터뷰가 있는 날이었다. 나는 이런 일을 해서 돈을 번다. 부자이거나 갑부인 사람들을 인터뷰하면서 그들에게 자신에 관해 이야기해달라고 설득하는 게 내 밥줄이다.(여담이지만 내가 인터뷰하는 부자들은 대부분 남자다. 여기에는 수백만 가지의 이유가 있다) 보이는 것만큼 쉬운 일은 아니다. 내 임무는 그들이 부자가 된 비밀을 끌어내고 그 과정에서 사용한 수법을 밝히는 것이다. 그들의 캄캄한 마음속 상류로 거슬러 올라가서 극단적 편견이 아니라 미묘한 방식으로 그들을 암살하고 그들이 내면의 고통을 드러내며 흘리는 눈물로 보상을 받는다.

아무튼 나는 인터뷰할 사람들을 만나기 전에 그들에게 동기를 부여한 것이 뭔지 이해하려고 노력한다. 그들처럼 되는 게 어떤 것인지도 생각한다. 그것들을 메모하고 편집해서 본질을 향하는 질문으로 압축한다. 그래서 여기에 종이가 있는 것이다. 나는 흐릿한 방 안에서 종이를 빤히 바라봤다. 종이에는 이렇게 적혀 있다.

1. 그는 어떻게 돈을 벌었는가?
2. 그는 왜 범죄를 저질렀는가?

나는 질문이 적힌 종이를 돌돌 뭉쳐 벽을 겨냥하면서 다시 베개 위로 머리를 털썩 떨어뜨렸다. 손을 떠난 종이 뭉치는 목표 지점에 조금 못 미친 곳에 떨어졌다. 다른 손은 시계를 찾았다. 이내 삑삑거리는 소리가 멈췄다. 너무 늦기 전에 내가 부자가 되는 것을 완벽히 방해하는 그 메커니즘을 해체해야 한다. 하지만 어쩌면 그 메커니즘이 나일지도 모른다는 생각이 떠나질 않는다.

　그게 정말 나라면 어떡하지?

# 적자 인생에 대한
# 고찰

정적 속에서 나는 내 재정 상황을 생각해봤다. 생각만 해도 끔찍해서 욕지기가 올라왔다. 배에서 시작된 얼음장같이 차가운 두려움이 가슴을 지나 목으로 퍼져 올라와 더는 이 생각을 떨쳐내기가 어려워졌다. 나쁜 생각과 느낌이 스멀스멀 배어 나와 온몸으로 번지고 있는 듯했다. 마치 스스로 깨끗이 치워야만 빠져나갈 수 있는 범죄현장 같다. 그렇지만 치우려고 하면 할수록 더 더러워지는. 순간, 머릿속에서 자체 경고음이 들렸다.

'그렇지만 이렇게 생각해선 안 돼!'

좋다. 내 재정 상황은 이렇다. 대부분의 국가들과 마찬가지로 나는 현재 적자에 시달리고 있다. 다시 말해, 생활하는 데 드는 돈이 내가 버는 돈보다 많다. 적자인 것이다. 적자가 빚의 동의어는 아니다. 적자는 당신의 현재 지출에서 비롯된 것이고, 그 결과는 미래에 받게 될 벌이다. 반면 빚은 당신의 과거 지출에서 발생한다. 그리고 당신은 이미 벌을 받고 있다. 그런 벌, 이런 모욕을 자초한 게 나라는 건 알고 있다. 내가 지금 이런 모욕을 받는 건, 어떤 면에서는 스스로 그런 모욕을 받고 싶어 했기 때문이 틀림없다.

하지만 난 이런 모욕이 싫다. 생각조차 하기 싫을 정도로. 그럼에도 생각해야 한다. 그런데 정말 못 하겠다. 그래도 생각해야 한다. 나는 담보대출과 무담보대출, 미납금과 세금, 벌금, 위약금, 계류 중인 소송, 이미 졌거나 항소하지 않았거나 잊어버린 소송들에 시달리고 있다. 소송은 이런 저런 어조의 다양한 형태의 편지들로 돌아온다. 그러다 그 뒤에는 실제로 사람이 나타나는데, 이번에도 대부분 남자들이다. 그들은 형편없는 옷차림을 하고 있고 특히 신발에 대해서는 완전히 무신경하다. 그들, 그 남자들(가끔은 여자들)이 오면 나는 매우 공손해진다. 차를 대접하고 음식을 내온다. 그렇게 하면 상황이 좀 긍정적으로 풀리게 되는 것 같기도 하다.

나는 내가 가진 돈보다 더 많이 쓰고 싶은 욕망을 이기지 못해 은행과 기업, 개인에게서 돈을 빌린다. 그러고는 곧바로 갚지 못한다. 사실 그렇게 되는 가장 큰 이유는 돈을 갚고 싶은 욕구가 강하지 않기 때문이다. 나는 그냥 돈을 원한다. 돈이 있으면 실제로 더 젊어지고 더 건강해진 기분이 든다. 돈은 내게 시간을 사준다. 그러니 돈을 갚고 싶겠는가? 물론 나에게 돈을 갚아야 하는 의무가 있다는 건 안다. 빚은 갚아야 한다. 하지만 꼭 갚아야 하는지는 잘 모르겠다. 왜 꼭 갚아야 하지? 분명히 해두는데, 나는 돈을 갚을 작정이다. 다만 갚고 싶지 않은 거다. 그래서 사람들이 집으로 찾아온다. 우리는 대화를 나눈다. 그러고 나면 한동안은 만사가 잠잠해진다. 나는 그들에게 이렇게 말하니까.

"시간을 주세요."

◗ ◖

그렇다고 내가 돈을 밝히는 유형의 인간은 아니다. 자랄 때는 너무 특권을 누리고 살아서 돈에 관해 별로 생각하지도 않았다. 그런데 지금은 상황이 달라졌다. 파도가 밀려나버린 것이다. 이제는 돈에 관해 생각하지 않아도 될 정도의 특권을 누리지 않는다. 나는 갈라진 틈새에 빠져버렸다. 이건 누구의 잘못도 아니다. 맞다, 내 잘못이다.

내 탓이다.

# 돈의 관점으로
# 전시되는 것들

내 일은 잡지에 이야기를 파는 것이다. 하지만 정확히 말하자면 독자들에게 이야기를 파는 건 아니다. 실제로는 독자들을 광고주들에게 판다. 비열한 짓이다. 더 나쁜 건, 결국 내가 팔고 있는 게 독자들의 관심이라는 사실이다. 소중한 관심. 나는 독자들에게 그들을 위한 이야기를 들려주는 척하면서 메인 이벤트를 위한 밑밥을 던지고 있다. 아름답고 빛나는 광고에 시선이 닿을 순간을 기다리며 미끼를 떨어뜨리는 것이다. 나는 '여러분이 내가 이야기한 이 사람에게 관심이 생길 거란 것을 알고 있어요'라고 말한다. 하지만 동시에 이런 말도 한다. '여기 이걸 체크해보는 게 어때요? 이 멋진 차를 좀 보세요. 크롬도금과 강철, 빵빵한 타이어. 게다가 이 시계들은 또 어떻고요. 백사장과 크리스털처럼 맑은 바다도 놓치지 마세요!'

이런 이야기도 덧붙인다. '그리고 여기 이 여성들의 사진도 봐주세요. 돈의 잔인한 예술성이 놓은 거름망을 통과해 선택된 여성들이랍니다. 남성이나 여성, 그나 그녀의 관점이 아니에요. 돈의 관점이죠. 잠시만 이 이미지들을 뚫어지게 응시해보세요. 이 여성들은 완벽한 육체의 소유자예요! 아주 매끄럽고 탄탄하죠! 천사 같은 코, 뺨, 골반과 허벅지, 그리고 수학적인 표현을 빌리자면 이 예리한 각도가 당신을 즐겁게 해줄 거예요. 아주 특별한 이 사람의 얼굴과 몸을 좀 보시라고요! 잠깐 보는 것만으로도 당신의 뇌와 호르몬이 연쇄반응을 일으킬 거예요. 당신의 성별과 상관없이 말이죠. 또 이 이미지들을 눈여겨보세요. 갈망, 질투심, 불쾌감, 악의, 분노, 자기회의, 수치심, 향수, 야망에 이르기까지 일련의 감정들이 당신을 찾아올 겁니다. 당신의 내면에서 작은 마개가 열려 감정들이 스며나오고 쏟아져서 혈액의 성분이 아주 조금 바뀌기도 할 거예요.'

가끔 나는 두둑한 보수를 받는다. 하지만 두둑한 보수와 부자는 동의어가 아니고 심지어 부자가 되기 위한 베이스캠프도 아니다. 그런데 부자들을 인터뷰하는 게 내가 하는 일의 전부는 아니다. 원그래프를 그려보면 '부자들 인터뷰하기'뿐만 아니라 '카페에 앉아 있기', '구체적인 목적지 없이 걷기' 등도 있을 것이다. 그래프에서 팩맨 모양으로 가장 큰 몫을 차지하는 그 외의 나머지 부분은 '몽롱한 상태'이다. 나는 빈둥빈둥 뒹굴며 책을 읽는다. 대개는 이불 속이나 그 위에서. 망상도 한다. '유인원이 어떻게 인간으로 진화했을까'와 같은. 유인원이 인간으로 진화했다는 건 누구나 다 안다. 그런데 정확히 어떻게 그렇게 했을까?

그리고 지금 내가 살고 있는 세계, 현대 세계는 어떻게 구축됐을까? 물

론 이 세계도 언젠가는 다른 모든 세계와 마찬가지로 무너져서 폐허가
되고 고대 세계가 될 것이다. 역사상 다른 모든 사람과 마찬가지로 우리
는 자신을 현대인이라고 생각한다. 하지만 틀렸다. 우리는 고대인이다.
내가 철학자가 될 수도 있었는데… 아, 제발 그만. 또 시작이다.

  아무튼 나는 20년 전에 속독을 배웠다. 이제 하루에 책 한 권을 끝낼
수 있다. 종종 그보다 더 많이 읽기도 한다. 나는 무언가를 찾고 있고, 그
행위를 멈출 수 없다. 하지만 내가 찾는 걸 찾은 적이 없다. 그러는 동안
내 적자는 불어났다. 내 빚도. 내가 받는 벌도. 이건 생각하고 싶지 않다.
생각하면 속이 울렁거리니까.


  내가 받는 벌.


  나는 그걸 양심의 가장자리로 밀쳐뒀다. 하지만 그건 사라지지 않고 항
상 그 자리에 있다. 그 자리에서 기다린다. 그러다 슬금슬금 다가온다. 그
건 빈 집에서 나는 이상한 소리이며, 어두운 밤 창문에 떠오른 얼굴이다.

# 왕자와 거지,
# 그 경계를 가르는 불

전화기가 울렸다. 깜빡 잠이 들었던 건가? 오늘은 늦으면 안 된다. 절대로! 나는 팔꿈치를 짚고 몸을 일으켰다. 움직여야 한다. 그것도 서둘러서.

'좋아, 다시 생각해보자. 그는 돈을 어떻게 벌었을까? 왜 범죄를 저질렀을까…'

이 '범죄'라는 단어가 마음을 불편하게 한다. 내가 아는 한 조던 벨포트는 수천만 달러를 벌었다. 하지만 그는 이렇게 어마어마한 돈을 벌었으면서도 충분하지 않다는 기분에 사로잡혔다. 자신이 가난하다고 느꼈다. 그래서 사기, 그러니까 범죄를 꾸몄다. 완벽한 범죄처럼 보였지만 실은 그렇지 않았다. 붙잡혀서 감옥에 갔으니까. 어마어마한 돈을 벌었는데도 여전히 충분하지 않았다면 분명 삐끗하는, 나쁜 마음을 먹게 된 순간이 있었을 것이다. 그리고 확신하건대 이런 현상, 이런 심리적 살얼음판의 원인은 '돈'이다.

돈은 단순하지 않다. 실재하기도 하고 그렇지 않기도 하다. '돈을 가졌다'고 생각하는 순간에 당신은 그것을 볼 수 없다. 돈은 당신 안에 있는 당신의 일부이기 때문이다. 돈은 마법이고 마술이다. 동시에 두 장소에 존재할 수 있다. 말이 나왔으니 말인데, 나는 돈이 어디에서 시작됐는지 알 것도 같다. 돈은 약 200만 년 전, 한 유인원이 산불을 보고 이전과는 다른 새로운 생각을 한 바로 그 순간에 시작됐을 것이다. 그 유인원이 불을 봤고, 그의 우뇌가 정보를 처리하기 시작했다.

불.

세계 역사상 처음으로 유인원의 좌뇌, 즉 뇌의 야심만만한 왼쪽 부분이 정보를 받아들여 파악하고 그것으로 무언가 새로운 일을 한 것이다. 아마 이런 생각을 했겠지. '나뭇가지에 불을 던져보면 어떨까? 그러면 분명 불이 더 활활 타오를 테고, 그렇게 되면 무언가를 거저먹을 수 있어.' 사실 그랬을 리 없다! 아니, 아니지. 틀림없이 그랬을 거다! 그건…

◗ ◖

전화기가 다시 윙윙거렸다. 알람은 2분마다 울리도록 설정돼 있다. 세 번째 알람이 울렸을 때 백업용 알람인 첼시 시계도 함께 소리를 내기 시작했다. 사실 내겐 아스널 시계가 있어야 한다. 아스널이 내 팀이니까. 그런데 왜인지 내겐 첼시 시계가 있다. 러시아의 억만장자가 소유한 첼시 구단의 시계. 약간 더 가난한 러시아의 억만장자가 소유한 아스널의 시계 대신 말이다. 그토록 오랫동안 사회주의라는 새장에 갇혀 있던 러시아인들은 우리보다 더 뛰어난 포식자들이다. 그들은 더 배가 고프고, 더 날카로운 이를 가졌다.

아무튼, 예전의 우리는 돈이 특정 구단의 승리에 도움이 되기를 기대했다. 하지만 지금은 반대로 구단의 승리가 돈을 버는 데 도움이 되기를 기대한다. 이전에는 돈이 경기의 조력자였다면 이제는 돈이 곧 경기인 것이다. 이것은 마르크스가 한 말이다. 물론 축구에 대해 한 말이 아닌 건 분명하지만. 어쨌든 그는 이런 날이 올 줄 알고 있었다.

이제 뭘 해야 하지? 커피? 시간이 있다면 그것도 나쁘지 않겠지. 하지만 지금 난 주전자에 물을 끓여 30초 정도를 식힌 후에 갈아놓은 커피와 카페티에르, 꿀 한 숟가락을 준비할 시간은커녕 꼬리를 물고 이어지는 유인원에 대한 생각을 마무리할 시간도 없다. 내게 있는 시간은 딱 두 가지 유형의 것이다. 나 자신을 위한 너무나, 너무나 많은 시간. 사실 거기에 시간을 할당하고 나면 남는 게 거의 없기 때문에 나를 위한 시간에서 끊임없이 몇 초씩을 줄여야만 한다. 나는 시간 거래소를 세워야 할 테다. 대체로 시간 부자인 가난한 사람들에게서 시간을 사서 부자들에게 파는 거다. 부자들은 보통 시간에 쪼들리니까. 돈만큼 시간을 잡아먹는 것도 없다. 정말이다. 시간 거래소라니. 이건 아마 전 세계에 영향을 미칠 멋진 아이디어일 것이다. 어쩌면 세상에서 제일 멍청한 생각일 수도 있고. 어느 쪽일까? 정말로 모르겠다.

이제 거의 잠에서 깬 나는 손가락으로 머리를 쓸어 올렸다. 침대 여기 저기에 딱딱한 물건들이 널브러져 있다. 책들이다. 낡은 테디베어처럼 사랑의 손길에 너덜너덜해진 책들. 펠릭스 데니스Felix Dennis의 《부자본능How to Get Rich》과 조 심슨Joe Simpson의 《친구의 자일을 끊어라Touching the Void》, 상승과 추락을 경험한 남자들의 이야기. 나심 탈레브Nassim Taleb, 패트릭 비치Patrick Veitch, 리처드 랭엄Richard Wrangham, 아론 브라운Aaron Brown, 매트 리들리Matt Ridley의 책도 있다. 이들은 내 상상 속의 동료들이다.

다리를 휘적거려 보니 뭔가가 닿는다. 물병이다. 젖은 카펫에 발이 닿았다. 불쾌하진 않다. 더 많은 생각들이 밀려든다. '왜 지금 내가 있는 곳이 열대의 섬이나 호와 선실이 아닌 걸까? 왜 테라스에서 차가운 풀에 발을 담그고 느긋하게 베스트셀러나 읽을 수는 없는 걸까? 혹은 베스트셀러를 쓰는 것이 문제라면, 왜 그것을 쓰고 있지 않은 걸까? 베스트셀러를 한번 써보지 그래?' 익숙한 생각들이다. 나는 이 생각을 편집한다.

삐-삐-. 첼시 시계가 울렸다.

# 05

# 이등석에 타는 사람

드디어 침대에서 나와 4분 동안 샤워를 했다. 새 욕실이 필요하다. 지금 욕실은 끔찍하다. '갖고 싶어, 필요해, 갖고 싶어.' 내 속에 있는 버르장머리 없는 녀석이 새 욕실을 원한다. 나는 새로운 것, 빛나는 것, 반짝이는 타일, 반짝이는 유리, 유리판을 원한다. 그게 내가 원하는 거다. 하지만 내게 진짜 필요한 건? 볼기짝을 한 대 맞는 거다.

그렇지 않은가? 확신하는데, 미래에 부자들을 깨우는 건 소리로 놀라게 하는 알람 시계가 아닐 것이다. 소변 흡입기, 부드럽지만 완벽한 관장, 비누칠하고 헹구고 말리기, 옷 준비 로봇, 탈취제, 헤어 제품 등 모든 일이 일정한 순서와 시간에 맞춰 작동하는 완벽하게 설계된 기계가 잠들어 있는 그를 조용히 준비시킬 것이다. 따라서 당신이 아침에 맨 처음 인지

하는 것, 그러니까 실제로 당신의 잠을 깨우는 건 베이컨이나 토스트 굽는 냄새일 것이다. 눈을 뜨면 이미 아침 식사가 차려진 식탁 앞일 것이고 말이다. 이런 기계를 발명해 특허 받는 사람이 나였으면 좋겠다.

머릿속이 또렷하다. 이제 정신이 들었다. 푹 자지는 못한 것 같다. 다시 침실로 돌아가보자. 침대는 망가진 둥지, 바닥은 화려한 잡지들의 보금자리다. 나는 물을 뚝뚝 흘리면서 깨끗한 수건을 찾았다. 전부 반쯤 깨끗한 수건뿐이다. 그중 한두 장은 젖은 채로 바닥에 놓여 며칠 동안 신발에서 떨어진 먼지들, 홀씨 따위를 흡수하고 있었다는 걸 안다. 시간이 좀 더 있다면 그래도 개중에서 더 나은 수건을 찾아보려 했겠지만 지금은 시간이 없다. 그래서 위험을 무릅쓰고 도박을 해야 한다. 문제는 내가 나 자신을 도박꾼이라고 생각하고 싶지 않다는 거다. 사실 이게 내가 갑부가 아닌 중요한 이유일지도 모른다.

수건. 너댓 장의 수건들. 나는 여전히 물을 뚝뚝 흘리며 수건을 바라봤다. 짧은 시간 동안 나는 길을 잃었다. 뭘 해야 할지 모르겠는 채로 아주 완벽하게 얼어붙어 있었다. 그때 문 두드리는 소리가 들렸다. 남자였다. 그가 소리쳤다.

'택시!'

◑◐

역에서 나는 카드로 요금을 지불했다. 눈가로 액체 한 방울이 흘러내렸다. 유리창 너머의 사내가 뭐라고 말을 했다. 중얼중얼. 카드에 저장된 내 개인 정보가 전선을 따라 전달되고 있다고 상상하자 가슴이 약간 옥

죄는 듯한 느낌이 들었다. 동시에 아주 잠깐, 나는 내게 최고급 카드가 몇 장 없고 주머니에는 지폐 뭉치가 부재하며 온전한 내 소유의 집이 없다는 사실을 저주했다. 우리 집 욕실을 싫어하고 돈으로 살 수 있는 최고의 치과 치료를 받을 형편이 안 된다는 사실 또한.

나는 이등석을 탄다. 이건 분명 약간의 심리적 의미를 지닌다. 좌석에 두 등급이 있다는 사실 말이다. 그리고 처음부터 나는 내가 둘 중 더 안 좋은 쪽에 타는 걸 당연하게 여긴다. 더 나쁜 좌석을 달라고 하는 게 내 기본값이다. 사실 진짜 신경쓰고 있는 건 좌석 자체가 아니다. 그건 중요하지 않다. 나는 내 뒤의 사람들을 느낄 수 있다. 발을 질질 끌고 걸으며 숨을 몰아쉬는, 인내심이 바닥으로 떨어지고 자기혐오가 부글부글 끓어오르는, 주먹을 꽉 쥔 채로 이를 갈고 있는 사람들.

사회구조의 균열은 우리 가까이에 존재한다. 언젠가 이 역에서 두 정거장 전에 내려 플랫폼 끝의 벽을 뛰어넘어갔던 여자 승객을 본 적이 있다. 벽 너머는 숲이었다. 여자는 숲으로 사라진 걸까? 아니었다. 여자는 커다란 돌 두 개를 들고 돌아와 한 번에 하나씩 기차 유리창에 던졌다. 돌에 찍혀 잔금이 갔지만 유리창이 깨지지는 않았다. 사람들이 움찔했다. 나도 움찔했다. 여자는 돌을 던질 때마다 테니스 선수처럼 괴성을 내질렀다. 테니스에서는 그 소리를 기합이라고 부르지만, 사실 괴성에 더 가깝다. 여자는 다시 벽을 넘어가더니 다른 돌을 들고 돌아와 또 기차에 던졌다. 이번에도 유리가 찍히고 잔금이 갔지만 깨지지는 않았다.

내 카드. 다시 생각했다. 나는 왜 가난에 치근덕거리는 걸까? 모르겠다. 하지만 알아야 한다. 그 이유를 누군가에게 말할 필요는 없지만 스스로 알고는 있어야 한다. 그렇지만 그 문제가 내 뇌의 의식적인 부분에 들어오게 하고 싶지 않다. 그래서 생각을 다시 순환시킨다. 익숙한 과정이다. 나는 왜 가난에 치근덕거리는 걸까? 왜 쭈뼛쭈뼛 다가가 달콤하고 음란한 말들을 하는 걸까? 왜 내 집, 내 인생에 놈을 초대하는 걸까? 모르겠다. 하지만 알아야 한다. 하지만 그 문제에 대해 생각하고 싶지 않다. 하지만 생각하고 싶다. 그 문제에 대해 생각하고 싶다. 단지 지금 생각하고 싶지 않을 뿐이다. 지금은 아니다.

서두르지 않고 이상적인 여행을 즐기기는 다 틀렸다. 그래도 얼추 약속 시간에는 맞출 수 있을 것이다. 남자가 내 카드를 처리하고 있다. 거칠게 카드를 기계에 집어넣는다. 나를, 내 세부사항들을 기계에 집어넣는다. 덕분에 기계는 돈과 관련된 내 혼탁한 영혼을 볼 수 있다. 변덕스러운 수입과 지출, 갑자기 쏟아지는 흑자와 적자, 뜻밖의 소득, 충동구매. 기계는 내가 지난주에 잠시 후면 도착할 버스를 기다리지 못하고 팔을 들어 먼지 더미와 사람들에게서 벗어난 것을 알고 있다. 택시는 공수작전이나 산악구조처럼 느껴졌고, 30분의 이동으로 나는 가난한 사람들의 일주일 치 생활비를 내야 했다.

기계는 알고 있다. 기계는 멍청하지 않다. 똑똑하다. 기계는 정신과 의사이자 수학자이자 관찰자이며 아주 세세한 사항까지 대조한다. 기계는 알고 있다. 기계는 나 자신보다 나를 더 잘 안다. 기계는 불안과 신경증, 침대에서 보낸 날들을 알고 있다. 휴전과 정전, 소규모 접전과 완패로 이뤄진 알코올과의 전쟁에 관해 알고 있다. 은밀하고 비밀스러운 욕망 또한 알고 있다. 내가 먼지와 사람들로부터 벗어나고 싶어 하며 좋은 동네에서 살고 싶어 하는 걸 알고 있다. 전기 울타리 같은 게 둘러쳐져 있고, 어쩌면 경비원까지 있는 그런 동네 말이다. 아니, 경비는 없는 게 낫겠다. 경비들이 덤벼들 수도 있으니. 그냥 부디 잠금장치와 멋진 전망과 완벽하고 반짝거리는 욕실이 있으면 좋겠다. 천박한 욕구들.

나는 내 카드를 빨아들여 핥고 있는 기계를 바라보고 있다. 창공으로 날쌔게 날름거리는 수십억 개의 작은 혀들 중 하나, 사이버 혀의 끝이 괴물 같은 사이버 뇌에게 내 카드 맛이 어떤지 말해주는 중이다. 나는 어금니를 으득으득 갈며 남자를 봤다. 남자도 나를 봤다. 그가 나를 쳐다봤다. 기계가 승인을 했다. 내 카드의 맛이 괜찮았나보다. 좋군!

기쁜 소식은 내 카드가 달콤하다는 것이고 나쁜 소식은 그 카드가 썩은 냄새를 풍길 시점이 조금씩 다가오고 있다는 것이다. 카드를 지갑의 가죽 틈새로 밀어 넣는데 실체가 없는 것처럼 가볍게 느껴졌다. 내가 전문가적 솜씨로 남긴 서명이 거의 닳아서 지워진 게 보였다. 하지만 나는 지금 얼마간의 돈을 기대하고 있다! 돈이 내게 올 것이다! 누군가가 키보드를 누르면 돈이 빛에 가까운 속도로 나를 향해 이동할 것이다. 그러는 동안 수백 명의 사람들이 이동 속도를 늦추거나 그 돈에 손을 대거나 잠깐 동안 붙잡고 있으려 애쓸 것이다. 그렇게 할 수 있다면 작은 조각, 미세한 부스러기 일부가 그들에게 달라붙을 것이기 때문이다. 또한 돈이 지나갈 때 손을 대려고 노력하며 평생을 보내면 많은 부스러기를 모을 수 있을 것이다. '돈이 올 거야! 언젠가 넘치게 밀려들어올 거야.' 내가 나한테 하는 말이다. 인생의 중반기인 지금도 나는 여전히 돈이 가까이에, 어쩌면 내 안에, 내 뇌 깊은 곳의 어딘가에 갇혀 있다고 느낀다.

메커니즘!

내가 원하면 그 메커니즘을 해체할 수 있다. 내가 원한다면 말이다. 누구라도 원하기만 하면 부자가 될 수 있다. 펠릭스 데니스가 한 말이다. 하지만 그가 말하는 '원한다'가 무슨 뜻인지 이해해야 한다. 그가 말하는 의미는 사로잡히는 것이다. 거의 소시오패스 같은 욕구에. 무자비한 수준을 넘어서야 한다. 첫 희생자는 당신 자신이 될 것이다. 머릿속으로 손을 뻗어 그 메커니즘을 손에 쥐고 폭탄 제거 전문가처럼 전선을 한 가닥, 한 가닥 풀어서 해체해야 한다.

이 특별한 날, 사람들이 어떻게 백만장자가 되는지 비결을 알게 될 날에 지저분한 역 계단을 내려가면서 하기에 썩 행복한 생각은 아니었다.

# 06

# 살 수 있는 것과
# 살 수 없는 것

벨포트. 나는 머릿속으로 명확하게 그를 이해해야 한다. 그를 내 것으로 만들어야 한다. 맙소사. 그렇게 하지 못하면 어떡하지? 하지만 그렇게 할 거다. 해낼 것이다. 나중에 돌아보며 말할 거다. 오늘이 터닝포인트였다고. 내가 벌떡 일어난 날이라고. 성경의 '네 자리를 들고 걸어가라'는 구절처럼 말이다. 그런데 나는 달릴 거다. 네 자리를 들고 뛰어가라!

물론 다른 가능성도 있다. 그 가능성을 수도 없이 봐왔다. 나는 벌건 얼굴로 발을 질질 끌며 걷는 형편없는 사람들 중 한 명이 될 것이다. 냄새나는 낡은 술집의 터줏대감. 알고 있다. 내 생각이 임무를 벗어나 떠내려가고 있다는 걸. 지금 눈으로는 플랫폼을 훑어보고 있다. 재킷 차림에 넥타이를 매고 비옷을 손에 든 남자들이 보인다. 흰색 빛이 번쩍이는 그 위의 하늘은 우중충하다.

자, 벨포트에 대해 이야기해보자. 그는 퀸스Queens의 베이사이드Bayside에 있는 아파트에서 자랐다. 부친은 회계사였고 정장을 입고 다녔으며 흡연자였다. 모친은 엄격했고 아들의 숙제를 확인하는 타입이었다. 형이 한명 있고, 여자 형제는 없다. 벨포트의 가족은 가난하지 않았다. 그런데 가난하지 않으려면 분투에 가까운 노력이 필요하다. 나쁜 짓에 손을 대지않아야 하고 착실한 세상에 자신을 맡겨야 한다. 가난하지 않다는 건 결국 순종한다는 뜻이다. 지시받은 일을 하며 사다리를 올라가는 것이다. 하지만 벨포트는 영리한데다 고분고분하지 않은 사람이었다. 그는 더 많은 걸 원했다. 사다리가 아닌 산을 오르고 싶었다. 돈의 산. 그는 대저택과 잔디밭, 욕실과 멋진 경관, 차와 보트, 전용비행기, 완벽한 여자들, 화려한 패션지에 나오는 두툼한 시계를 소유하고 싶었다.

그의 아버지는… 그래, 맞다, 그의 아버지는 성격이 고약했다. 내 생각에 삶을 그다지 즐기지 않고 일상에 갇혀 사는 사람이었던 것 같다. 아침에 재킷을 입고 신발을 신은 뒤 바지만 빼고 옷을 완전히 차려 입은 채사각 팬티 차림으로 돌아다니다가 나가기 직전에 바지를 입는 사람. 그의 이 한 가지 별난 행동은 도움을 구하는 외침처럼 들린다. 어린 벨포트는 아침 몇 분 동안만이 아니라 항상 사각 팬티 차림으로 살고 싶었다. 말도 안 되는 생각이다. 그런데 잠깐만. 그 사람, 아메리칸 어패럴American Apparel의 창립자 이름이 뭐더라. 도브, 그래. 도브 차니Dov Charney. 그가실제로 그렇게 했다. 그는 억만장자 보스가 됐고 속옷 차림으로 회사를돌아다녔다.

하지만 벨포트는… 맞다, 그는 도브 차니와 비슷한 유형의 사람이다. 그는 지배하고 싶었고 자신만의 규칙들을 만들고 싶었다. 그는 미남이지만 단신이다. 잘생긴 얼굴, 푸른 눈, 뛰어난 두뇌. 여자들은 그를 좋아했다. 그는 항상 예쁜 여자가 필요한 남자들 중 한 명이었다. 나는 그런 타입을 정확히 알고 있다. 성공의 크기가 커질수록 옆에 있는 여자의 아름다움도 커져야 했고, 그가 정신을 못 차릴 정도로 매력적이어야 했다. 이른 나이에 예쁜 여자와 결혼했던 그는 아름다운 톱 모델, 밀러라이트의 텔레비전 광고 모델 나딘 카리디Nadine Caridi와 결혼하려고 아내를 버렸다.

그는 돈을 주고 많은 매춘부와 성관계를 가졌다. 수십, 아마 수백 명은 될 것이다. 그는 매춘부들을 잘 알고 있다. 나는 그들을 성 매매 종사자라고 불러야 한다. 아니면 성 중개인이나 성 전문가라고. 그는 그들을 창녀라고 부른다. 그들이 하는 일은 성 매매turn tricks다. 트릭trick이란 남들은 인식하지 못하는 시장을 개척하는 것이다. 그들은 다른 사람들이 보고 싶어 하지 않는 욕구를 본다. 그들이 숨겨진 욕구를 이해하는 건 그들 자신에게 숨겨진 욕구가 있기 때문이다. 그들은 눈에 보이지 않는 공급과 수요를 점치는 사람들이다.

벨포트가 아내에게 충실하지 못했다는 점은 인정한다. 하지만 그가 외도한 상대는 매춘부들뿐이었다. 돈을 주고 살 수 있는 상대하고 외도했다. 그의 관심은 오로지 돈이었다. 돈에 집착하는 성격이고 그에게 만사는 정량화된 거래였기에 자신이 뭐든 살 수 있다고 생각했다. 아니, 이건 아니다. 그는 자신이 살 수 있는 것과 살 수 없는 것을 정확히 알고 있었다. 아니, 이것도 아니다. 그는 자신이 살 수 있는 것과 살 수 없는 것을 아는 줄 알았다. 그런데 더 부자가 될수록 구분하기가 어려워졌고 결국 분간할 수 없는 지경에 이르렀다. 이게 맞다.

◐ ◑

기차가 덜컹거리며 들어왔다. 나는 가방을 들고 승강장 문 앞에 섰다. 문이 쉬익 소리를 내며 열렸다. 안쪽에는 낮은 등급의 좌석들이 있다. 햇빛에 눈이 부셨다. 사람들은 재킷을 벗거나 잡지를 뒤적이며 부산을 떨었다. 반들거리는 페이지들이 거울처럼 빛을 반사했다. 기기들이 부웅부웅 울리거나 삑삑거렸다. 외계 지능이 보내는 지시들이다. 배가 찌르르했다. 기차가 움직이는 것 같았는데 착시였다. 그러다 기차가 정말로 움직이기 시작했다. 의심의 여지없이 정말로 기차가 움직이고 있다는 확신이 들었을 때 나는 주위를 둘러봤다. 긴장이 풀리기 시작하는 게 느껴졌다. 해탈의 순간, 다 잘될 것 같은 느낌이 들었다. 내 마음의 눈은 비행기, 자동차, 시계, 신발, 완벽한 얼굴과 몸, 빵빵한 타이어, 야자수, 해변, 섬을 둘러싼 투명한 푸른 바다의 이미지로 채워졌다.

좋다, 이야기를 계속해보자. 벨포트는 스트래튼 증권Stratton Securities 이라는 증권사를 차렸다. 근사한 이름이다. 그리고 레이크 석세스Lake Success로 이사했다. 더 근사한 이름이다. 그는 주식 중개인들을 고용했다. 처음에는 몇 명이다가 수십, 수백 명으로 늘어났다. 그들은 갱단, 광신적 집단, 무법자들이 됐다. 그들은 성 매매 종사자들의 서비스를 대량으로 소비했고, 창녀를 세 유형으로 나눴다. 최상급은 가장 비싼 주식인 블루칩이라고 불렀다. 그 다음 단계는 전도유망한 기술주인 나스닥, 최하급은 상장되지는 않았지만 핑크색 전표에 호가가 기록되는 주식들처럼 핑크시트라고 불렀다. 그렇다면 벨포트는 핑크시트 주식들을 판 돈으로 블루칩 창녀들과 성관계를 했다고 말할 수 있다. 좀 역겹다. 이 정도는 말해도 될 것 같다. 하지만, 아니다, 아마 아닐 거다. 그는 직원들이 가진 돈을 물 쓰듯 쓰고 차와 시계를 사고 업소에 가는 걸 긍정적으로 생각했다. 그는 직원들이 돈 쓰는 걸 좋아했다. 돈을 쓰면 더 많은 돈이 필요해지고 그러면 더 열성적인 세일즈맨이 될 테니까.

# 도박판 위에 세워진 세상

기차는 이제 마을들을 지나고 있다. 들판과 소, 헛간을 보면서 떠올린 농사와 경마장은 도박에 대한 생각으로 이어졌다. 자, 어디 보자… 내겐 어딘가에 정리해둔 편리한 공식이 있다. 어디 있지? 아, 오케이. 돈, 우리 사회의 근간인 돈은 빚이다. 돈은 대출의 형태로 경제에 나타나기 때문이다. 그리고 대출은 이자, 이자율을 바탕으로 한다. 이자율이 기반을 두고 있는 것은 위기에 대한 이해, 어떤 일이 일어날 가능성, 구체적으로는 대출자가 대출금을 갚지 않을 가능성이다. 가능성들은 종종 확률로 표현된다. 따라서 우리 사회 전체의 토대를 이루는 돈은 확률, 그러니까 도박을 기반으로 하는 개념이다. 도박이 우리 사회의 근간인 것이다.

위기분석의 대제사장 같은 인물이자 《블랙 스완》을 쓴 나심 탈레브의 친구인 아론 브라운이 말한 게 바로 이거다. 물론 우리 사회 전체가 도박을 기반으로 하고 있다는 건 모든 부자들이 알고 있는 사실이다. 그들은 모두 본질적으로 도박꾼이고 수많은 가난한 사람들 역시 도박꾼이다. 다만, 부자들은 대개 솜씨 좋은 도박꾼이고 가난한 사람들은 대부분 서투른 도박꾼이라는 차이가 있을 뿐이다. 모든 게 도박이다. 하지만 중산층의 깨끗한 사람들은 이걸 모르거나 알려고 하지 않거나 너무 늦게 안다. 나는 내가 그런 사람들 중 한 명, 깨끗한 사람들 중 한 명이 아니길 바라지만 마음속으로는 스스로 그런 사람이라고 생각한다.

◗ ◗

음료 카트를 끄는 여성에게 커피를 주문했다. 초콜릿 생각이 났다. 샌드위치를 먹어야 하는데… 하지만 아니다. 영양 성분을 보면 어쨌거나 샌드위치도 초콜릿만큼 몸에 나쁠 것 같다. 설탕, 탄수화물, 위험한 지방에다 아마 태국이나 한국에서 왔을 으깬 달걀 조각. 한 입 베어 물면 유행병, 조류독감, 닭들이 꽉 들어찬 악취 나는 거대한 창고, 병든 부리와 작은 대가리, 모래알 같은 눈, 발작, 악몽처럼 덜거덕거리는 우리가 생각난다.

기차는 덜컹거리며 달렸다. 다행히 아직 시간에 맞춰 갈 수 있다. 제시간까지는 아니더라도 얼추 비슷하게 도착할 수 있을 것이다. 그 정도면 약간의 지각은 대수롭지 않게 넘어갈 테고 어쩌면 고마워할지도 모른다. 3, 4분 정도의 지각에는 당신이 쿨하다는 의미가 내포돼 있기 때문이다. 당신이 상대에게 아주 약간의 지각이라는 선물을 주는 것과도 같다. 당신은 지각을 함으로써 '난 완전무결한 사람이 아니에요'라고 말하게 된다.

더 구체적으로는 이렇게. '당신이 나를 판단하지 않으면 나도 당신을 판단하지 않을 겁니다. 나는 훈련교관 같은 타입이 아니에요. 시간을 정확하게 지키는 깐깐한 사람이 아니라고요.' 변명같이 들리겠지만 시간 엄수라는 뜻의 영어 'punctuality'의 실제 의미를 생각해보면 가능한 일이다. 라틴어 'punctum'에서 유래한 이 단어는 '펀치'라는 뜻이다. 세상에! 주먹질이라니! 그것도 당신의 얼굴에.

기차가 속도를 줄이며 멈춰 섰다. 사람들이 그 여자를 체포했던 플랫폼. 그 여자가 넘어갔던 벽. 그 여자가 돌을 주웠던 그 너머의 숲. 기차가 다시 움직이기 시작했다. 속도를 올리며 산울타리와 그보다 더 많은 나무들을 지나쳤다. 나무들.

선사시대 유인원이 되는 것이 어떤 것인지 상상해보려고 애썼다. 당신은 나무 위에 있다. 더 아래에 사는 포식자들을 피하기 위해서는 나무에서 살아야 한다. 휘어진 송곳니를 번뜩이는 사자나 호랑이 같은 포식자들. 그러다 당신은 불을 다루는 법을 배운다. 이 말은 더 이상 나무에서 살 필요가 없다는 뜻이다. 이제 당신은 불의 보호를 받으며 땅에서 살 수 있다. 이제 털가죽도 필요 없다. 당신은 요리하는 법을 배운다. 수세기가 지나간다. 당신은 농사짓는 법을 배운다. 집약 농사도 배운다.

나는 음료 카트를 끌고 오는 여자를 봤다. 젊은 벨포트와 교신하면서. 벨포트는 이렇게 생각할 것이다. '저 여자는 합판으로 벽을 세워 방을 만든 크고 더러운 집에서 살고 있을 거야. 고향 집에 돈을 보내고 싶지만 항상 돈이 부족하지. 그녀의 남자친구는 금니에 모래 색깔의 머리를 짧게 깎았어. 두 사람은 코카인과 엑스터시를 해. 그는 그녀를 때려.' 나는 주머니에서 돈을 꺼냈다. 여자가 웃었다. 나는 생각했다. '그녀의 광대뼈가 조금만 더 높았다면 백만 불짜리였을 텐데… 속옷 브랜드 빅토리아시크 릿의 모델이 돼서 충분히 갖춘 사람들에게 충분하지 않다고 설득해 수백 만 달러를 벌었을 텐데…' 현재 상황으로서는 그녀의 시절이 오래가지 못 할 것이다. 곧 로봇 음료 카트가 나타날 것이다. 심지어 로봇 연쇄살인범 도 나타날지 모른다. 머지않은 어느 날, 누군가가 로봇 연쇄살인범을 다 룬 스릴러를 쓰겠지. 그 사람이 나일지 모른다고 말할 수 있다면 좋겠다.

"마스Mars 초코바 한 개도 같이 주세요."

김이 모락모락 오르는 뜨거운 컵과 금괴 모양의 맛있는 갈색 덩어리를 건네는 그녀의 손이 뜨겁다. 마지막 남은 돈을 그녀에게 주고는 손바닥을 들어올리며 말했다.

"잔돈은 가지세요."

# 금융의 연금술

드디어 커피다! 냄새만 맡아도 심장이 덜거덕거린다. 나는 벨포트에게 가까이 다가가야 한다. 그에게로 가는 열쇠를 찾아야 한다. 열심히 찾으면 누군가에게 가는 열쇠를 항상 발견할 수 있다. 사람의 본질에 도달하려면 사실들을 계속 살펴봐야 한다.

'그는 어떻게 돈을 벌었나.'
'그는 왜 범죄를 저질렀나.'

좋다. 그를 이해하려고 노력해보자. 하지만 그를 판단하지는 말자. 그는 굉장히 똑똑하다. 학교에서 항상 공부를 잘했다. 그의 어머니는 호랑이 엄마였다. 중국식 개념이다. 어디에나 존재한다는 점만 빼고. '조던, 오늘 시험에서 몇 점 받았니? 겨우 90점?' 그의 어머니는 이런 사람이었다. 어머니는 그가 의사, 그러니까 치과의사가 되길 바랐다. 실제로 아들에게 치과대학에 가라고 강요했고 그는 그 말을 따랐다. 하지만 입학한 지 3주 만에 그만뒀다. 학교를 그만두니 기분이 좋았다.

그러고 나서 그는 세일즈맨이 됐다. 그는 물건을 팔고 싶었다. 즉각적인 만족을 얻는 일. 그건 마약과도 같았다. 물건을 주고 돈을 받기. 누군가가 돈을 내놓도록 설득하기. 처음에는 설득 부분이 가장 중독성이 강했다. 사실 그는 항상 물건 파는 걸 좋아했다. 열여섯 살 때로 돌아가보자. 그는 해변에서 아이스크림 장사를 했다. 아이스크림을 대량으로 구매해서 롱아일랜드의 존스 해변에서 팔았다. 대히트를 쳤고, 하루에 수십 달러를 벌었다. 그 뒤에는 수백 달러를 벌었고 계속해서 더 벌었다. 이 아이디어는 먹혔다. 그는 장사를 잘했다. 다른 사람에게 다가가 접근 각도를 조절하다가 각도를 딱 맞추고 돈을 받은 뒤 다음 표적에게로 이동했다.

돈의 순수성. 돈이 모든 의무를 소멸시키고 모든 관계를 축소시키고 그의 모든 설득력을 정량화하고 피드백을 주고 정신을 맑게 하고 명확성을 부여하는 방식. 그는 나중에 영업의 개념을 이해하고 감을 잡게 됐을 때 이를 '명확성의 창'이라고 불렀다. 영업의 개시와 종료, 그 사이를 연결하는 직선과 그가 조준선을 맞춘 표적, 겨냥해서 발사한 총알 그리고 판매 종료와 동시에 죽은 사냥감. 그 순간부터 모든 삶이 단순해지고 걱정이 전부 사라졌다. 이제 의사나 치과의사나 그의 형처럼 변호사가 되지 못할까봐 걱정하지 않았다. 하버드에 간 두 사촌도 신경 쓰이지 않았다. 머릿속을 울리는 그 말을 분명 백만 번은 들었을 거다. '하버드에 간 그

녀석, 하버드에 간 그 녀석.' 이 모든 걱정이 하나의 단순한 행동, 물건을 돈과 교환하는 행동에 다 씻겨 내려갔다.

벨포트는 점점 더 물건을 돈과 교환하는 일에 능숙해졌고, 더 잘하게 됐고, 끝내주게 잘하게 됐다. 못할 게 없어졌다. 가능성이 무한했다. 그렇다, 나는 그 사내를 이해하기 시작하고 있다. 그는 순도 100%의 세일즈맨, 뼛속까지 세일즈맨인 사람이다. 이렇게 생각하니 기분이 좀 더 좋아졌다. 내 앞의 탁자, 종이컵, 커피를 바라봤다. 아직 입에서 초콜릿 맛이 감돈다. 초콜릿을 더 먹고 싶은 마음이 간절했다. 나는 커피를 벌컥벌컥 들이마셨다.

◐ ◐

1번. 그는 어떻게 돈을 벌었을까? 그는 주식 중개인이다. 기업의 주식을 중개하는 사람. 그는 주식을 산 뒤 사람들에게 그 주식의 가치가 올라갈 것이라고 말함으로써 사람들이 그 주식을 사고 싶게 만든다. 그는 수요를 창출한다. 그리고 바로 이 수요가 주식의 가치를 상승하게 한다. 수요는 그 주식이 달라 보이게 만든다. 우리 모두는 이걸 본능적으로 알고 있다. 수요가 가치다. 아이들이 운동장에서 서로의 장난감을 보면서 유행하는 장난감이 생기는 현상과 마찬가지다. '내가 그걸 갖고 싶은 이유는 네가 그걸 갖고 있어서야. 네가 갖고 있어서 더 갖고 싶어. 그걸 나한테 줘. 지금 줘. 그럼 내 사탕 다 줄게!' 수요가 증가하면서 공급은 감소한다. 수요는 스스로 커진다. 벨포트는 시장을 마음대로 주물렀다. 그는 수요의 마술사였다. 수요에는 마법 같은 성질이 있는 것 같다. 그는 연료를 자급하는 작은 기계를 만들었다.

하지만 여기서 끝이 아니었다. 그는 고객들에게 최고가에 매도하라고 조언해서 수요가 시들해지기 전에 손을 털게 하고 싶다는 이상을 가지고 있었다. 그는 한 주식의 가격이 얼마만큼 올라갔다 떨어질지, 연속적인 사건들과 적절한 순서로 일어나는 특정한 일들이 주식의 가치를 어떻게 극적으로 바꿀지 감지하려고 애썼다. 이것은 어떤 회사나 브랜드의 미래 수익에 관한 의견이었다. 의견에 관한 의견. 사람들은 이 의견의 인기가 올라가는 걸 보고 혹해서 주식을 매수한다. 그러면 가격이 계속해서 올라가고, 더 많은 사람이 사게 된다. 케인즈Keynes는 주식 시장은 미인대회와 비슷하지만 미묘한 차이가 있다고 말했다. 주식 시장은 가장 아름다운 여성을 뽑는 곳이 아니다. 다른 사람들이 누가 가장 아름다운 여성이라고 생각할지 추측하고 그 여성을 선택하는 곳이다.

옳고 그른 게 문제가 아니라 똑똑해야 한다.

그리고 똑똑한 사람이라면 가격이 영원히 계속해서 올라갈 수 없다는 걸 안다. 어느 시점이 되면 가격이 떨어지기 시작할 것이다. 언제 돌아설지를 정확히 알아야 한다. 벨포트가 일했던 볼품없는 주식 거래 사무소인 인베스터스 센터Investors' Center에서는 평범한 사람들, 약간의 여윳돈이 있긴 하지만 많지는 않은 어리숙한 사람들에게 싸구려 주식을 권했다.

이후 스트래튼을 설립한 벨포트는 인베스터스와는 다른 전략을 시도했다. 부자들에게 싸구려 주식을 권하는 방향으로 전략을 약간 수정한 것이다. 하지만 곧 부자들은 싸구려 주식을 사지 않는다는 걸 알게 됐다. 여기서 기억해야 할 건 그의 영업력과 설득력이 나날이 향상됐다는 점이다. 그는 다른 중개인들을 코치하기 시작했고, 추종자 무리가 생겼다. 사람들은 그를 따라 하고 싶어 했다. 벨포트는 그들의 리더가 되고 싶었다. 그러다 불현듯 시장에 존재하는 최적의 지점을 생각해냈다. 그는 보통 부자들이 우량주를 주당 수백 혹은 수천 달러를 주고 산다는 걸 알았다. 하지만 문제는 그 가격 수준에서는 주식 조작이 힘들다는 것이다. 그래서 그는 가장 싼 주식에서 한 단계를 올렸다. 과연 부자들이 주당 5달러짜리 주식을 살까? 대답은 '그렇다'로 판명됐다. 부자들은 그런 주식을 산다. 깨달음의 순간이었다.

당시 그는 레이크 석세스에 있는 자기 사무실에 있었다. 그는 연료를 자급하는 작은 기계를 어떻게 만드는지 이미 알고 있었다. 하지만 이제 더 많은 돈, 진짜 돈에 접근할 수 있다면 더 큰 기계를 만들 수도 있는 상황이었다. 커다란 돈 기계. 이것을 위해 필요한 무기는 단 하나, 설득력뿐이었다. 부자들에게 더 큰 부자로 만들어 주겠노라고 설명하기만 하면 됐다. 그러고 나면 그가 부자들의 돈에 접근하는 건 쉬운 일이었다. 이 계획이 성공하기만 하면 그는 부자들의 돈으로 연료를 자급하는 큰 기계를 만들 수 있게 된다. 돈이 수요를 창출하고 수요가 더 많은 돈을 만들어낸다. 금융의 연금술이다. 의견에 관한 의견, 또 그 의견에 관한 의견이 갑자기 명확해지고, 갑자기 돋보이고, 갑자기 좋은 아이디어, 뛰어난 아이디어처럼 보인다. 성공 확률이 바뀌고 그래프가 가파르게, 점점 더 가파르게 상승한다. '바로 지금이야. 멈추지 마, 지금 저질러!'

그가 깨달은 건 고가의 우량주를 위한 기계는 만들 수 없다는 것이었다. 그러니 부자들이 살 만한 가장 싼 주식을 찾아야 했다. 그렇게 하면 기계가 생명을 얻는다. 최적의 지점을 찾아야 한다. 당신이 찾아내기 전까지는 존재하지 않는 무언가를 찾아야 한다. 마술이고 환상이다. 그건 존재하지 않는다. 실재하지 않는다. 그런데 당신이 계속해서 찾고 믿으면 존재하게 된다. 실재하게 된다. 당신은 그것을 볼 수 있지만 다른 사람들은 보지 못한다. 당신을 부자로 만들어 주는 것이 바로 이거다. 다른 사람들은 보지 못한다는 사실.

이제 벨포트는 그걸 알게 됐다. 게임이 어떻게 돌아가는지, 기계가 어떻게 작동하는지. 돈은 음탕하고 자아도취적이다. 돈은 스스로에게 강한 욕망을 느낀다. 그런 뒤 자기복제를 한다. 돈을 벌려면 중매쟁이가 돼야 한다. 돈을 돈에게 소개해야 한다. 사람들이 도박을 좋아하는 이유가 이거다. 그들 안에 있는 돈이 뭔가 하고 싶어서 좀이 쑤셔 하기 때문이다. 돈은 항상 갈망한다. 중독자처럼.

'돈이 있는 곳을 찾아라. 돈을 유혹하라. 돈이 쏟아져 나오게 하라.'

그는 어딘가에 보물이 묻혀 있다는 걸 항상 알고 있었고, 이제 그 지도를 손에 넣었다. 아무래도 그가 원칙주의자는 아닌 것 같다. 그의 작업 방식은 정보의 신기루를 빚어 무언가가 실제보다 더 좋아 보이게 만드는 것이다. 한동안 모든 투기 시장에서 무언가를 더 좋아 보이게 만든다는 것은 실제로 그것이 더 좋다는 의미이기도 했다. 가치에서 중요한 건 인식이기 때문이다. 하지만 한동안만 그랬다.

그는 뷰티 디렉터다. 미인대회 진행자이기도 해서 금융상품들이 핫하게 보이도록 잘 차려 입히는 법을 안다. 그는 패션 사진작가 같다. 금융상품의 스티븐 마이젤Steven Meisel이다. 스물다섯, 스물여섯 살 즈음 그는 한 달에 2만 달러를 벌었다. 그러다 수입이 4만 달러로, 다시 7만 달러로 늘어났다. 오만하고 건방진 건 말할 것도 없고, 자아도취적이고 물질주의적인 도박꾼이 됐다. 그의 정신 속에 이미 범죄자적 사고가 숨어 있었던 걸까? 구미가 당기는 생각이다. 하지만 그는 범죄자가 아니었다. 어쨌든 그때까지는 아니었다.

◖◗

그는 톰 소여다. 마크 트웨인Mark Twain의 소설에서 울타리에 페인트칠을 하던 10대 소년. 소설에서 톰 소여는 전쟁 전의 미국 최남동부 지역에서 이모와 함께 살고 있었다. 톰은 말썽을 부린 벌로 마당 울타리에 페인트칠을 해야 했다. 하지만 하고 싶지 않았다. 생각만 해도 끔찍했다. 힘들어보이고 창피하기까지 했다. 지나가던 사람들이 양동이와 붓을 든 그의 처량한 모습을 볼 테니까. 그래서 톰은 하기 싫다고 징징거렸지만 이모는 매정했다. 하는 수 없이 풀이 팍 죽은 채로 울타리에 페인트칠을 하고 있던 때였다. 친구 중 한 명이 톰에게 뭘 하고 있는 거냐고 물었다. 그는 체면을 세우려 자신이 하고 있는 일이 얼마나 대단하고 재미있는지 떠벌렸다. 그러자 친구는 자기가 한 번 해봐도 되냐고 물었다. 톰은 아랑곳하지 않고 계속해서 페인트칠을 했다. 친구는 다시 부탁했지만 톰은 거절했다. 자기가 직접 하고 싶고 페인트칠을 좋아한다는 말도 덧붙였다. 친구의 연이은 부탁 끝에 그는 마침내 울타리의 아주 작은 부분을 칠해볼 수 있게 허락했다. 그러면서 정말 조금만 칠한 뒤 붓을 돌려줘야 한다고 당부했다. 톰은 친구에게 엄격하게 굴었다. 시간이 지날수록 울타리를 칠하고 싶어 하는 소년들이 더 많이 나타났다. 톰은 그들에게 돈을 받고 페인트칠을 해볼 수 있게 했다. 잠시 후, 톰의 행태를 살피려 이모가 마당으로 나왔다. 자신의 잘못을 반성하며 창피 당하는 모습을 흐뭇하게 구경할 요량으로 나온 이모는 생각지도 못한 광경과 마주했다. 톰은 미소 띤 채 행복한 얼굴로 의자에 앉아 돈을 버는 중이었고, 그가 해야 할 일을 대신 하고 싶어 모여든 소년들의 줄이 길게 늘어서 있었던 것이다.

당신은 환호를 지르고 싶을 것이다. 톰이 되고 싶고, 그의 기분을 느끼고 싶을 거다. 톰이 마술을 부렸기 때문이다. 그는 다른 사람의 머릿속 세상을 바꾸었다. 사람들이 그를 따라갔고 그들의 세상도 바뀌었다. 톰은 무에서 유를 창조했다. 그는 스승이자 피리 부는 사나이였고, 사람들이 줄을 섰다.

나는 젊은 벨포트에게 이것이 핵심이자 마술이었다는 걸 깨달았다. 사람들에게 무언가가 가치 있다고 말할 수 있다는 사실 말이다. 당신의 말이 완벽하다면 사람들은 당신을 믿을 것이고 그 무언가를 새로운 시각으로 볼 것이다. 당신이 무언가가 가치 있어질 것이라고 말했다는 이유만으로 그것은 더 가치 있어질 것이다. 철학자 J. L. 오스틴J. L. Austin의 표현을 빌리자면, 이런 효과는 말이 곧 행동이 되는 '발화수반력illocutionary force'이다. 단지 말을 하는 것만으로 가치를 창출할 수 있고, 실제로 당신 자신을 더 가치 있게 만들 수 있다. 당신은 사람들의 머릿속에 그림을 그리고 당신을 따르게 만들 수 있다. 그리고 얼마 지나지 않아, 또 다른 사람들이 당신을 따르는 사람들을 따를 것이다.

당신은 리더다. 버튼을 누르고, 레버를 잡아당기고, 행복하다는 감정을 만들어내고, 당신의 상상에 따라 세상의 일부를 만들어낸다. 이것이 라틴어 'persuadeo'에서 온 단어인 'persuasion', 즉 설득의 본질이다. 페르수아데오는 무언가를 '달콤하게 만들다, 꾸미다, 매혹시키다'라는 뜻이다. '매혹시키다charm'라는 단어 자체가 '마법을 걸다, 마법 형태의 매혹, 혹은 요술을 걸다'라는 뜻이기도 하다. 따라서 설득을 할 때 당신은 다른 사람의 마음을 탐색하여 그 마음속의 빈틈과 구멍, 욕망을 발견하고 욕구를 평가하며 고통을 찾아 마법을 건다. 누구에게나 부족한 무언가가 있다. 그렇지 않은가. 모든 사람에게는 상처가 있다. 당신은 그 욕구, 빈틈, 구멍, 독을 탄 우물을 발견해 설득을 시작한다.

설득은 기술이다. 당신이 알게 된 것이 무엇이든 이를 상대가 원하는 것으로 제시하는 일이다. 설득은 상처를 발견하고 붕대를 파는 일이며, 이성을 꼬시는 고수를 다룬 문학작품에서 묘사된 돈 후안Don Juan의 일상이다. 이 고수, 이 사기꾼은 여성에게 다가가 모호한 태도로 접촉해서 강한 호기심과 신비감을 불러일으킨다. 인내심이 중요하다. 상대가 응할 때까지, 동의할 때까지, 상대의 머릿속에 있는 그림을 항상 인식하면서 두 발짝 앞으로 갔다가 한 발짝 뒤로 가는 식으로 천천히 나아가야 한다. 동시에 결핍을 창출하고 약점을 찾아내서 쓰다듬고 무언가를 제안했다가 거둬버린다. 주위를 맴돌면서 상대의 욕구와 고통의 저장고로 파이프라인을 연결한다. 상대가 거부의 몸짓을 보여주고 싶어 한다는 것, 하지만 그 거부도 의례적 절차일 수 있다는 점을 항상 인식한다.

분명히 해두자면, "노No"가 "예스Yes"라는 뜻은 절대 아니다. 그보다 훨씬 더 미묘하다. 이건 내가 인터뷰를 진행할 때도 항상 일어나는 일이다. 인터뷰 상대가 이건 선을 넘는 이야기이며 입 밖에 내서는 안 되는 거라고 말한다. 그러면 일단 동의하고 다음 이야기로 넘어갔다가 되돌아와서 그 주변을 알짱알짱 맴돈다. 그러다 다시 다른 이야기로 넘어가면, 사실 상대가 그 금지된 주제에 관해 이야기하고 싶어 한다는 것, 당신을 받아들이고 싶어 한다는 것, 파이프라인을 열고 싶어 한다는 것, 마음을 열어야 한다고 느낀다는 걸 알아차리게 된다.

또한 거부는 하나의 의식이고 징표다. 타이밍이 가장 중요하다. 타이밍을 정확하게 맞추면 상대는 마음을 열기 시작하고, 그러다 펑! 자신의 이야기를 마구 쏟아낼 거다. 당신을 향해 콸콸콸. 당신이 팔고 있는 물건을 살 것이고, 그들의 이야기를 들어주고 그 이야기에 형태를 부여하는 당신의 능력, 고통과 욕구를 보기 좋고 멋진 형태로 바꿔 놓는 당신의 능력을 살 것이다. 그렇게 되면 기분이 날아갈 듯이 좋다. 이런 순간들에는 당신이 중요한 사람이고 사랑받는 느낌이 든다. 죄의식을 느낀다 해도 그건 나중 일이다.

◗ ◖

스물여덟, 스물아홉 살 즈음 벨포트는 다른 사람들의 마음을 기계장치로 생각했다. 버튼과 레버가 달려 있는 기계장치. 그는 버튼을 누르고 레버를 잡아당겼다. 더 많은 중개인을 채용해서 설득의 기술을 가르쳤다.

스트레이트 라인Straight Line이라고 이름 붙인 시스템도 개발했다. 그는 주식을 매입하고 가격을 조작한 뒤 팔았다. 수천만 달러를 벌었고 흰색 페라리와 레인지로버, 애스턴 마틴, 요트, 대저택, 또 다른 대저택을 구입 했다. 그는 부자다.

그러다 뭔가가 잘못되기 시작했다. 일종의 광기가 시작됐다. 그에겐 수 백만 달러가 있었지만 어째서인지 돈이 더 필요했다. 자신이 가난하게 느 껴졌다. 어떤 어두운 힘이 그를 가난하게 느끼게 만들었다. 그래서 그는 범죄를 저지르기로 결정했다. 완전범죄라고 생각했지만 아니었다. 발각 됐으니까.

그렇다면 두 번째 질문. 그는 왜 범죄를 저질렀을까? 내가 놓치고 있는 무언가가 있다.

# 09

# 슈퍼리치의 추락

기차는 계곡을 가로지르는 거대한 구름다리로 다가가고 있다. 내가 앉은 쪽에는 나무들과 들판이, 반대쪽에는 교외 주택지, 강, 궁전, 거대한 돔 지붕의 성당, 외벽이 유리로 된 고층빌딩들이 있다. 나는 나무들과 들판을 바라봤다. 내가 놓치고 있는 무언가가 있다. 벨포트는 돈 버는 방법을 배웠다. 속임수를 배웠다. 강박적이 됐다. 그러자 자신이 가난하게 느껴졌다. 내 편집자들 중 한 명인 셀리아Celia는 내가 강박적이라서 강박적인 사람들을 잘 다루고 이해한다고 생각한다. 셀리아의 생각이 옳다. 나는 강박적이다.

창에 비친 나에게 미소를 지은 뒤 입을 벌렸다. 누군가가 날 쳐다본다는 생각에 그랬다면 미친 사람이라고 여겨도 할 말이 없다. 잠깐 동안은 아무도 쳐다보지 않았지만. 그건 그렇고, 나는 치아가 좋지 않다. 앞니는 나쁘지 않지만 안쪽에 있는 치아들은 때워서 시커멓다. 나는 일이 필요하다. 많은 일이. 내 치아가 전부 하얗고 윤기 나고 가지런하고 깨끗했으면 좋겠다.

◗ ◖

제기랄! 집중력이 깨져버렸다. 눈앞의 테이블에 내가 마신 커피잔이 놓여 있다. 이제 나는 커피에 관해, 커피와 사람들의 관계가 어떻게 바뀌었는지에 관해 생각한다. 커피 때문이 아니라 우리가 커피를 마시는 장소 때문에 관계가 변화했다. 푹신한 의자가 놓인 도시의 공간. 우리가 다른 사람들을 볼 수 있고 다른 사람들에게 관찰당할 수도 있는 곳. 노트북을 앞에 놓고 앉아 일을 하거나 온라인 도박을 하는 곳. 당신이 내 말뜻을 알아듣는다면 어떤 면에서 이 둘은 같은 일이다.

◗ ◖

생각났다! 집중력을 잃었을 때의 문제가 뭔지 알아냈다. 생각이 딴 데로 흘러가게 1초를 놔둘 때마다 다시 돌아오는 데는 2초, 3초가 걸린다. 산 정상을 코앞에 둔 등산객들을 생각해보라. 그들은 지금 돌아서야 한다는 걸 안다. 정상까지 올라갈 시간은 충분하지만 내려갈 시간이 충분하지 않기 때문이다. 몇 분 더 올라가게 되면 확률이 극적으로 바뀐다. 지금 돌아서야 한다. 하지만 그들은 계속 올라간다. 중독성 있는 걸음을 빙벽 위로 한 발, 한 발 내딛으며 아주 사적인 강박의 심연으로 들어간다.

조 심슨과 사이먼 예이츠Simon Yates가 페루의 안데스산맥에 있는 시울라 그런데Siula Grande 산에 올라갔을 때와 비슷하다. 두 사람은 조금씩 발을 떼며 정상을 향해 갔다. 눈에 보이는 건 온통 날카롭고 깨끗한, 눈이 부시게 새하얀 눈과 얼음뿐이었다. 두 사람은 얼음 속으로 피톤을 박으며 점점 더 위로 올라갔다. 가끔 위쪽을 올려다보면 하얗고 뾰족한 얼음이 하늘로 뻗어 있는 정상이 보였다. 그들은 그때 돌아설 수 있었다. 기회가 있었다. 하지만 돌아서지 않고 계속 올라가 마침내 정상에 도착했다! 그리고 어느 시점에서부터 확률이 극적으로 바뀌었다. 그들은 산을 내려가려고 했다. 조심조심 발을 떼고 얼음이 깨진 틈에 발을 디뎠다가 다시 조금씩 몇 발자국을 떼어 놓으면서. 그러다 심슨이 발을 헛디뎌 빙벽에서 추락해 무릎이 박살났다. 이 말은 아마도 그가 산을 내려가지 못할 것이라는 뜻이었다. 또 만약 예이츠가 심슨을 도우려고 하면 그 역시 산을 내려가지 못할 것이라는 뜻이기도 했다. 예이츠가 심슨 쪽으로 내려갈 때 심슨은 예이츠의 눈빛을 보고 자신이 분명히 또는 아마도 죽게 될 거란 것을 눈치 챘다.

두 사람을 이 지경까지 몰아간 건 강박이었다. 산을 오르겠다고 결심했을 때 중요한 건 당신과 산이 아니다. 당신과 당신이 살고 있는 세상이 중요하다. 당신은 산을 오른 뒤 세상으로 돌아오길 원한다. 하지만 산에서 어떤 일이 일어난다. 어느 지점에서부터 바깥세상은 중요하지 않게 된다. 당신과 산만 남는다. 그래서 당신은 조 심슨처럼 된다. 혹은 에베레스트 정상에 도착했지만 돌아오지 않은 더그 핸슨Doug Hansen이거나. 그는 돌아설 수 있었다. 하지만 돌아서지 않았다. 그러자 확률이 극적으로 바뀌었다. 조지 맬러리George Mallory의 확률이 바뀐 것처럼 말이다. 사람들은 에베레스트 정상 부근에서 얼어붙은 맬러리의 시신을 발견했다. 핸슨의 시신은 찾지 못했다.

당신도 그 사람들처럼 된다. 산 외의 모든 건 잊어버린다. 피톤을 연신 얼음 표면에 박으며 얼음 위를 기어 올라간다. 왼쪽을 봤다가 오른쪽을 보면 갑자기 구름 사이로 하늘을 향해 솟아오른 산꼭대기의 뾰족한 얼음이 나타난다. 최정상이다. 그곳에 가고 싶다. 아니 더 정확하게 말하면 정상에 도착하려고 계속 애쓰지 않는다면 더 이상 자기 자신이 아니라고 느낀다. 머릿속에서 목소리가 들린다. '돌아가, 안 그러면 발을 헛디뎌 추락할 거야.' 하지만 당신에겐 그 목소리가 거의 들리지 않는다. 그러다 어느 시점에 그 목소리와의 연결이 끊어진다. 나머지 세상과의 연결이 끊어진다. 당신과 산만 남는다. 그러다… 그러다 당신은 발을 헛디딘다. 그때쯤이면 발을 헛디디기 쉽다. 산의 더 높은 곳에 있을수록 발을 헛디디기 더 쉽다.

◗ ◗

발을 헛딛는 건 쉽다. 한 번은 내게 수표 한 장이 발송됐다. 수년 전의 얘기다. 내가 많은 돈을 벌고 있을 때, 아니 더 정확하게 말하면 더 나은 세상이 올 것이라 생각하던 때였다. 돈이 많이 들어왔지만 빚이 엄청났다. 여기에는 신기루 같은 돈의 특성과 관련된 이유가 있었는데, 이건 나중에 설명하겠다. 아무튼 많은 돈, 심지어 엄청나게 많은 돈이 들어오는 게 나한테는 좋지 않았다. 좋길 바랐지만 그렇지 않았다. 나는 돈의 산을 오르고 있었다. 그러다 발을 헛디뎠다.

자, 이 수표 얘기를 해보자. 수표에 적힌 액수는 상근직으로 일하는 사람의 평균 연봉보다 조금 더 많았고 수취인이 나로 돼 있었다. 하지만 나와는 상관없는 수표였다. 작은 문제가 있었다. 사람을 착각한 것이다. 그래서 나는 전화를 두 통 걸고 팩스 한 통을 보냈다. 당시는 팩스를 보내던 시절이었다. 나는 전화를 해서 "미안합니다만…" 하고 운을 뗐다.

"아니요, 미안해하지 마세요. 미안해해야 할 사람은 우리입니다."

"그러니까 제가 해야 할 일이…"

"아닙니다. 아무 일도 안 하셔도 됩니다. 우리 잘못입니다. 선생님은 아무 일도 할 필요가 없습니다."

재미있는 순간이었다. 나는 내가 뭘 하겠노라고 계속 밀고나갈 수 있었다. '저기요'라고 말할 수도 있었다. 하지만 그러지 않았다. 대신 이렇게 생각했다.

'그냥 잠깐만 기다려보자. 내 평생에 딱 한 번! 봐봐, 아마 이건 내 돈일 거야. 사람들은 항상 내가 그들에게 빚을 졌다고 말하잖아. 아마 이번에는 진짜 그들이 내게 빚을 진 걸지도 몰라. 아무튼 그 돈을 내 계좌에 넣자. 안전하게 보관하는 거지. 적어도… 내가 이 문제에 대해 생각하는 동안만. 그러니까, 딱 내가 이 문제를 생각해볼 동안만…'

돈은 어이없을 정도로 금방 사라져 버렸다. 어이없을 정도로 빨리. 요금을 납부하고, 좋은 옷을 장만하고, 괜찮은 상품과 서비스를 구입했다. 일상의 가난으로부터의 짧은 휴가였다. 진짜 가난하다는 뜻은 아니다. 당연히 나는 가난하지 않다. 하지만 아무리 부자라도 누구든 일상생활은 가난하게 느껴진다. 이건 우리 사회의 어두운 진실들 중 하나다. 그 휴가는

40일쯤 지속됐다. 그 후에는 돈이 사라졌다. 남은 것도 없이. 내 말은 돈이 빨려 들어가 버렸다는 뜻이다. 돈이 있을 때는 돈이 한줌의 먼지처럼 느껴지고 당신 주변의 모든 것이 후버Hoover의 진공청소기처럼 행동한다. 나는 내 회계사와 이야기를 나눴다. 내가 물었다.

"누군가가 내게 돈을 보내면 어떻게 되죠?"

"무슨 뜻인가요?"

"음, 만약 누군가가 당신에게 수표를 보냈다고 가정하면요?"

"당신에게 수표를 보냈다고요?"

"글쎄요. 그냥 누군가가 당신에게 수표를 보냈다고 가정해봐요… 난데없이."

"당신에게 일어난 일인가요?"

"만약이라고 했잖아요. 누군가가 '이봐, 이 돈을 가져'라고 말한다면요. 그래서 당신이 그래, 알았어, 가질게, 정말 고마워… 하고 대답했다면요."

내 회계사는 시퍼렇게 질렸다. 그는 내가 범죄를 저질렀을지도 모른다고 추측했다. 이후 전화 한 통이 걸려왔다. '사라진 돈'을 수사하고 있는 여자였다. 그 여자가 나를 만나러 왔다. 그녀는 내 모든 계좌를 살펴본 뒤 "상황이 좋아 보이지 않네요, 리스 씨"라고 말했다. 모른 척하고 어물쩍 넘어가라는 목소리가 들려왔다. 하지만 억지로 그 목소리에 귀를 기울이지 않으려 애썼다. 다행히 운이 좋았다. 내가 보냈던 팩스가 아직 남아 있었다. 그걸로 충분했다. 형사 소송은 피했다. 돈을 돌려주기만 하면 됐다. 약간의 이자를 붙여서. 이 말은 내가 이제 빚을 더 천천히 갚게 돼서 그만큼 이자를 더 내야 하고, 세금을 더 천천히 내게 됐기 때문에 그만큼 더 많은 과태료가 붙을 것이란 뜻이었다.

　너무 쉬웠다. 발을 헛디디는 건 너무 쉬웠다. 헛디디고, 헛디디고. 내가 돈을 무서워하는 데는 이런 이유도 있는 것 같다. 돈은 기름기가 많다. 돈은 당신이 가는 길에 기름을 친다. 그래서 발밑이 미끄럽다. 내가 설명하려는 게 바로 이거다. 나는 보수가 좋은 일거리들을 얻었다. 그래서 많은 돈을 벌었고, 내 삶을 업그레이드했다. 주로 서비스 분야에서. 업그레이드된 경험을 하고 나면, 그런 더 나은 서비스를 받을 수 있다는 사실은 당신의 시각을 바꾼다. 당신을 바꾼다. 당시에는 눈치 채지 못하지만.

　일상에서 당신은 돈을 써서 어떤 대립들을 피한다. 그래서 안이하고 비겁해진다. 당신은 사치품들을 구입한다. 그러한 소비는 수치심 없이 내면의 겁쟁이를 충족시킬 수 있는 특권이며 중독성이 있다. 또한 알고 보니 당신 내면의 겁쟁이는 폭력적인 깡패다. 당신은 계속 '그래, 좋아'라고 이야기하고는 돈으로 무언가를 모면한다. 돈이 술술 빠져나간다. 그렇게 한동안 마구 돈을 쓰고 나면 당신의 필요에 의해 어떤 것들이 흐릿해 보이기 시작한다. 법의 정신 같은 것들.

　그리고 어떤 결정적인 순간에는 법 조항도 흐릿하게 보인다. 두 잔을 마시기로 마음먹었지만 막상 두 잔을 마신 뒤에는 두 잔을 마시겠다고 마음먹던 때와 다른 사람이 되는 것처럼. 그와 비슷한 거다. 모든 사람이 저마다의 이유로 발을 헛디딘다. 너무나 개인적이고, 너무나 사적이며, 너무나 당황스럽게. 그러다 결국 누군가가 집 문을 두드린다. 그들은 자리에 앉는다. 당신도 앉는다. 당신은 그들이 무언가 말을 하길 기다린다. 나는 그 순간에 대해 생각하고 있다. 그 순간의 정확한 감정을. 문 두드리는 소리, 여자, '사라진 돈'. 감전된 듯 찌릿찌릿하고 선뜩한 느낌이 몇 초간 몸 아래로 퍼져나갔다.

여자가 집 안으로 들어왔다. 여자는 내 계좌를 살펴보고 싶어 했다. 그녀의 손가락이 통장의 페이지들을 훑으며 내려갔다. 노련한 눈은 호텔, 식당, 그리고 마약 파티가 있던 한밤중에 반복적으로 인출된 거액의 현금을 계산하고 있는 게 틀림없었다. 그녀는 무뚝뚝했다. 반면 나는 안절부절못하며 알랑거렸다. 모든 말에 고개를 주억거리고 차와 비스킷을 내왔다. 그녀는 원하지 않았지만, 혹은 원하지 않는다고 말했지만. 나는 그 옆을 지키고 서서 숫자들을 훑고 지나가는 손가락을 보며 그녀가 물어볼 수 있는 질문, 내가 할 수 있는 대답들을 머릿속으로 생각했다.

발을 헛디디면 원칙을 무시하기 시작하고, 그러면 더 미끄러진다. 발을 헛디디면 당신이 쓰고 있던 중산층의 가면이 흘러내려 벗겨진다. 발을 헛디디면 상황을 바로잡으려고 애쓰지만 바로잡을 수 없다. 너무 늦었기 때문이다. 세일즈맨 벨포트는 백만장자가 되는 요령을 발견했고, 백만장자가 됐다. 그런 후에는…


발을 헛디뎠다.

## 10

# 소비에 중독된 사람들

이제서야 깨달았는데, 이러한 상황은 故 로버트 워쇼Robert Warshow의 글에서 묘사된 갱스터 문제gangster problem다. 정확히 그 문제다.(로버트 워쇼는 적어도 내가 추측하기론 세상을 떠났다. 고인이 분명하다. 나는 10억분의 1초 동안 장례식과 조용히 고개를 주억거리는 사람들을 상상했다. 그는 나이가 들었다) 워쇼가 갱스터와 카우보이에 관해 쓴 '서부인The Westerner'이라는 글을 본 적이 있는가? 완벽한 명문인 이 글을 읽으면 워쇼가 갱스터보다 카우보이에 가깝다고 말할 수 있다. 그는 게리 쿠퍼를 보라고 말한다. 그가 연기한 남성들을 보라. 그 남성들은 어떤 유형의 나태함으로 특정할 수 있다. 그들은 아무것도 소유하지 않고 원하지도 않는다. 그 사람들이 돈을 다루는 걸 본 적이 없다. 그들은 풍경에 새겨져 있다. 뭐라고? 새겨져 있다고?

하지만 정말 그렇다. 그들은 이 거대한 풍경 속에 존재한다. 말 위에 앉아 한눈에 풍경 전체를 받아들이면서. 개척자의 세계다. 카우보이의 삶은 일종의 여유와 사색이 주를 이룬다. 그는 자신보다 훨씬 큰 무언가, 즉 개척자의 운명 또는 자연과 하나가 된다. 물론 여기에는 자연의 잔인성과 갑작스럽게 어떤 일을 해야만 하는 순간들도 포함된다. 중요한 건 그가 무언가를 더 얻으려 노력하지 않는다는 것이다. 워쇼가 분명히 밝혔듯이 그는 앞으로 나아가려고 노력하지 않는다. 이미 그곳에 가 있기 때문이다.

이제 갱스터를 보자. 갱스터는 어떤 면에서 대중이 상상하는 카우보이를 대체한 인물이다. 갱스터는 여유롭지 않다. 항상 불안하고, 조바심을 내고, 초조해한다. 그는 도시의 산물이다. 콘크리트와 유리, 먼지와 사람, 군중의 물결 틈새를 들락거리며 항상 다른 어딘가에 있어야 한다. 그는 쳇바퀴를 타고 있다. 도시는 쳇바퀴다. 쳇바퀴는 점점 더 빨리 돌아간다. 그는 한 남자를 때렸다. 그리고 이제 또 다른 남자를 때려야 한다. 첫 번째 남자를 때렸기 때문이다. 적을 죽여야 하고 때로는 친구도 죽여야 한다. 그는 아무도 믿지 못한다. 갱스터는 절대 즐기지 못한다. 즐긴다 해도 폭음과 조절하기 힘든 방탕함이 수반된다. 그는 도박을 한다. 그는 색광이다. 하지만 전혀 성관계를 즐기지는 않는다. 그는 매춘부와의 시간을 돈을 주고 산다. 그에게 쾌락은 돈을 쓰는 데 있기 때문이다.

'소비'라는 단어. 그는 돈을 사정射精한다. 그리고 워쇼는 대놓고 말하지 않았지만, 혹은 어쩌면 말했을지도 모르지만, 갱스터는 돈의 산물이다. 그는 현대 금융에 대한 비유인 신경증에 걸린 사회에 산다. 사람들이 후기 자본주의라고 부르는 세계. 돈을 벌기 위해 시간을 사는 위험을 무릅쓰고, 항상 더 많은 돈이 필요하기 때문에 갈수록 더 많은 시간을 사는 위험을 무릅쓰는 사회. 더 많이 가질수록 더 많이 필요해진다. 당신이 가진 것 자체가 욕구를 만들어내기 때문이다. 이 세계에서는 모든 것이 중독성 있어 보인다. 모든 해결책이 새로운 문제가 된다.

◑ ◐

나는 특별한 갱스터 이야기를 생각하고 있다. 내가 읽은 최고의 갱스터 이야기인데, 아무도 아는 사람이 없다. 이걸 읽은 사람을 만난 적이 없다. 내가 읽어보라고 말해준 사람들 말고는. 하지만 이 이야기는 갱스터 문제의 요약본이라 할 만하다. 이 이야기는 유죄 판결을 받은 조이Joey라는 청부살인업자와의 인터뷰를 바탕으로 하고 있다. 인터뷰어는 데이비드 피셔David Fisher라는 사람이었다. 책 전체는 조이가 청부살인업자로 일하면서 저지른 29건의 살인을 다룬다. 책 제목은《살인 넘버 29Hit #29》.

나는 한 범죄 전문서점에서 이 책을 발견하고는 계산대로 갔다. 장거리 비행을 할 때 챙겨갈 생각이었다. 당시 나는 데이비드 길모어David Gilmour라는 억만장자에 관한 글을 쓰고 있었다. 이 길모어라는 사람은 피지에서 지금껏 내가 들어본 것 중에 거의 최고의 사업 모델을 떠올렸다. 지하 호수인 자분정을 발견한 그는 이 호수 속으로 파이프라인을 묻었다. 그러자 물이 압력을 받아 땅 위로 콸콸 흘러나왔다. 저절로 물이 솟구쳤다. 이것을 본 그가 해야 했던 일은 수천 개의 플라스틱 병을 준비해 이 파이프라인 끝을 지나가게 한 뒤, 뚜껑 닫는 기계에 병을 통과시키는 것뿐이었다. 뚜껑은 파란색이었다. 공장은 사실상 저절로 굴러갔다. 쏟아져 나오는 물, 병들이 지나갈 컨베이어 벨트, 뚜껑 닫는 기계만 있으면 끝이었다. 멋지도록 간단했다! 길모어는 이 모든 일을 머릿속으로 그렸다. 그는 피지 군도에 섬을 사들여 리조트를 지었다. 듣기론 세상에서 가장 고급 리조트라고 했다.

뭐, 그럴 수도 있겠지. 그런데 빌 게이츠가 그곳에 묵었다. 스티브 잡스와 톰 크루즈도. 그 리조트에서는 수마일 떨어진 곳에서 접근해오는 헬리콥터나 보트도 볼 수 있다. 아무도 리조트에 머무는 당신의 사진을 찍거나 영상을 촬영할 수 없다는 뜻이다. 그곳에 가려면 비행기로 로스앤젤레스까지 간 뒤 뉴질랜드행 비행기로 갈아타고 그 뒤에도 두 번을 더 갈아타야 한다. 그렇게 가는 데만 며칠이 걸린다. 갈아탈 때마다 비행기가 점점 더 작아지고 마지막에는 당신이 유일한 승객이 된다.

나는 그런 방법으로 그 섬에 갔다. 내가 유일한 손님이었다. 나와 길모어의 많은 직원들뿐이었다. 농장을 관리하고, 야채를 기르고, 과일을 따고, 숲에서 사는 반쯤 야생인 돼지를 기르는 원예사들이 아마 백 명쯤 됐을 거다. 나는 이 바닷가 집에서 닷새 정도 머물렀다. 길모어의 물을 마시고 빈둥거리면서 그 물이 그를 얼마나 부자로 만들었는지 생각할 작정이었다. 샤워는 이런 데서 해야 한다. 나는 계속 샤워를 했다. 얼마 후 나는 길모어가 얼마나 부자인지 감을 잡았다. 엄청나게 부자였다. 억만장자였다. 내가 정원 의자에 앉아 있는 동안 젊은 남성들이 조용히 관목을 다듬고 뒹구는 나뭇잎들을 갈퀴로 긁어모았다. 나는 길모어의 물을 마셨다. 커피도 많이 마셨다. 매일 누군가가 와서 뭘 먹고 싶은지, 어디에서 먹고 싶은지, 음식이 어떻게 준비되면 좋을지 상의했다. 당신이 교활한 사람이라면 다양한 방명록에 기록된 모든 코멘트를 읽고는 톰 크루즈가 니콜 키드먼과의 이혼을 발표한 뒤 누구와 함께 머물렀는지, 그들이 무엇을 했는지 알아내려고 애썼을 수도 있다.

◐◑

그래서 나는 이 갱스터 이야기를 읽기 시작했다. 그리고 돈을 벌 수 있는 방법을 바로 그 자리에서 알아차렸다. 아무도 이 책에 대해 들어본 사람이 없었다. 하지만 잘만 만들면 완벽한 영화가 될 내용이었다. 내가 해야 하는 일은 저자와 저작권 사용 계약을 한 뒤에 알맞은 감독에게 그 책을 읽게 하는 것뿐이었다. 계약금은 비싸지 않을 것이다. 아마 몇 천 달러 정도. 아무튼 그리 높지는 않을 것이다. 감독은 아마 확실한 히트작에 목말라 있는 정도가 좋겠지.

스코세이지의 기이한 영화 〈쿤둔Kundun〉이 나왔을 때 그를 인터뷰한 적이 있다. 약간 길을 잃은 듯 보였다. 그가 이 영화로 뭘 말하려고 했는지 도무지 알 수가 없었다. 그는 자리에 앉아 빠르고 신경질적으로 말을 했는데, 한 가지 인상적이었던 건 그가 자신은 뛰어난 스토리가 어떤 것인지 알고 있고 그걸 한눈에 알아볼 수 있으며 중요한 건 강렬함, 일종의 괴물이 될 때까지(내 기억으로는 이렇게 말했다) 눈덩이처럼 커지는 강렬함을 구축하는 것이라고 말한 것이었다. 스코세이지에게 접촉해볼 수도 있겠군, 나는 생각했다.

왜냐하면 이 이야기는, 오, 이 이야기는 재미있으니까. 나는 바닷가 집에 혼자 앉아 내 안의 과대망상적 자신감을 부추겼다. 말이 나왔으니 말인데 과대망상적 자신감은 항상 이런 곳, 이런 리조트와 휴양지에서 내게 찾아온다. 내 돈 내고는 올 수 없는 이런 숙박시설에서 말이다. 그래서 내가 가난하고 이런 곳에 어울리지 않는다는 느낌을 받으면서도 한편으로 엄청나게 야심만만해지기도 한다. 나는 카페인을 듬뿍 섭취한 채 혼자 긴 의자에 앉아 아직까지 쓰지 못한 영화 대본과 스릴러물을 위한 메모를 끄적거렸다.

제기랄, 나는 생각했다, 이런 제기랄! 나는 스코세이지와 같은 배를 탈 기회를 놓쳤다. 그는 영화 〈디파티드The Departed〉로 힘든 시절에서 벗어났다. 경찰인 척하는 폭력배와 폭력배인 척 하는 경찰 사이의 경쟁을 다룬 이야기다. 마치 한 뇌의 좌뇌와 우뇌 같은 두 사람은 거울의 방에서 서로를 뒤쫓는다. 물론 더 젠장맞은 일은 지금 스코세이지가 벨포트에 관한 영화를 만들고 있다는 거다. 벨포트의 이야기를 보자마자, 심지어 광고 카피만 봤을 때도 이건 스코세이지 영화라는 생각이 들었기 때문이다. 그에게 딱 맞는 영화였다. 나는 항상 이런 배를 놓친다. 하지만 이런 생각은 얼른 삭제해야 한다. 과거의 실패들에 사로잡혀 있어서는 안 된다. 나 같은 사람도 그쯤은 안다.

◑ ◑

이 조이라는 사내는 이야기의 초반에 지금까지 저질렀던 28건의 살인 사건에 대해 들려준다. 완벽하다. 모든 단계가 미리 계획돼 있다. 그는 자신이 죽일 사람을 연구한다. 그 사람의 머릿속으로 들어간다. 그는 그 사람이 어디에 갈지, 어떻게 생각하는지 알고 있다.

그 사람이 브룩클린의 한 레스토랑에 있다. 때는 1968년이다. 대형차들이 유행하던 모타운 사운드Motown sound의 시절이다. 아직 낸시 시나트라Nancy Sinatra의 전성기이고 조폭들이 정장을 입고 다니던 시절. 그냥 딱 그려지지 않는가? 어느 날 밤, 조이는 식당으로 걸어 들어가 화장실로 가서 총을 확인한다. 여분의 총도 확인한다. 발사 준비를 끝낸 후에는 총을 손에 들고 화장실에서 나온다. 영화라면 이때 카메라의 시선이 거리 건너편에서 식당을 보고 있을 것이다. 호퍼Hopper의 그림 같은 구도. 그림자와 침침한 불빛. 그리고 세 발의 총성과 손님들의 비명 소리가 들릴 것이다. 그런 뒤 조이가 문을 열고 걸어 나온다. 문이 닫히는 동안 아마 조이의 모습에서 화면이 정지되겠지. 그리고 이런 내레이션이 흐를 것이다. '그게 나였다. 스물여덟 번째 살인을 저지른 직후였다. 모든 일이 잘 진행됐다. 완벽했다. 30분 전보다 2만 달러가 더 생겼다. 유일한 문제는 그 2만 달러였다. 그때 내겐 4만 달러가 필요했기 때문이다.' 그는 다시 살인을 해야 한다. 스물아홉 번째 살인. 이어서 영화가 시작된다.

책에서 조이는 자신의 인생에 대해, 그러니까 갱스터 문제에 관해 이야기한다. 그는 사람들을 죽인다. 불법 도박업에서 빚을 대신 받아주는 해결사 노릇도 한다. 일종의 행동대장인 셈이다. 하지만 그는 말수가 적고 성미가 고약하다. 당신은 그를 좋아한다. 성공한 이유는 사람들이 그를 존경하기 때문이고 사람들이 그를 존경하는 이유는 그가 살인을 할 준비가 돼 있기 때문이다. 그러니 살인을 계속하지 않으면 어느 순간 그는 끝난다. 그는 이런 사실에 스트레스를 받는다. 그래서 탈출구가 필요하다. 그래서 도박을 한다. 그에게는 도박 문제가 있다. 그리고 여자. 조이에게는 아내와 여자친구가 있다. 그는 그들과의 문제를 돈으로 해결한다. 소비한다. 돈을 사정한다. 악몽이다. 사정하려면, 다시 말해 스트레스를 떨치려면 계속 사람을 죽여야 한다. 그러면 당연히 더 스트레스를 받고, 그러면 더 사정해야 하고, 악순환이 반복된다.

그는 일 중독자다. 탈진 지점에 이르렀지만 멈출 수 없다. 그러다 발을 잘못 디딘다. 미끄러진다. 지금까지 그는 용의주도하게 일을 했다. 하지만 지금 그는 필사적이다. 그에게는 2만 달러가 더 필요하다. 그래서 썩 확신이 서지 않는 일을 맡았다. 조 스퀼란테Joe Squillante라는 사내를 죽이는 일이다. 그런데 문제는… 조 스퀼란테라는 사람이 조이와 판박이라는 점이다. 나이도 같고 직업도 같다. 이름도 같다. 조이처럼 스퀼란테도 조폭이다. 조이처럼 그도 불법 도박업에서 해결사로 일한다. 조이처럼 그에게도 심각한 도박문제가 있다. 조이처럼 그도 금전적으로 깊은 구렁에 빠져 조직폭력단에서 돈을 훔치고 있다. 그는 선을 넘었다. 조이처럼 스퀼란테도 일중독자다. 조이처럼 그도 탈진 지점에 이르렀다. 그리고 이제 조이는 스퀼란테의 머릿속으로 들어가야 한다…

눈치 챘는가? 이것은 또 다른 거울의 방 이야기다. 미로, 심리적 미로다. 편집증에 대한 연구다. 잘 만들면 명작이 될 거다. 이 이야기는 당신이 더 이상 큰 그림을 보지 못할 때, 말에 타고 풍경을 바라보는 사람이 아니라 쳇바퀴에 올라타 제자리걸음만 하며 당신 마음속의 닫힌 세계로 들어가는 사람일 때 일어나는 일들에 관해 말한다.

○●

나는 어두운 객차 안에서 잠시 내 성공을 상상해봤다. 책의 저작권 사용 계약을 맺고 그 가치를 최대한 활용한다. 전화로 이야기를 나눈다. 승낙을 얻는 연금술. 됐다! 그런 뒤 찾아오는 필연적 결과는 부자가 된 내 모습이다. 내가 가질 수 있는 것들을 상상해보라! 새 집. 모양을 내어 자르고 다듬은 나무들 뒤에 서 있는 낮고 긴 집, 현대적이면서도 야만적인 집. 미술관처럼 깔끔한 방들. 벽에 장식되어 있는 체액 같은 미술 작품들. 포르노맨션, 나는 생각한다.

내가 꿈꾸던 집은 항상 포르노맨션이나 시골의 웅장한 저택이었다. 둘 중에 마음을 정하지 못했다. 최근까지는 말이다. 그러던 중에 내가 살고 있는 곳에서 1마일 정도 떨어진 조용한 거리를 걷다가 완벽한 포르노맨션을 발견했다. 낮으면서 길고 건방지면서 아름다운, 1960년대 초에 지어진 집. 1970년대 영화에서 악당이 살 것 같은 집이었다. 악당이 사는 집이라니. 나는 속으로 중얼거렸다. '완벽해.' 너무도 깔끔하고 완벽한 상태로 풍경 속에 파묻혀 있는 집. '갖고 싶다. 집 안에 들어가 보고 싶다. 이 집이 내 것이었으면 좋겠다. 시골의 대저택은 절대 비교도 안 되는걸. 이제 결정했어. 내 집은 포르노맨션이어야 해.'

물론 벨포트는 고민할 필요가 없었다. 둘 다 가지고 있었으니까. 올드 브룩빌Old Brookville에 있는 저택은 별채, 입주 하인들, 장식용 연못, 자갈이 깔린 진입로, 생울타리를 깎아 다듬는 정원사들을 갖춘 붉은 벽돌색 복합건물이다. 이 집은 시골의 대저택이다. 그리고 햄프튼Hamptons의 바닷가에도 집이 있다. 발코니가 딸린, 빛나는 흰색의 반투명한 집. 돈과 끝내주는 여자들이 들끓는 집. 이 집은 포르노맨션이다.

그는 둘 다 원했다. 페라리와 레인지 로버, 애스턴 마틴과 메르세데스와 리무진, 그리고 그를 태우고 다닐 운전기사, 요트와 헬리콥터와 전용 비행기를 모두 가지려 했던 것처럼. 어떤 사람도 동시에 두 장소에 있을 수 없다. 하지만 적어도 그러려고 시도해야 하는 순간이 온다. 그리고 이제야 깨달았는데, 그런 순간은 모든 것이 흐트러지기 시작하는 때다. 특정 유형의 광기가 찾아오는 순간이다. 그럴 때 당신은 선을 넘게 되고 계속해서 나아간다.

그는 그 모든 걸 원했다. 두 마리 토끼를 다 잡고 싶었다. 주식을 소유도 하고 싶기도 했고 팔고 싶기도 했다. 코카인도 하고 퀘일루드 진정제도 복용하고 싶었다. 아내와도, 밀러 라이트 모델과도 섹스를 하고 싶었다. 그런 뒤 밀러 라이트 모델이 아내가 되자 그녀와도, 창녀, 그러니까 성 중개인와도 섹스를 하고 싶었다. 나는 여기에 관해, 그의 물건에 관해 물어봐야 한다. 하지만 인터뷰가 안정적으로 자리가 잡힐 때까지는 안 된다. 그의 물건이나 창녀들, 심지어 약물에 대해서도 물어보는 건 금물이다. 우리 사이에 신뢰가 구축되기 전까지는.

나는 점점 그에게로 접근해가고 있다. 그는 위로 올라갔지만, 한 걸음을 너무 많이 내딛었다. 그러는 동안 확률이 바뀌었고 결국 아래로 떨어졌다. 범죄를 저질렀고, 요트는 가라앉고, 메르세데스는 박살나고, 아내와 가족과 집과 돈을 잃고, 감옥에 가고, 빚을 갚는다는 조건으로 나왔다. 빚이 1억 달러나 된다.

나는 점점 그에게로 접근해 가고 있다. 그런데 제기랄! 여기까지 생각이 이르렀을 때 문득 내가 지각을 할 거라는 사실을 깨달았다. 뭐가 문제지? 뭐가 잘못됐지? 기차가 역으로 기어들어가고 있다. 내가 내릴 역이 아니다. 아직 한 정거장이 남았다. 이 시간이면 기차에서 내렸어야 한다. 아, 앞 기차를 탔어야 했는데. 알람 시계가 처음 울렸을 때 일어났어야 했는데, 좀 더 일찍 잠자리에 들었어야 했는데. 다른 원칙들에 따라 다르게 살았어야 했는데.

'뭐가 문제지?'

뱃속이 찌르르하며 머릿속이 혼잡해졌다. '이 역에서 뛰쳐나가는 게 어떨까? 거리로 달려가서 택시를 잡을 수만 있다면…' 이 생각에는 분명 문제가 있다. 문제가 있다는 확신이 든다. 틀림없이 문제가 있다. 문제가 있다는 걸 아는데, 그게 뭔지 콕 짚어내지 못하겠다. 생각이 나지 않는다.

'문제. 문제가 뭐지?'

주머니를 더듬어 녹음기와 여분의 녹음기기를 확인했다. 어깨에는 가방 끈이 조여져 있다. 나는 뛰어나가고 싶은 강렬한 자유의 충동에 사로잡혔다. 뛰어나가자, 그런 후에는 달리고 달리고 또 달리자. 움직이고 싶어서 몸이 근질근질했다. 문이 스르르 열렸다.

# 2장

자본주의
사회의
악당은
누구인가

# 빈곤이라는 발명품

문이 스르르 열렸다. 슬라이딩 도어 사이를 빠져 나온 나는 33분 뒤 첼시 하버 호텔의 로비에 들어섰다. 슬라이딩 도어 사이로, 고요한 돈의 세계 안으로. 이 고요한 세계에서 당신은 부자처럼 대우받는다. 어쨌든 이곳에 와 있고 뚜렷한 기능장애의 징후를 드러내지 않는 한 당신이 부자일 가능성이 적어도 얼마쯤은 있기 때문이다.

앞에서 나는 내가 부자들에 관해 글을 쓴다고 했다. 그런데 아무도 내게 가난한 사람들에 관해 글을 써 달라고 요청한 적이 없다. 아, 한 번은 멕시코의 판자촌에 사는 사람들을 만난 적이 있다. 그런데 그때 내가 취재한 것은 그 특별한 사람들이 아니라 판자촌이었다. 한 곳에 너무 많은 사람이 사는 인구과잉 문제가 내 주제였다. 판자촌의 무언가가 사람들을 빨아들였다. 성공을 꿈꾸는 사람들이 농장과 작물과 말들과 원래의 생활

방식을 떠나 도시로 오게 만들었다. 하지만 뜻대로 되지 않았다. 그렇지 않은가? 예전에는 가끔 일요판 신문에서 이런 가난에 관한 기사를 원했다. 하지만 요즘은 그런 요청이 그리 많지 않다.

그 특별한 기사에서 내가 했던 말은 도시를 벗어나 판자촌을 지나가다 보면 빈곤의 심도라는 측면에서 당신이 어디에 있는지 알 수 있다는 것이다. 몇 마일 지나가다 보니 모든 단어가 사라졌다. 거리 표지판이 사라졌다. 특정 지점 너머에 사는 사람들이 문맹이기 때문이다. 아무튼 그게 기사의 골자였다. 그 사람들은 정원의 창고나 해변의 막사들처럼 줄을 맞춰 질서정연하게 그곳의 모든 판잣집을 지었다. 내가 차에서 내리자 주민들이 황급히 집 안으로 몸을 피했다. 나는 그 자리에 서서 판잣집 사진을 몇 장 찍은 뒤 다시 차에 탔다.

생생한 빈곤. 1970년대의 발명품. 적어도 잡지에서는 그랬던 것 같다. 잡지들은 딱 적절한 방식으로 독자들이 광고에 반응하도록 만든다. 노천탄광, 초췌한 얼굴들, 초라한 집들, 이가 빠지거나 손가락이 없는 채로 웃는 사람들, 본인은 모르지만 사진발이 잘 받는 여성들, 거대한 쓰레기 더미들을 담은 사진들… 사진을 자세히 보면 쓰레기 더미를 기어올라가고 있는 사람들이 얼마나 작은지 알 수 있다. 독자들은 이런 사진을 보면 왠지 모르게 기운이 나고 어쩌면 야외용 가구들을 더 좋은 놈들로 새로 장만하고 싶어질 수도 있다. 하지만 이 고요한 세계에 의기소침하고 비루한 발걸음을 들여놓으면서 나는 판잣집으로 숨어들던 멕시코인들을 생각하고 있지 않았다.

내 머릿속에는 부자들이 떠올랐다. 만약 부자들에 대한 내 태도를 스냅사진으로 찍는다면 지금 이 순간이 완벽한 타이밍일 것이다. 내 발이 초음파 센서를 작동시키고 눈은 유리판들을 훑어본다. 유리판 사이가 벌어진다. 유리판에 비친 내 모습은 사라지고 그 너머의 부티 나는 공간이 나타난다. 딱 이 순간에 내 머릿속을 스냅사진으로 찍는다면? 나는 돈에 관해, 부에 관해, 부자에 관해 생각하고 있다. 세계 인구의 아주 적은 부분을 차지하지만 내가 쓰는 글의 소재 대다수를 차지하는 사람들.

　나는 초갑부들과 엄청나게 부자인 사람들에 관해 글을 쓴다. 때로는 그냥 부자들에 관해서도 쓴다. 라틴어 'rex'는 지배자, 통치자를 뜻한다. 하지만 이 단어는 중세 프랑스어의 'rix', 현대 프랑스어의 'riche', 스페인어의 'rico', 영어의 'rich' 등 수세기를 거치면서 단어 자체가 새로운 부, 새로운 지위를 얻었다. 예전에는 이 단어가 통치자, 즉 책임자, 군주(군주를 뜻하는 'monarch'는 '시초, 처음부터 있던 사람, 지역의 신이었던 사람, 작은 마을의 신divine'을 나타내는 고대 그리스어 'arche'에서 유래했다. 라틴어로 부자가 '디베스dives'인 것은 이 때문이다)를 뜻하곤 했다. 옛날에는 일단 먼저 발을 들여놓은 뒤 권리를 주장하고 성을 짓고 규칙을 만들어 사람들에게 이 규칙들이 자연의 질서를 표현한 것이라고 말하면 끝이었다.

　하지만 이후 부유하다는 개념이 새로운 어조를 띠었다. '부유한'이 '비옥한, 생산적인, 다산'을 뜻하기 시작했다. 성장과 격동의 중심. 비옥한 토지는 씨앗을 수확물로 바꾼다. '부유한 해변costa rica'은 소수의 노예들을 사는 대가로 몇 톤에 이르는 원당原糖을 안겨준다. 비옥한 곳은 개발, 지배, 발전의 장소다. 우리는 부유하다는 것이 물질을 가진 소유의 상태라고 생각한다. 어느 정도는 맞다. 하지만 부유하다는 것은 생식의 마법을 뜻하기도 한다. 증식에 관한 문제다. 부유하다는 것은 성적性的이다.

# 우리가 보는 것과
# 부자들이 보는 것

눈을 부릅뜨고 벨포트를 찾으면서 유리판들 사이의 문턱을 넘어가는데 머릿속에서 1년쯤 전의 또 다른 순간이 떠올랐다. 번쩍이는 종이에 인쇄한 잡지들로 5억 파운드를 벌어들인 재계의 거물 펠릭스 데니스의 사유지인 워릭셔Warwickshire의 도싱턴Dorsington에 발을 들여놓았을 때였다. 데니스는 넘실대는 거대한 에너지를 감지하고 이를 활용할 방법을 찾았다. 그 에너지는 기기에 대한 세상의 욕구였다. 그는 세계적인 컴퓨터 잡지 제국을 세운 뒤 덜 노골적인 도색 잡지, 그러니까 옷을 다 차려 입지 않은 주로 20대 초반, 때로는 더 어린 여성들의 사진을 담은 잡지들로 제국을 확장했다. 하지만 그를 이 길에 들어서게 만든 천재성이 번뜩인 최초의 중요한 아이디어는 지도처럼 접을 수 있는 브루스 리Bruce Lee의 포스터였다.

도싱턴! 조용한 도로를 한동안 달리며 시골 지역이 끝나고 도싱턴이 시작되는 경계선이 궁금해졌다. 윌리엄 셰익스피어의 출생지 근처 어딘가에 있는 작은 마을을 지나갔다. 도로 표지판이 없었다. 오래된 집들에는 초가지붕이 얹혀 있었다. 누군가가 최근에 모든 집의 지붕을 한꺼번에 교체하고 다듬어 놓은 것 같았다. 특이한 일이라는 생각이 들었다. 산울타리는 진짜라고 하기엔 너무 깔끔했다. 덤불들과 그 안의 동물들도 보였다. 하지만 진짜가 아닌 청동 동물상들이었다.

나는 차에서 내려 헛간으로 다가갔다. 진짜 헛간이 아니었다. 멀리서 봐도 알아챌 수 있는 사실이었다. 데니스는 어디 있지? 헛간이 아닌 헛간으로 걸어가면서 2년 전의 또 다른 날이 생각났다. 재벌 앨런 슈거Alan Sugar를 만나러 런던 외곽에 있는 직사각형 형태인 사옥의 계단을 올라가고 있던 때였다. 슈거는 하이파이 장비와 개인용 컴퓨터를 팔아 7억 파운드를 벌어들였다. 그에게는 싼 제품들을 시장에서 가장 비싼 경쟁 제품처럼 보이게 만드는 재주가 있었다.

평일 아침인데도 슈거의 건물은 텅 빈 것 같았다. 그의 베이지색 메르세데스는 주차장에 서 있는 두 대 중 하나였다. 분명 슈거가 이 건물 어딘가에 있다는 이야기를 들었는데… 직원 화장실로 들어간 나는 코피가 났다. 종이타월을 원뿔 모양으로 단단하게 뭉쳐서 피가 흐르는 콧구멍으로 돌돌 밀어넣고 수도꼭지를 틀어 세면대에서 피를 씻어냈다. 기억으로는 거울로 내 모습을 확인했던 것 같다. 입김 때문에 거울에 동그랗게 김이 서려 얼굴이 흐릿해 보였다. 입김에서는 간밤에 마신 알코올 냄새가 났다.

슈거는 1960년대에 처갓집에서 버터 접시의 투명한 플라스틱 뚜껑을 보고 아이디어 하나를 떠올렸다. 뚜껑을 봤고, 아이디어가 떠올랐다. 수백만 달러짜리 아이디어였다. 하이파이 턴테이블 먼지덮개의 축소판 같은 뚜껑이었지만 당시 시중에 나와 있던 제품들보다 제작비가 훨씬 저렴했다. 슈거의 회사는 자꾸자꾸 커졌고 지금 그가 있는 건물을 포함해 갈수록 더 큰 건물로 확장해나갔다.

슈거의 화장실에서 턱에 묻은 딱딱해진 피를 씻어내는데 재벌 하워드 슐츠를 찾아 시애틀 웨스틴 호텔의 두 개 동 중 하나의 꼭대기 층을 걸어갔던 날이 떠올랐다. 슐츠는 아마 프레지덴셜 스위트에 있었을 것이다. 그는 나를 기다리고 있었다. 그 호텔에서는 커트 코베인Kurt Cobain이 다큐멘터리 제작진에게 돈은 절대 당신을 행복하게 만들어주지 않는다고 말했던 부두 앞을 따라 퓨젓 사운드Puget Sound가 내려다보였다. 그는 내가 커트 코베인 증후군이라고 생각하는 증상, 대성공을 거둔 사람들에게 일어나는 특정한 유형의 우울증에 시달렸다.

어쨌든 슐츠는 커피 체인 스타벅스를 키워서 아마 10억 달러를 벌었을 것이다. 스타벅스 직원들로 꽉 들어찬 경기장에서 연설하는 그를 본 적이 있다. 경기장의 모든 플라스틱 의자 밑에 1달러짜리 지폐가 붙어 있었다. 사람들이 엉덩이를 붙이고 있는 부분 바로 아래에 말이다. 슐츠의 연설은 동기부여 강연가 토니 로빈스의 그것과 흡사했다. 심지어 생김새도 닮아 보였다. 그는 자신이 아주 중요한 무언가를 배웠다고 말했다. '순간을 잡아라! 기회를 포착하라!' 내 기억에 그는 청중에게 좌석 밑으로 손을 뻗어보라고 말했다. 모든 사람이 그렇게 했다. 슐츠는 이탈리아에서 한 카페에 들어갔을 때 멋진 아이디어가 떠올랐다고 말했다. 커피에 관한 아이디어가 아니었다. 돈을 쓸 만한 편안한 장소로 도시 사람들을 끌어들이는 아이디어였다. 도시의 부동산을 가장 생산적으로 활용할 방법. 슐츠는 그 아이디어, 불현듯 떠오른 영감을 즉시 포착했다. 그는 그것을 받아들이고 포착했다.

웨스틴 호텔에서 나는 은색, 황갈색, 흰색으로 꾸민 정육면체 모양의 상층 로비에 서 있었다. 머릿속에서는 내가 이렇게 저렇게 쫓았던 재벌들의 모습이 달음박질쳤다. 카지노 사업으로 돈방석에 앉은 스티브 윈 Steve Wynn도 그중 한 명이었다. 나는 스티브 윈, 이케아의 회장 잉그바르 캄프라드Ingvar Kamprad, 남아메리카공화국의 카지노 대표 솔 커즈너Sol Kerzner, 베네통Benetton의 보스 플라비오 브리아토레Flavio Briatore를 생각했다. 라스베이거스에 있는 스티브 윈의 명화 컬렉션, 그가 소장한 고갱과 반 고흐, 폴록과 피카소의 작품을 생각했다. 스웨덴에 있는 캄프라드의 숲속, 캄프라드의 호숫가에 자리 잡은 그의 노란색 게스트하우스도 생각했다. 이태리 동북부에 있는 브리아토레의 대학 캠퍼스 같은 대지와 건물, 바하마에 있는 커즈너의 작은 섬도 생각했다. 당시는 아직 길모어의 섬에 가보기 전이었다. 사실 길모어의 섬이 더 좋았다. 커즈너의 섬은 볼품없었다. 충분히 괜찮긴 했지만 볼품없었다. 열대 섬이 괜찮아 보이게 하기는 사실 꽤 어렵다. 이 많은 사내들은 섬을 소유하고 싶어 한다.

아마 우리 모두는 은유적인 의미의 섬을 소유하고 싶어 할 것이다. 하지만 이 사람들은 글자 그대로의 섬을 원한다. 혹은 캠퍼스나 복합단지나 사유지나 기업이나 추종집단을 원한다. 그리고 그런 것들을 소유하게 되면, 섬이나 추종집단이나 혹은 뭐든 그 비슷한 것들의 왕이 되면 그들은 좀 변한다. 헨리 7세가 1485년, 영국의 왕좌에 올랐을 때 그랬던 것처럼. 왕좌에 오르기 전에 그는 '저 왕좌를 차지하기 전까지 기다리자!'라고 생각했을 것이다. 그러다 막상 그 왕좌에 앉아서는 씁쓸함을 느꼈을 거다. 커트 코베인 증후군은 거의 이런 식으로 작용한다.

나는 프레지덴셜 스위트의 문을 두드린 뒤 슐츠의 대답을 듣고 들어갔다. 문을 여는 동시에 그의 우울함을 감지했다. 그 느낌은 당시 내가 겪고 있던 감정과도 관계가 있었을지 모른다. 나는 시애틀에 여자친구와 함께 갔었고 우리 둘의 관계가 비틀거리기 시작하던 때였다. 나는 과음을 하기 시작했다. 시애틀에서 최고로 악명 높은 연쇄살인범인 테드 번디Ted Bundy가 사형 집행을 당한 지 11년이 넘었는데 왜 그런지 나는 10주기가 다가왔다고 생각했다. 1년을 통째로 빼먹은 채 계산한 것이다. 그가 사람들을 납치했던 장소 두 곳을 지나갔는데, 정말이지 섬뜩했다.

번디는 가난하게 자랐다. 대학에서 아름답고 부유한 스테파니 브룩스 Stephanie Brooks와 사귀었지만 그녀의 가족과 어울리지 못했다. 번디는 그들의 기대에 미치지 못하는 사람이었다. 사회적 지위가 빈약했다. 스테파니는 그를 버렸다. 몇 년 동안 번디는 출세하려고 노력했다. 홍보 분야에서 일자리를 얻었고 로스쿨 입학 허가도 받았다. 그는 다시 스테파니를 찾았다. 이번에는 그녀가 그를 받아줬다. 하지만 뭔가가 심하게 틀어졌고 두 사람은 두 번째로 헤어졌다. 번디가 가난할 때 자신을 버린 스테파니에게 복수하려고 그녀를 차버렸다는 설도 있다. 하지만 나는 그보다 더 은밀한 이유가 있다고 생각한다. 내 생각에 그는 스스로 부족하다고 느꼈던 것 같다. 성공한 변호사에 돈도 많이 벌고 스테파니의 가족에게 인정도 받았는데 그는 여전히 자신이 부족하고 가난한 소년이라고 느끼고 있다는 것을 깨달았을 테다. 그렇게 낮은 자존감은 깊게 갈라진 틈처럼 그를 꿰뚫어서 둘은 다시 헤어져버린 것이다.

두 사람은 그래서 헤어졌다. 그가 아름다운 여성들을 납치해서 죽이는데 집착한 것이 이 때부터다. 아름다운 여성들은 그가 자신을 미워하게 만드니까. 그는 적어도 35명을 살해했다. 사형이 집행되던 날 번디는 자신이 패션지의 희생자라고 선언했다. 어딜 가나 여성들을 성애화한 사진들이 있었다. 대상으로서의 여성. 그는 자기 자신을 어쩌지 못했다. 그는 위험의 진원지가 '잡지꽂이'라고 주장하며 그 잡지들 속의 여성들을 보면 정신에 균열이 생긴다고 했다. 그러나 번디는 자신의 정신에 균열이 생겼다는 사실만 언급했을 뿐, 그 균열 사이에 뭐가 있는지는 말하지 못했다. 번디는 그 균열을 들여다보면 '너무 고통스럽다'고 고백했다.

번디처럼 하워드 슐츠도 가난했다. 그는 브루클린Brooklyn의 카나르시Canarsie에 있는 베이뷰Bayview 임대주택 단지에서 자랐다. 자서전《스타벅스 : 커피 한잔에 담긴 성공 신화Pour Your Heart Into It》에는 슐츠가 어떤 여성과 데이트를 하다가 그녀의 아버지를 소개받은 일화가 나온다. 그녀의 아버지는 슐츠에게 어디에 사는지 물었다. 그는 브루클린이라고 대답했다. 그러자 브루클린의 어디에 사는지 궁금해했다. 그가 카나르시라고 대답하자 이번에는 카나르시의 어디에 사는지 물었다. 그는 베이뷰 단지라고 대답했다. 그녀의 아버지가 말했다. '오.' 슐츠는 그 '오'라는 말을 절대 잊지 못한다고 했다.

번디는 집착에 사로잡혀 아름다운 여성들을 납치한 후 살해했다. 때로는 하루에 두 명을 죽이기도 했다. 슐츠는 그와 다른 방향으로 갔다. 그역시 집착에 사로잡혔다. 커피숍을 열겠다는 집착. 때로는 하루에 두 곳을 열기도 했다. 커피에 관해 만족을 모르는 포식자였던 그는 서구사회 전역의 소도시와 도시들에 있던 경쟁 커피숍들을 해치웠다.

프레지덴셜 스위트는 둥글게 휜 커다란 창문으로 둘러싸여 있고, 슐츠는 큰 소파에 앉아 컬리 프라이를 먹는 중이었다. 퓨젓 사운드에는 안개가 자욱하게 드리워져 있었고 안개 때문에 태평양의 햇빛이 은은해졌다. 은은한 빛이 방안을 가득 채워 잠깐이나마 내 기운을 북돋워줬다. 나는 앨런 슈거의 화장실 거울을 보며 하워드 슐츠를 생각했고, 펠릭스 데니스를 찾아 헛간이 아닌 헛간으로 걸어가며 앨런 슈거를 생각했다. 이 사내들은 의욕이 넘쳤다. 너무도 의욕이 넘쳐서 버터 접시나 에스프레소 바의 내부나 브루스 리의 사진에서 어마어마한 돈 냄새를 맡을 수 있었다. 하지만 그들에게 내가 절대 부러워하지 않는 무언가가 있다. 나는 버터 접시를 볼 때 그냥 버터 접시를 보고 싶기 때문일 것이다.

◗ ◗

그건 그렇고 데니스는 어디 있지? 사실을 말하자면 나는 그가 제정신인지 염려됐다. 그는 최근 한 기자에게 몇 년 전 어떤 남자를 절벽에서 밀어 죽였다고 말했다. 그런 뒤 정말로 죽인 게 아니라 죽였다고 생각했을 뿐이라며 번복했다. 그의 설명인즉 술과 약을 함께 먹고는 망상에 빠졌다는 것이다. 어찌된 일인지 살인하는 환영을 봤고 그 환영이 진짜처럼 보였다. 이게 그의 설명이었다. 그렇다 치더라도 자신이 누군가를 살해했다고 믿었다면 그 이야기를 왜 기자에게 하지? 사실 이건 특정 유형의 살인자가 간절히 동경하는 일이다. 그는 살인을 하고 싶어 한다. 아니, 더 중요하게는 자신이 살인을 했다는 사실을 사람들이 알기 원한다. 그는 공개적으로 살인을 하고 싶어 한다. 로니 크레이Ronnie Kray처럼.

로니 크레이에게 공개 살인은 대체로 인생에서 가장 중요한 일이었다. 그는 사람들이 너무 겁에 질려 아무도 법정에서 그에게 불리한 증언을 하지 못할 것을 알면서도 목격자들이 있는 앞에서 누군가를 죽이지 못하는 사람은 진정한 폭력배가 아니라고 믿었다. 크레이는 그냥 살인을 하고 싶어 하지 않았다. 모든 사람이 그가 살인자라는 사실을 알길 원했다. 이 부분이 가장 중요했다. 그건 화폐의 한 형태였다. 돈과 거의 비슷했다. 로니가 형 렉Reg이 잭 '더 햇' 맥비티Jack 'the Hat' McVitie를 죽이길 바랐던 건 이 때문이다. 크레이 형제에게는 살인이 더 많은 돈을 찍어내는 방법이었다. 론은 살인을 하라고 계속 렉을 들볶았다. 렉은 그러고 싶지 않았지만 결국 그 말을 따랐다. 주방에서 끔찍한 장면이 벌어졌다.

내가 생각하는 데니스의 진실은, 누구도 죽이지 않았지만 사람들이 그가 살인을 했다고 생각하길 원했다는 거다. 취했을 때 이 욕구가 복잡한 방식으로 튀어 나온 것이고. 취하면 진실이 나오는 법이다. 물론 이 경우에는 진실의 자리에 거짓이 들어간다. 취하면 거짓이 나오는 법이다.


진실이 거짓이다.

# 이카로스의 날개가
# 녹는 순간

나는 헛간이 아닌 헛간으로 들어갔다. 그곳은 데니스의 테마 건강 온천, 준억만장자의 특별 욕실인 하이필드Highfield였다. 기본 테마는 보물섬이었다. 그는 어릴 때 좋아했던 책을 바탕으로 건강 온천을 꾸몄다. 하이필드에는 거대한 목조 조각상 두 개가 있다. 하나는 《보물섬》의 저자인 로버트 루이스 스티븐슨Robert Louis Stevenson, 다른 하나는 해적 선장 롱 존 실버Long John Silver였다. 그곳에는 열대어들로 가득 찬 수족관, 수영장, 자쿠지 욕조, 샤워장, 사우나가 있었다. 실내 야자수도 있고 삭구가 달린 돛대도 있는데, 꼭대기에는 망대가 설치돼 있다. 망대에 올라가면 수영장과 자쿠지 욕조가 내려다 보인다.

《보물섬》은 짐 호킨스Jim Hawkins라는 10대 소년의 이야기이다. 짐은 아버지가 돌아가시자 숨겨져 있는 보물을 찾아 바다로 떠난다. 이야기가 진행되는 동안 짐은 많은 것을 알게 된다. 가장 큰 깨달음 중 하나는 누구나 속으로는 숨겨진 보물에 관심이 있다는 것이다. 누군가에게 보물이 묻혀 있는 먼 섬의 지도를 보여주면 만사를 제쳐둔 채 그 섬에 가려고 애쓸 것이다. 그 과정에서 거짓말을 하고, 속이고, 서로를 죽일 것이다. 중요한 건 그들이 섬에 도착했을 때 그곳에 보물이 있다는 사실이다. 그들은 그 보물을 발견할 것이고 부자가 될 것이다.

스티븐슨이 인간의 조건에 관해 우리에게 말하고 싶었던 건 무엇이었을까? 대부분의 사람들이 자신은 절대 해적이 아니라고 생각하며 살지만 누구나 마음속으로는 해적이라는 것. 또한 해적이 되는 게 세상에서 가장 나쁜 일은 아니라는 것. 하지만 중요한 교훈은, 실제로 보물을 발견한 이후보다 보물을 찾아다닐 때가 더 재미있다는 것이다. 부유한 건 좋다. 하지만 부자가 된다는 것, 그게 문제다.

나는 하이필드를 나와서 걸었다. 하이필드에 관해 내가 말하지 않은 게 많다. 예를 들면 1930년대 아르데코 스타일의 초소형 영화관이 있다는 것과 같은 사실 말이다. 연회장은 중세풍으로 꾸며져 있고 한 서재에는 희귀본이 가득하다. 침실에는 역사적 인물들을 실제 크기로 만들어 놓은 목조 조각상들이 있는데 그것들은 포 포스four-poster 침대 양옆을 둘러싸는 형태로 놓여 있다. 나가는 길에는 직원이 내게 하이필드 사진집을 줬다. 그녀는 길을 따라 조금 더 가면 웰시맨Welshman이라는 건물이 나오는데 거기에 데니스가 있을지도 모른다고 알려줬다. 데니스가 생각에 잠기고 시를 쓰기 위해 가끔 가는 곳이라고 했다.

데니스는 한동안, 그러니까 약 10년 동안 궤도를 벗어났다가 시인이 되기로 결심했다. 그러고는 카리브 해와 코네티컷 주, 맨해튼과 런던 중심부에 있는 사유지에 완벽한 집필 환경을 마련했다. 그는 발을 헛디뎠고, 완전히 엉망진창이 됐다. 시인이 되는 건 회복 방법 중 하나였다.

돈이 무진장 많을 때 궤도를 벗어나면 아주 심각한 문제가 될 수 있다. 돈은 부자들을 가장 밑바닥 저 멀리까지 데려가기 때문이다. 부자들에게는 아무리 진탕 마시고 취해도 항상 그를 잽싸게 모셔갈 운전기사 또는 함대 같은 차들이 대기하고 있다. 전용기도 빌릴 수 있고, 마음에 드는 어떤 호텔의 펜트하우스 스위트나 프레지덴셜 스위트나 로열 스위트에도 묵을 수 있다. 데니스는 6, 7년간 크랙 중독자였다. 그동안 그는 세계를 돌아다니며 고급 매춘부들과 끊임없이 흥청망청 파티를 즐겼다. 그러다 크랙과 매춘부를 끊고 시를 쓰기 시작했다. 많은 시가 웰시맨에서 쓰였다.

웰시맨에 다가가면서 나는 이 모든 걸 생각했다. 약물, 매춘부, 시. 데니스는 죽을 고비를 넘겼다. 아마 정신적으로는 죽었을 것이다. 그의 마음은 후회로 가득했다. 그에게는 후회의 저장고가 있었고 지금은 그것에 기대 후회를 시로 풀어냄으로써 회복을 위한 연료를 얻는다. 특이한 사업모델이다. 하지만 효과가 있는 듯하다. 적어도 그가 어떤 남자를 절벽으로 미는 환영이 나타나기 전까지는. 나는 그가 죽인 남성이 아마 정신적 의미에서 그 자신일 것 같다고 생각했다.

나는 웰시맨의 정원, 혹은 공식 이름을 쓰자면 '영웅과 악당의 정원'으로 들어섰다. 언덕 위로 20개쯤 되는 청동상들이 늘어서 있는 가로수길이 보였다. 나중에 데니스는 내게 실물 크기의 청동상 시장이 매우 한정적이라고 설명했다. 그와 몇 명의 독재자들밖에 수요가 없다는 것이다.

그 이야기를 듣자 커즈너의 섬에 있던 그리스 스타일의 장식적 건축물로 이어지는 가로수길이 떠올랐다. 가로수길! 갑부들에겐 자신이 가로수길을 조성할 만한 재력이 있다는 사실을 깨닫는 순간이 분명히 온다. 그걸로 얘기는 끝난 것이다. 그가 가로수길을 원한다는 사실로.

이 가로수길은 정말 훌륭했다. 하지만 나파 밸리에 있는 프랜시스 포드 코폴라의 가로수길이나 바하마에 있는 솔 커즈너의 가로수길, 혹은 스티브 윈의 라스베이거스 벨라지오 호텔 앞의 등이 걸려 있는 거리만큼 훌륭한가? 그렇다. 대개 입구까지 이어지는 진입로에 깔끔한 관목이나 나무가 심어져 있고 입구 너머에 주인공이 숨겨져 있다. 도착하기 직전에는 물을 이용한 구조물들이 있기도 하다. 코폴라와 윈의 집에도 있었다. 윈은 심지어 분수를 이용한 쇼까지 연출했다. 조잡할 것 같지만 조명과 음악, 그리고 그가 여러 다른 방향으로 물을 뿜어내는 방식을 실제로 보면… 그래도 조잡하긴 마찬가지이지만 왜인지 그렇게까지 조잡해 보이지는 않는다. 윈의 자신감 덕분이다. 이 사람들의 자신감이란!

최근에 윈에 관한 기사를 읽었다. 그는 예전에 〈꿈Le Rêve〉이라는 피카소의 그림을 구입했다. 피카소의 연인이던 마리 테레즈 발테르Marie-Therese Walter를 담은 1932년도 작품이다. 윈은 이 작품을 헤지펀드로 억만장자가 된 스티브 코헨Steve Cohen에게 1억 3,900만 달러에 팔기로 했다. 하지만 판매가 성사되기 전에 윈이 팔꿈치로 캔버스를 치는 실수를 하는 바람에 발테르의 허벅지 부분에 구멍이 났다. 그림이 복구되는 동안 판매는 보류됐고, 2년 뒤에 코헨이 1억 5,500만 달러에 구입했다. 그 사이 피카소에 대한 수요가 상승했기 때문이다. 사람들이 이 작품이

2006년에 더 아름다워졌다고 생각한 건 아니었다. 하지만 어떤 면에서 사람들은 남들이 그렇게 생각할 거라고 짐작했다. 아무튼 윈은 그림을 훼손한 덕분에 돈을 벌었다. 눈 깜짝할 사이에 저지른 칠칠치 못한 짓으로 평균적인 미국인이 8번 다시 살아야 벌 수 있는 돈을 손에 넣은 것이다.

◑ ◐

웰시맨을 향해 난 길을 걸어 올라갔다. 몇 발자국 뗄 때마다 양쪽에 청동상이 나타났다. 몇 십만 달러짜리들이고, 제작에도 몇 달이 걸린다. 청동상들을 보니 데니스가 망가졌던 시절, 이 많은 청동상들을 주문하던 시절 그의 정신세계를 들여다보는 기분이었다. 유명한 '오리걸음' 자세를 한 척 베리Chuck Berry의 조각상도 있고 기타를 튕기고 있는 젊은 밥 딜런도 있었다. 모터 달린 휠체어에 앉아 있는 스티븐 호킹, 거대한 갈라파고스 거북 위에 타고 있는 젊은 찰스 다윈, 달걀을 부치고 있는 아인슈타인, 눈이 먼 채 지구본을 더듬고 있는 늙은 갈릴레오, 만화가 로버트 크럼Robert Crum, 그림을 그리고 있는 반 고흐(그가 그리고 있는 건 의자였다), 글러브를 낀 손을 머리 위로 올리고 있는 무하마드 알리와 쿵푸 발차기를 하고 있는 브루스 리도 보였다.

나는 데니스가 어떤 사람이고 어떤 사람이었는지 감을 잡으려고 애썼다. 아버지가 없는 소년, 나이에 비해 작은 체구, 학교에서 따돌림을 당하고 교사들이 싫어한 학생, 자기주장이 강하고 불량했던 아이. 커서 어마어마한 야심에 불타는, 수염이 텁수룩한 히피가 된 그는 어느 날 장사진을 치고 있는 젊은이들을 발견했다. 그들은 부적응자들, 상처 입은 사람들, 평범한 사람들, 실패자들이었다. 어떤 면에서 그는 그 사람들을 잘 알았다. 그들의 내면이 어떤지, 어떻게 느끼는지 알고 있었다. 데니스는 그 젊은이들이 어디로 가고 있는지 살폈다. 어떤 무협영화의 티켓을 사려고 줄을 서서 기다리는 중이었고, 그 영화의 주인공은 브루스 리였다.

수염이 텁수룩한 히피는 패자들의 줄을 봤다. 아니, 어쩌면 그가 본 건 패자들의 줄이 아니었을 수도 있다. 어쩌면 그는 이미 거울을 꿰뚫어봤던 건지도 모른다. 아니, 어쩌면 돈을 봤던 것일지도. 그 뒤, 그는 그야말로 날아올랐다. 데니스는 아트 상점들에서 브루스 리의 포스터를 본 적이 있었다. 하지만 그, 아니 그의 안에 있던 돈이 아마 브루스 리의 팬들 중 99%는 그런 상점에 가지 않는다는 걸 알아차렸다. 하지만 분명 그들은 만화책이나 잡지는 살 것이다. 데니스는 생각했다. '그러니 브루스 리의 포스터를 만들어서 접어 보면 어떨까? 그러면 꼭 잡지처럼 보이겠지. 이렇게 접은 포스터를 서점 서가의 잡지와 만화책 옆에 진열해 놓으면 되겠지. 포스터 뒷면에는 브루스 리에 관한 흥밋거리를 인쇄해 놓을 수도 있고, 또 브루스 리에 관한 다른 상품들을 홍보할 수도 있고 말이야.'

펠릭스 데니스의 안에 있는 돈이 무언가를 봤다. 사람들이 원하는 무언가를. 다른 사람들의 눈을 통해 아름다움을 봤고, 그가 할 일은 그걸 적당한 사람들에게 설명하는 것뿐이었다. 그는 전화를 걸었다. 협상을 했다. 제안을 하고 거래를 했다. 그리고… 됐다! 그는 수천, 수만 달러를 긁어모았다. 그 다음으로는 SF 영화, 일종의 우주를 배경으로 한 서부영화를 만든 조지 루카스가 팬 상품을 제작해서 유통하게 할 사람이 필요하지 않을까 하고 생각했다. 그의 생각이 맞았다. 이번에도, 됐다! 데니스는 수백만 달러를 벌어 들였다. 이어서 그는 개인용 컴퓨터, 랩톱, 팜 파일럿 같은 디지털 기기에 대한 세상의 관심이 높아지고 있다는 걸 알아차렸다. 이런 기기들을 만드는 기업들이 자사 제품을 홍보할 수 있는 환경을 원할까? 정말 그랬다. 데니스는 컴퓨터 잡지들을 출간했다. 그는 수천만 달러를 벌어들였다. 데니스는 자신에게 한 가지 재능이 있다고 말했다. '나는 사람들이 원하는 것을 그들이 알아차리기 5분 전에 알 수 있어요.' 그는 수억 달러를 벌었다. 그러다 어느 순간 자신을 통제할 수 없다는 걸 알게 됐다. 또 어느 순간에는 정신적 죽음을 경험했고 크랙 중독자가 됐다. 어느 순간에는 자기혐오와 고통의 골짜기로 굴러 떨어졌다.

길 맨 위에 둥근 연못이 있었다. 반짝거리는 못. 그 위에는 아래로 떨어질 것 같은, 떨어져 죽을 것 같은 자세의 청동 이카로스상이 떠 있었다. 이카로스는 태양에 너무 가까이 날다가 날개가 녹아버린 그리스 신화 속 인물이다. 아름답다! 곤두박질, 아킴보 자세의 다리, 공포 어린 표정. 그는 눈 한 번 깜박할 사이에 죽을 것이다. 아니, 눈 한 번 깜박하기도 전에. 그는 마지막으로 눈을 깜박였고 지금 눈을 뜨고 있다. 그는 날개가 녹을 것을 알고 있었다. 그런데도 태양에 너무 가까이 날았다. 왜 그랬을까? 자신을 어쩌지 못했기 때문이다. 일종의 광기였다. 그는 아래쪽의 땅을 떠나왔다. 그와 하늘뿐이었다. 날개가 녹기 전까지는…

나는 웰시맨의 문을 열고 데니스를 찾았다. 그는 그곳에 있었다.

# 부자는 언제나
# 순식간에 완성된다

첼시 하버 호텔의 자동문을 지날 때 내 머릿속을 스냅사진으로 찍는다면? 나는 부자들에 관해 생각한다. 내 모든 생각과 경험이 강렬한 하나의 감정, 엄청나게 부정적인 감정으로 뭉쳐져 있다. 그 감정은 내게 부자들은 우울하고 망상적이라고 말한다. 부자가 되길 갈망하는 내 안의 모든 부분은 우울하고 망상적이다. 우울하고 망상적이라니!

조각상들과 섬, 여성의 질 같은 가로수길과 남근 같은 고층건물, 반짝이는 자동차들, 두툼한 타이어, 섹시한 여자들과 차가운 수영장, 플런지 풀plunge pool*, 멋진 건물이 반사되는 정원 속 수영장, 숨겨진 수영장, 물

---

* 몸만 담글 수 있을 정도의 작은 개인 수영장

이 하늘과 연결된 것처럼 설계된 수영장 등등 나는 이 모든 수영장들을 사랑한다. 그런데 우울하고 망상적이라니!

너무 우울해, 너무 우울하다… 나는 커트 코베인, 총, 그의 관자놀이를 겨눈 총, 그럼에도 잘생긴 미간이 넓은 얼굴로 눈을 감고 방아쇠를 당기는 모습을 생각했다. 언젠가 한번 본 적 있는 레그 크레이가 형 찰리의 장례식에서 핼쑥하고 쇠약한 모습으로 차에서 몸을 일으키던 장면도 떠올랐다. 주방에서 벌인 끔찍한 사건으로 손목에는 수갑이 채워져 있었다. 스티브 원과 그의 팔꿈치, 커즈너와 그가 아들을 잃은 끔찍한 헬리콥터 사고도 떠올랐다. 부자들은 헬리콥터에서 죽는군. 헬리콥터와 전용기에서. 사람들에게서 벗어나 구름 속의 작은 비행기 안에 있을 때 가장 행복하다고 말하던 슈거도 생각했다. 그는 조종사 면허를 따기 위해 공부했고, 시험에 합격했다. 그래서 지금은 프랑스의 르 투케Le Touquet까지 차를 마시러 후딱 날아갔다 온다고 했다. 좋은 사람들, 취미로 작은 비행기를 모는 조종사들도 만난다.

벨포트도 떠올랐다. 하마터면 죽을 뻔했던 헬리콥터 추락사고, 도덕적 추락, 정신적 추락, 중독이 불러온 파멸, 그가 아내를 계단에서 밀고 걸음마를 배우던 딸아이를 차에 태워 떠나려 했을 때 일어난 가정의 붕괴, 간이 차고 앞의 진입로에서 비명을 지르고 있는 그의 아내, 밀러 라이트의 옛 모델, 금발에 매끈하게 뻗은 긴 다리를 가진 아름다운 모델, 진입로에서 고함을 지르고 있는 이 아름다운 여성. 그리고 통제 불능 상태의 벨포트, 제대로 안전벨트를 채우지 않은 딸, 근사한 진입로 끝의 근사한 대문에 부딪친 차를 생각했다. 그리고 쾅! 하는 그 순간에 벨포트는 자기 자신을 보았던 게 틀림없다. 자신이 어떤 꼴이 됐는지를.

웰시맨 바로 옆의 원형 연못 1피트 위에서 눈을 뜬 채 청동으로 굳어버린 이카로스도 생각났다. 그곳에서 데니스는 내게 이렇게 말했다. "돈을 벌 때는 자기 자신에 대해 생각할 수 없습니다. 돈을 버는 과정 자체가 자신을 겨냥한 수많은 돌과 총알을 막을 딱딱한 껍데기, 가짜 정체성을 만들어내기 때문이죠." 그는 잠시 말을 멈췄다가 이렇게 덧붙였다. "그리고 그 껍데기를 만들어내지 않으면 순식간에 벼랑 아래로 떨어질 겁니다. 진리는 아닐지 몰라도 어쨌거나 나는 그럴 뻔했거든요. 그러니 돈을 번다는 자체가 결국은 불행한 일이에요."

내 머릿속을 찍은 스냅사진. 나는 불행한 일에 대해 생각하고 있다. 벼랑에서의 추락, 맨 밑바닥, 한참 떨어져야 하는 아래쪽을 생각하고 있을 때 유리판들 사이가 벌어졌다. 유리판에 비치던 내 모습이 시야에서 사라지고 그 너머의 부티 나는 공간이 나타났다.

◖ ◗

5분 뒤 나는 첼시 하버 호텔에 있는 바의 테이블에 앉아 있었다. 맞은편에는 조던 벨포트가 앉았다. 그는 줄무늬 셔츠와 새 청바지에 빳빳한 새 운동화를 신었다. 벨포트가 말했다. "제가 무엇보다 신봉하는 게 이겁니다. 부자가 되는 방법은 한 가지뿐입니다. 빨라야 한다는 거예요. 빠른 시간에 부자가 돼야 합니다." 그는 말을 멈췄다. 약 1초 동안. 그런 뒤에 말을 이었다. "일확천금을 노리는 계획을 짠다고 부자가 되는 건 아닙니다."

우리의 왼쪽에는 유람선들이 흔들리고 있는 항구가, 오른쪽에는 길게 구부러진 바가 있다. 벨포트가 말했다. "사람들은 항상 순식간에 부자가 됩니다. 부자의 자세를 갖추기도 전에 많은 일이 일어나죠. 다시 말해 항상 급하게 부자가 됩니다. 내 인생에서 가장 열심히 일했던 때는 돈을 벌지 못하고 있을 때였습니다. 일을 정말로 잘하고 있으면 금방 돈이 쏟아져 들어옵니다." 내 머릿속에 불이 깜빡 들어왔다가 꺼졌다. 다시 벨포트의 목소리가 들렸다. "퍼즐 조각들을 제자리에 맞춰야 합니다. 하지만 그걸 완성해 내면 짠! 당신은 벼락부자가 됩니다." 벨포트는 자신이 무슨 말을 하고 있는지 아는 사람의 말투로 이야기했다. 1억 달러의 빚을 진 사람처럼 계산하지 않았다.

내 머릿속에서 계산기가 돌아갔다. '만약 벨포트가 빚의 99%를 갚는다 해도 남은 빚이 내가 평생 번 돈보다 많을 거야. 그리고 내가 그가 진 빚의 1%를 번다면 대출은 물론이고 그 외의 빚도 모두 갚을 수 있어. 그리고 또…' 이 지점에서 내 머릿속은 돈 쓸 궁리를 할 때의 밝고 순수한 행복으로 가득 찼다. 깨끗한 외관, 강력한 샤워기, 모든 것이 정돈된 곳에서의 새 출발이 그려졌다.

벨포트가 말했다. "내가 최고 수준으로 했던 네 가지 일이 있습니다. 나를 경제적으로 날아오르게 한 일들 말이에요. 그리고 내가 최고 수준으로 했던 두 가지 나쁜 일도 있습니다. 이 일들은 나를 박살내고 불태웠어요. 좋은 일 네 개, 나쁜 일 두 개. 두 가지 일들을 피하고 네 가지 일들을 해야 부자가 되고 성공합니다." 그러고 나서 그는 한마디를 덧붙였다. "윤리의식을 가지고."

나는 바 건너편의 웨이트리스와 눈을 맞추고 최소한의 신호로 손을 약간 들었다. 그런 뒤 테이블 위의 내 녹음기와 벨포트의 얼굴, 눈, 관자놀이에 짧게 드리운 숱 많고 윤기 나는 머리카락을 봤다. 네 가지 일과 두 가지 일. 그중에서 두 가지 일들에 관해 알고 싶었다.

"내겐 망한 가치들이 있어요." 그가 말했다. "1번은 돈, 2번은 권력, 3번은 섹스, 그러니까 아내가 등을 돌렸을 때 주로 창녀들과 했던 섹스예요. 4번은 마약, 5번은 부모 역할입니다. 난 내가 좋은 아빠인 줄 알았던 그 당시 크랙을 피우고 있었죠." 그는 잠깐 말을 멈췄다가 다시 입을 열었다. "망한 가치 1번. 전도된 가치. 그리고 신념. 나는 내 신념들, 가장 중요한 신념들을 어처구니없는 곳에서 찾았어요. 예를 들어볼게요. 내가 주식 거래에서 처음 65만 달러를 벌었을 때가 스물네 살이었어요. 그때 내가 맨 처음으로 한 일이 뭔지 아세요? 흰색 페라리 테스타로사를 사는 것이었어요. 왜 그랬을까요?"

나는 고개를 까딱했다. "돈 존슨Don Johnson이 영화 〈마이애미 바이스Miami Vice〉에서 그 차를 몰았거든요. 두 번째로 한 일은 비행기를 타고 서부해안으로 가서 리젠트 비버리 윌셔 호텔의 프레지덴셜 스위트에 묵는 거였어요. 리처드 기어가 〈프리티 우먼Pretty Woman〉에서 그 호텔에 묵었거든요."

리처드 기어라니! 기어가 언급되자 심장이 쿵 뛰었다. 물론 벨포트가 말하는 사람은 기어가 〈프리티 우먼〉에서 연기한 캐릭터인 에드워드 루이스Edward Lewis지만. 루이스는 돈에 집착하는 사람이었다. 줄리아 로버츠가 연기한 매춘부를 만나 마법의 키스를 받기 전까지는 말이다. 마법의 키스 이후 루이스는 더 이상 돈에 집착하지 않았다. 물론 루이스는 여전히 돈을 좋아했다. 그건 확실하다. 하지만 더는 돈에 중독되지 않았다.

나는 벨포트를 바라봤다. "세 번째로 한 일은, 이게 정말 파괴적인 신념인데…" 이 말을 하는 그의 얼굴은 다소 풀이 죽어 보였다. "우리는 외부 세력들에게 너무 쉽게 세뇌를 당해요. 세 번째 한 일은, 만약 할 수만 있다면 나는 그 개자식을 고소했을 겁니다. 하지만 그럴 수 없었죠. 그 개자식이 누군지 아세요? 고든 게코Gordon Gekko예요. '탐욕은 좋은 거다'라고 떠든 놈이요. 전 이 영화를 봤어요. 〈월 스트리트〉요. 내 또래의 많은 아이가 봤죠. 맙소사, 그는 세상에서 제일 멋진 사내였어요. 잘생긴데다 옷도 잘 입었어요. 그리고 나는, 말하자면 목적이 모든 것을 정당화한다고 생각하기에 이르렀어요… 탐욕은 좋은 것이다, 탐욕이 길을 낸다." 그는 다시 말을 멈췄다. "탐욕은 좋은 게 아닙니다."

불쑥 뭔가 딴지를 걸고 싶은 충동이 또 일어났다. 그걸 정확히 어떻게 표현할지는 모르겠지만. 어쨌든 탐욕greed이란 무엇인가? 원래 이 단어는 정말로, 정말로 배고픈 상태를 표현하는 데 사용됐다. 고대에는 어디에나 탐욕을 표현하는 단어가 있었다. 색슨 족은 'gradag', 저지대 사람들은 'gretig', 영국인들은 'gredig'이라고 표현했다. 배가 고픈 상태는 정말, 정말로 나쁜 것이다. 그렇지 않은가? 분명 나쁘다. 하지만 좋은 것이기도 하다.

나는 유인원 전문가인 리처드 랭엄Richard Wrangham과 이야기를 나눈 적이 있다. 그는 침팬지와 생활하며 많은 시간을 보냈다. 정글로 들어가 침팬지들을 따라 돌아다니며 실제로 침팬지가 먹는 것들을 먹으려고 노력했다. 중요한 건, 그게 끔찍했다는 것이다. 보통 침팬지는 과일, 바나나

등을 먹는다고 생각한다. 선택할 수만 있다면 과일은 분명 침팬지들이 먹고 싶어 하는 먹이다. 하지만 그들에겐 대체로 선택권이 없다. 손 닿는 데 열려 있는 과일들은 곤충과 박쥐, 물건을 잡는 데 적합한 꼬리를 가진 원숭이들이 이미 먹어치웠기 때문이다. 손이 닿지 않는 높은 곳에 열린 과일도 마찬가지였다. 그래서 침팬지들은 박과 나뭇잎을 먹어야 했다. 그런데 이것들은 질겨서 씹기가 힘들었다. 나뭇잎들은 가죽 같았고 박은 뭐랄까, 고무 같았다. 피렐리Pirelli 타이어를 씹는 것과 비슷했다. 침팬지들은 먹이를 씹으며 매일 몇 시간을 보내야 했다. 그들은 네다섯 시간 동안 그냥 씹기만 한다. 침팬지들의 턱이 큰 이유이기도 하다.

랭엄은 만약 당신이 바나나를 먹고 싶다는 부질없는 희망을 버리지도 못했는데 고무나 가죽 같은 먹이를 찾아 나무를 오르느라 하루의 절반을 보내고, 나머지 시간의 3분의 1은 가지에 앉아 그것들을 질경질경 씹어야 한다면 남는 시간이 별로 없을 것이라고 말했다. 씹기가 직업인 셈이다. 아침에 일어나 일하러 가서 하루 종일 씹는다. 랭엄의 표현에 따르면, 먹고살 수는 있다. 하지만 딱 그뿐이다.

그러나 탐욕이 낳은 광기는 당신을 날카롭게 만든다. 이 광기는 당신에게 새로운 생각을 떠올리라고 강요한다. 세월이 흐르면서 일부 침팬지들, 아마 막대로 벌집을 쑤시는 데 능숙해진 침팬지의 후손들은 새로운 생각을 좀 더 잘 떠올리게 됐을 것이다. 그들의 뇌는 어떤 사물을 보고 그것을 새로운 방식으로 생각하는 능력을 발달시켰다. 나뭇가지가 막대처럼 보일 수도 있고, 막대가 도구처럼 보일 수도 있다. 이 침팬지들은 산불에 타서 익은 박과 덩이줄기가 훨씬 더 맛있다는 것을 이미 알고 있었다.

그래서 산불이 날 때마다 익은 먹이들을 찾으려 화재가 난 부근을 샅샅이 뒤지고 다녔다.

그러다 중요한 사건이 일어났다. 랭엄에 따르면 200만 년 전의 일이다. 어느 날, 한 유인원이 막대로 불을 쑤셨다. 이 유인원은 나뭇가지를 막대로 봤고, 그 뒤에는 도구로 봤다. 마주 보고 있는 두 사람의 얼굴이 아니라 꽃병이 보이기 시작한 순간*과 비슷하다. 얼굴이 꽃병이 된다. 막대가 불쏘시개가 된다. 불을 더 활활 피울 수 있다. 뭔가를 공짜로 얻었다! 에이, 그럴 리가 없어. 그런데 틀림없는 사실이다! 수백만 년 동안 별다른 일이 일어나지 않았다. 그런데 지금 중요한 일이 일어났다. 순식간에! 유인원이 부자가 됐다. 정말 순식간에. 하지만 일확천금을 노려서 일어난 일은 아니었다.

당신이 가장 열심히 일한 때는 전혀 돈을 벌고 못하고 있을 때다. 먹이를 찾아 돌아다니는 그 모든 시간, 먹이를 힘들게 씹는 그 모든 시간, 그들은 부자가 되지 않았다. 먹고는 살았지만 딱 그뿐이었다. 그러다 순식간에 부자가 됐다. 정확히 말하면 부자는 아니지만, 분명 조금 더 부유해졌다. 그들은 나무에서 내려왔고, 직립보행을 했고, 모닥불 주위에 둘러앉았고, 오두막집을 지었다. 모든 게 탐욕 덕분이었다. 탐욕은 모든 것의 동인, 진화의 본질, 발명의 어머니였다. 탐욕은 풍요를 불러오는 자였으며, 숨겨진 가치의 발견자였다.

---

• 검은 바탕 가운데에 꽃병 모양의 흰 형태가 그려져 있는 도형을 보고 두 사람의 얼굴로도 꽃병으로도 인식할 수 있는 착시 현상을 말한다.

결국 기술과 금융 뒤에 숨은 힘은 탐욕이었다. 탐욕은 증기기관과 내연기관과 실리콘 칩을 만들었다. 탐욕이 도로와 하늘을 가득 채웠다. 탐욕이 석유와 고무를 추출했다. 자동차와 자동차 광고, 광고사진을 찍는 카메라, 광고에 나올 핫한 인물의 선택, 가느다란 팔다리, 도드라진 광대뼈, 윤이 나는 머리카락, 하얀 치아… 이 모든 것들 뒤에는 탐욕이 있다. 탐욕이 이 모든 걸 가능하게 했다. 자동문, 로비, 곡선 모양의 바, 물 위에서 흔들리고 있는 유람선들, 테이블 위에 놓여 있는 녹음기기들, 내가 주문하려는 탄산 미네랄워터, 그 미네랄워터의 병이 만들어진 공장, 그 공장을 소유한 기업, 기업 이름으로 발행되는 주식. 주식을 사고, 다른 사람에게 사라고 권유하고, 낮은 가격에 사서 비싸게 파는 전략을 세우고, 부자가 되고, 대저택과 요트를 사들이지만 그런 후에 뭐라고 설명하기 힘들지만 자신이 가난하다는 기분이 들어 심리적 크레바스에 빠져서는 발각되지 않을 줄 알고 범죄를 저지르기 시작한 사기꾼.

"탐욕은 파괴적이에요. 좋은 건 열정이죠. 좋은 건 야망이에요." 벨포트가 말했다. 웨이트리스가 우리 테이블로 다가왔다. 우리는 물과 커피를 주문했다. 누가 봐도 이상할 게 없는 상황이었다. 평상복 차림으로 입심 좋게 지껄이며 오만한 주장을 늘어놓는, 중년의 위기를 지나고 있는 두 남자의 테이블일 뿐이었다. 웨이트리스가 멀어졌고, 나는 벨포트를 쳐다봤다. 나는 아직 그의 말에 끼어들지 못했다.

# 05

# 때로는 성공에도
# 수습이 필요하다

극심한 해리성 둔주 상태에서 눈 깜짝할 새에 시간이 지나갔고, 이후 두어 시간 동안 벨포트는 '네 가지 일', 즉 '나를 위해 일하는 사람들에게 불어넣어서 그들을 날아오를 수 있게 했던 네 가지 일'에 관해 들려줬다. 그의 말에 따르면, 그 네 가지 일들은 나를 극도로 부유하고 성공한 사람으로 만들어줄 것이다. 그 일들은 벨포트가 가진 철학의 네 귀퉁이였다. 노력, 돈, 감옥, 새 출발로 이어진, 수년 동안 그가 공을 들였던 현자의 돌이었다. 그는 이야기하고 나는 들었다. 나를 설득하려는 사람들로 가득 찬 방 앞에 앉아 있는 기분이었다. 그들은 "당신은 할 수 있습니다. 당신이 바로 이 사람이 될 수 있어요"라고 말하고 있다. "당신이 바로 이런 부자가 될 수 있습니다."

그가 말한 네 가지 일은 오늘날의 세계에서 번성하고 성공하기 위해 마스터해야 하는 일들처럼 보였다. 손닿는 높이에 열린 과일들을 전부 남들이 따 가고 학교에서 배웠던 모든 것들이 더는 의미가 없어진 세상. 그냥 지시대로 따르기만 해서는, 시키는 대로만 해서는, 열심히 일하기만 해서는, 나쁜 짓을 안 하는 정도로만 해서는 별 도움이 안 되는 그런 세상이다. 정상적인 직업을 얻고, 좋은 집과 차를 사고, 아이들의 학비를 내고, 휴가를 떠나는, 우리 부모 세대들이 당연하게 여겼던 일들을 할 수 없는 세상이다. 중산층이 되는 게 그다지 만족스럽지 않은 세상이기도 하다. 중산층은 새로운 빈곤층이기 때문이다. 빈곤의 수위가 서서히 올라가고 있다. 그러니 당신은 특정 유형의 사람으로 변모해야 한다.

"강력한 비전을 세워야 해요. 목표가 아니라요. 목표 위의 단계가 있어요. 비전이죠."

이게 네 가지 일들 중 첫 번째였다.

"감정을 다스리는 법을 배워야 하고요."

이게 두 번째 일.

"당신의 발목을 잡는 생각들을 철저히 찾아내 뿌리를 뽑아야 합니다."

이게 세 번째 일.

"전략." 이게 네 번째 일이었다. 기본적으로 무언가에 관해 배우고 그것이 어떤 다른 부분들로 이뤄져 있는지 파악한 후, 각각을 솜씨 있게 처리하며 일종의 마법이 일어날 때까지 끈기 있게 이 과정을 계속하는 것. 그러고 나면 당신은 다른 세상에 있게 될 것이다. 벨포트는 직원들에게 무언가를 팔기 위한 교육을 시켰다. 그는 시스템을 만들었고 완벽하게 다듬었다. 그 시스템의 이름은 '스트레이트 라인Straight Line'이었다.

"무슨 일이 벌어졌는지 상상도 못하실 겁니다. 어떤 사람이라도… 돌대가리에 영업 능력도 없고 가난한 집안 출신에다 평생 패배자라고 말해 온 사람도… 6개월 뒤에는 모두 부자가 됐어요. 스트레이트 라인은 확실한 시스템이었거든요."

그는 오래전의 어느 날을 떠올렸다. 자기가 만든 시스템이 먹힐 것을 알았던 날이었다. 그때 그는 롱아일랜드 준교외 지역의 초라한 사무실에 있었다. "오, 마이 갓! 오 마이 갓! 방 안을 둘러보니 12명이 있었어요. 오 마이 갓. 마치 불을 발견한 것처럼 불현듯 뭔가가 떠올랐어요."

◦ ◦

벨포트는 수백만 달러, 수천만 달러를 벌었다. 하지만 가난한 기분이 들어서 범죄를 저질렀다. 왜 그랬을까? 우리가 지금, 그리고 나중에 이 도시와 다른 도시들, 이 호텔과 다른 호텔에서 이야기를 나눌 문제가 이것이다. 나는 어떨 땐 그가 자신이 한 일을 정확히 알고 있다는 생각이 드는데 어떨 땐 아닌 것 같기도 하다. 나는 때로는 그가 한 일을 정확히 알고 있다고 생각하지만 때로는 아니다.

그가 말했다. "내가 고려하지 못한 건 내 성공이 주가를 상승시키고 나면 더 큰 성공이 찾아온다는 점이었어요. 고객들은, 이런 빌어먹을! 그래요, 그거 말고 또 뭐가 있겠어요. '당신에게 200만 달러를 주겠습니다. 200만 달러로 살 만한 게 뭐가 있나요?' 이런 식이었다고요. 그래서 내 상황이 악화되기 시작했죠. 내겐 팔 만한 게 없었기 때문에 어쩔 수 없이 수상쩍은 상품들을 팔아야 했다고요."

이것이 문제를 바라보는 한 방식이다. 그는 자신이 전부 컨트롤하지는 못하는 수많은 부품들로 기계장치를 만들었다. 그것들은 고정돼 있지 않고 움직였다. "내 생각보다 훨씬 더 크고 빠르게 성장했어요. 그래서 나는 팔 것들을 찾느라 필사적으로 뛰어다녔죠. 수요를 따라갈 수가 없었어요. 상품을 만들어내려고 안간힘을 쓰면서 쳇바퀴를 돌릴 수밖에 없었죠." 그는 깊이 파고들어가다가 다른 사람들의 탐욕의 심해에까지 이르렀다. 사방에 솟구치는 탐욕의 샘. 완전히 도발적인! 하지만 탐욕이 갈 곳은 아무 데도 없었다. 이게 문제를 바라보는 또 다른 방식이다.

"불행히도 난 이 남자를 만났어요." 벨포트는 필사적이었다. 사람들의 기대를 저버릴 수 없었다. 고객 때문이 아니었다. 중개인들 때문도 아니었다. 그가 세운 회사 때문이었다. 그의 회사! 스트래튼 오크몬트Stratton Oakmont! 이것이 문제를 바라보는 또 다른 방식이다. "그는 좋은 사람이었어요. 내게 상당히 불법적인 주식을 만드는 법을 알려줬죠. 그때 내가 다른 길로 갔어야 했는데…" 그는 결국 선을 넘었다. "나 말고 다른 사람을 탓하고 싶진 않아요. 모래에 머리를 파묻는 타조를 아세요? 내가 그 짓을 하고 있었어요."

그는 계속해서 말했다. "누구에게도 피해를 줄 마음은 없었어요. 꼭 금융위기와 비슷해요. 일단 이 쓰레기들을 파는 길에 발을 들여놓으면… 지금 나는 그 문제에 관해 이렇게 말해요. '처음에 내린 결정이 앞으로 일어날 일들을 좌우합니다.' 윤리와 진실성 문제에 있어서는 어중간한 태도를 취할 수 없어요. 그럴 수가 없어요. 그 선을 넘어가면서는 스스로에게 말했어요. 이번만 하고 돌아올 거라고. 더 이상은 안 할 거라고… 월 스트리트에서는 매일 그렇게 해요. 지금도 하고 있죠."

그가 한 일들의 대부분은 완벽하게 합법적이었다. 합법적 주식 조작과 불법적 주식 조작 사이에는 선이 있다. 미세한 선이다. 이게 문제를 보는 또 다른 방식이다. 벨포트는 그 미세한 선에 관해 이야기했다. "불법적이라는 게 무슨 뜻이냐면, 만약 내가… 그러니까, 나는 더 널리 유통시켜야 했어요. 그런데 그러지 않고 그 주식을 사서 눈에 띄지 않는 쥐구멍에 넣어놓고 계속 조정한 거죠. 그게 불법적인 부분이었어요. 나머지는 다 합법적이었고요."

쥐구멍이라! 주식의 가치를 높이려고 시장에서 주식을 거둬들여 숨기는 곳. 당신은 다른 사람들이 자발적으로 그 주식을 사고 있는 척한다. 하지만 실제로는 사람들에게 돈을 주고 사게 한 뒤 당신이 원하는 때에 팔게 한다. 이런 방법으로 그 주식의 가치에 대한 가짜 그림을 그릴 수 있다. 그 주식이 실제보다 더 나아 보이게 만들 수 있다. 그는 때때로 이 과정을 '새로 발행된 주식의 단타 매매flipping'라고 부르기도 했다. 단타 매매는 사람들이 자신의 사기행위를 표현할 때 쓰는 단어다. 꾼이 아닌 단타 매매자flipper들이 하는 행동이다. 단타 매매자는 단타 매매를 한다. 꾼들은 조작을 하고. 단타 매매자라는 단어를 생각하면 변덕스러운 움직임이 떠오른다. 그다지 나쁘게 들리지 않는다.

"그래요, 나는 실수를 했어요. 상황이 나를 앞질러 가게 한 거죠. 내가 저지른 큰 실수는, 회사를 더 천천히 성장시켜야 했다는 거예요." 하지만 그때 벨포트는 스트래튼 오크먼트의 주식 중개인들을 생각했다. "그 굶주린 입들!" 그리고 고객들도 생각했다. "고객들 역시 탐욕스러워요. 어떻게 보면 그 과정의 모든 사람이 공모자죠." 아수라장이 벌어졌고 그는 거기에 휩쓸렸다. 이것이 이 문제를 보는 또 다른 방식이다. 벨포트는 고객들에 대해 이렇게 말한다. "인간 본성의 광기가 여기 있었어요. 고객들이 우리와 계좌를 열어요. 그럼 우리는 고객들에게 우리가 파는 주식들은 쓰레기라는 편지를 보내요. 투기성 주식들이고 다른 어디에서도 살 수 없다고요. 만약 이 주식에 한 푼이라도 투자한다면 돈을 잃게 될 거라고 해요. 추하기 짝이 없는 편지였죠. 아무도 눈 하나 깜짝하지 않았어요. 고객들이 그 주식을 더 사고 싶게 만들뿐이었죠. 인간의 본성인 거예요."

이 사람들의 탐욕이란! 탐욕의 분출! 그는 주식을 팔았다. 주식이 실제보다 더 좋아 보이게 꾸몄다. 음, 그는 전에도 그런 일을 했다. 하지만 그때는 좋은 각도와 조명을 영리하게 이용했다. 그러다가 그 미세한 선을 넘었다. 그냥 좋은 각도와 조명을 영리하게 이용하는 정도가 아니라 포토샵을 했다. 이것도 문제를 바라보는 또 다른 방식이다.

그는 시골의 대저택을 구입했다. 포르노맨션도 사들였다. 그 맨션에서 두 번째 아내를 만났다. 그 무렵 벨포트는 돈에 의해 정의되는 사람이었다. 돈과 떼려야 뗄 수 없는 관계였다. 그에게는 번쩍이는 잡지에서나 봤던 정장과 시계와 차가 있었다. 그의 시계는 다른 사람들의 차 한 대 값이었다. 그의 차는 다른 사람들의 집 한 채 값이었다. 어느 날 그가 연 파티에 나딘 카리디가 참석했다. 시계나 자동차와 마찬가지로 잡지에서 봤던 사람이었다. "그녀가 걸어 들어왔어요. 유명한 모델이었죠. 우리는 시선을 교환했어요… 그런 시선 알죠?"

그는 아내를 떠났다. 그는 미세한 선을 넘었다. 회사는 성장하고 있었다. 주식 중개인들이 늘어났고, 먹여 살려야 할 굶주린 입들이 늘어났고, 돈을 더 많이 벌었고, 사기행위도 더 늘었다. 돈은 해결책이자 문제였다. 심리적으로 그는 살얼음판을 걸었다. 나는 그 살얼음판에 관해 이야기하고 싶었다. 벨포트도 그 이야기를 하고 싶어 하는 것 같았다. 그가 말했다. "창녀들은 스트래튼 문화의 큰 부분을 차지했어요. 총각파티가 벌어졌고 갈수록 더 역겨워졌어요. 그러니까… 림보 게임과 비슷했어요. 기자님은 얼마나 낮은 높이를 지나갈 수 있죠?"

이야기는 두 번째 결혼에 대한 내용으로 이어졌다. "조금씩 깎아내고 또 깎아내고, 그러다 보면 조각상에 아무것도 남지 않은 걸 알게 돼요. 우리에게 문제는 처음부터 관계 전체가 순수하지 않았다는 데 있었던 것 같아요. 그 시절을 돌아보면 내 인생에서 유일하게 순수한 부분은 내 아이들이었어요. 그 외의 모든 건 부정한 것, 돈을 주고 산 것, 대가를 지불한 것, 뇌물로 얻은 것이었어요. 아내를 포함해서요."

내가 창녀들 얘기를 꺼내자 그는 처음부터 그랬던 건 아니라고 했다. 자신도 모르는 새에 빠져들었다고. "욕조에 김이 솟는 뜨거운 물을 가득 채우고 발가락을 넣어봤더니 젠장, 너무 뜨거워요. 그런데 5분 뒤에 보니 물속에 몸을 담그고 있는 거예요. 그럼 그때는 딱 알맞은 온도처럼 느껴지죠. 나는 바람을 피운 적이 없어요. 창녀들을 빼면. 당시에는 그렇게 합리화했어요. '진짜로 바람을 피운 건 아니야, 창녀들일 뿐이야. 돈만 바라는 여자들이라고. 일반인이 아니야. 난 일반인과 바람을 피운 적이 없어.' 이런 식이었죠. 몇 년 동안 수백 명의 창녀들을 상대했어요. 어쩌면 천 명일 수도 있고. 여하튼 많았어요. 하지만 아무것도 얻지 못했어요."

그는 돈 버는 법을 발견했다. 돈방석에 앉았다. 가난한 기분이 들었다. 선을 넘었다. 매춘부, 사기, 마약. 코카인과 퀘일루드. 그러다 상황이 악화됐다. 그는 아내를 학대했다. "내가 바닥까지 떨어져 폭력적이 되는 지점이 있어요. 난 폭력적인 사람은 아니에요. 그런 사람 같아 보이지 않죠. 폭력적이지 않아요. 마지막으로 싸움을 한 게 4학년 때였다니까요. 그러니까 정말로 내가 누구를 때리면서 돌아다니는 사람은 아니에요. 그런데 누군가에게 석 달 동안 코카인을 주면, 아시잖아요, 잠도 못 자는데 퀘일루드를 복용하면… 내가 대체 무슨 짓을 하고 있었는지 정말 모르겠어요. 그러니까, 나는, 아시잖아요, 우리는 싸웠어요. 내가 아내를 밀었고 두 계단을 굴러 떨어져 갈비뼈를 다쳤어요. 아내가 경찰을 불렀고 난… 나는… 가정폭력으로 수감됐어요. 중독치료도 받았고 죽으…"

그는 마지막 단어를 채 다 발음하지 못하고 잠시 침묵했다. 벨포트는 모르핀 알약을 한 움큼 입에 털어넣고 정신을 잃어 위세척을 받았었다. "삶이 엿같고 진절머리 나는 지경에 이르렀을 때, 그리고 너무… 그러니까 너무… 내가 살았던 삶을 돌아보면 어느 것 하나 좋은 걸 찾을 수 없었어요. 못 찾아요. 난 내 과거를 절대 낭만적으로 묘사하지 않아요. 그다지 나쁘지 않았다고 스스로를 설득하려고 하지도 않죠." 수억 달러의 빚을 진 채 첼시 하버 호텔의 바에 앉은 그는 이전의 삶을 이렇게 요약했다.

"완전 구렸어요. 악했죠."

## 06

# 월가의 유일한 성공 지표,
# 돈

이틀 뒤, 나는 맨체스터 중심부에 있
는 힐튼 호텔 회의실로 갔다. 그곳에서 블랙 아이드 피스The Black Eyed
Peas의 'I've Gotta Feeling'을 들었다. 나는 그 노래를 좋아한다. 뮤직비
디오의 내용도 알고 있다. 미끈하게 잘 빠진 여성의 허벅지 사이로 섬광
이 번쩍이며 간결하고 깔끔한 리듬이 흐른다. 뒷모습, 밤의 할리우드, 어
슬렁거리는 여자들, 메리 제인 구두, 끈이 달린 에나멜 구두. 신발과 다리,
엉덩이와 하이힐, 간결한 리듬이 계속 이어진다. 도드라지고 예리하고 촘
촘하게!

이 곡은 외출과 외출에 대한 기대감을 노래한다. 무언가를 위해 준비
를 하고, 머리를 매만지고 메이크업을 한 뒤 거울로 확인하고, 자기 몸을
어루만지고, 봉인이 해제되는 순간, 자신을 놓는 순간, '밖으로 나가서 박

살내는' 순간, '돈을 다 써버리는' 순간, '흥청망청 노는' 순간들을 상상하게 한다. 리듬이 처지다가 속도를 낸다. 어! 그리고 노래가 시작된다. 기다리고 있는 오르가즘, 돈의 분출, 욕망의 달뜬 꿈.

이 노래에는 비하인드 스토리가 있다. 블랙 아이드 피스의 리더인 윌.아이.엠Will.I.Am이 클럽에서 데이비드 게타David Guetta의 곡을 듣고 마음에 들어 전화를 했다. 그는 게타에게 가사를 보내면 리듬을 만들어 주겠냐고 물었다. 게타는 그러겠다고 했고 힘차고 깔끔한 비트음을 내놓았다. 게타는 수년 동안 댄스곡을 작업해왔고 이제 중년에 접어드는 나이였다. 이 잘생긴 프랑스 남자는 실력이 뛰어났지만 알다시피 최고는 아니었다. 그러다 윌.아이.엠의 전화를 받았고, 게타는 한번 해보겠다고 했다. 게타는 이 힘차고 깔끔한 리듬을 쓰고는 모르긴 몰라도 1,000만 아니면 2,000만 달러, 얼마가 됐든 아마 그 정도의 돈을 벌었을 것이다. 2,000만 달러라니. 돈의 분출. 지금 게타는 세계에서 가장 부유한 뮤지션 중 한 명이다. 프랑스, 이비사Ibiza 섬, 캘리포니아, 두바이에 집이 있으며 전용기를 타고 세계를 여행한다.

노래가 신나게 울리는 동안 나는 광고판을 봤다. 광고판에는 전용기, 애스턴 마틴Aston Martin, 헬리콥터라는 다양한 부의 상징들로 둘러싸인 벨포트의 사진이 걸려 있었다. 사진 속의 벨포트는 검은색 정장에 빨간색 타이를 매고 레이밴 선글라스를 썼다. 심하지는 않지만 거의 패러디 느낌이다. 지폐더미에서 나타난 벨포트가 팔짱을 끼고 있고 그 옆에는 아름다운 여성과 요트와 헬리콥터가 배치된 그의 책 표지와 흡사하다. 광고판에는 이런 문구가 쓰여 있다. '조던 벨포트와 함께 얻는 극도의 부와 성공.'

반면 책에는 《월가의 늑대》라는 제목 아래에 '돈이 월가의 슈퍼맨을 어떻게 망가뜨렸나'라는 문구가 있다.

그러니까 광고와 책이 거의 똑같아 보이지만 전달하는 메시지는 판이하다는 것이다. 아닌가? 책 표지는 '이런 모습이 좋아 보일 수 있어요. 하지만 조심하세요. 실제로는 악입니다'라고 말하는 것 같다. 그런데 광고판은 '이런 모습이 좋아 보이죠. 걱정 마세요. 진짜 좋답니다!'라고 말하는 것 같지 않은가? 뭔가 상당히 앞뒤가 맞지 않는다. 내가 그 부분이 뭔지 알아내려고 애쓰고 있는데 음악이 멈추고 문이 열리며 벨포트가 걸어 들어왔다. 성큼성큼. 아니 이렇게 말해야 한다. 그는 의도를 가지고 빨리 걸었다.

검은색 정장, 흰 셔츠, 검정 구두. 타이는 매지 않았다. 그는 우리에게 자신의 인생 이야기를 들려주기 시작했다. 어릴 때는 해변에서 아이스크림을 팔았다고 했다. 트럭에서 육류와 생선도 팔았다. 그러다 그가 일하던 육류와 생선 회사가 망했다. 그는 치과의사가 되고 싶지 않았고, 영업을 좋아했다. 그래서 스트레이트 라인 시스템을 개발했다. 그가 말했다. "돈을 버는 건 간단해요. 방법만 알면요. 전 어떤 개구리도 낚을 수 있어요. 여러분들이 개구리라는 말은 아닙니다. 펑! 여러분은 왕자죠. 우리는 왜 자신이 원하는 걸 얻지 못하는지에 대해 그럴싸한 핑계를 늘어놓곤 해요. 자, 이건 받아 적으세요. 당신이 원하는 걸 얻지 못하게 막는 건 바로 왜 그걸 얻지 못하는지에 대해 자신에게 늘어놓는 헛소리들이에요. 둘 중 하나를 선택하세요, '내 말이 맞다, 혹은 내 말이 맞다.'"

그는 으스대며 회의실을 돌아다녔다. 꼭 병사들에게 연설을 하는 장군 같았다. 연극 같은 과장된 몸짓이다. 어느 시점에 그가 "그건 가난한 사람들이 하는 짓이에요!"라고 내질렀다. '부자가 되지 못한 사람들'을 두고 하는 말이다. 그가 말했다. "여러분들은 지금 당장 벗어날 수 있어요! 무력한 상태에서 돌아다니는 건 시간 낭비일 뿐이에요! 완전 쓸모없는 짓이라고요. 당신에겐 부와 성공을 위한 마음가짐이 필요해요!"

네 가지 일. 스트레이트 라인, 문제에 정면으로 맞서기. 행동! "이것도 적어 두세요." 그가 말한다. "부자들은 내가 내 세상을 책임진다는 신조에 따라 살아요. 반면 성공하지 못한 사람들은 자신에게 닥친 세상을 살죠."

그의 강연은 클라이맥스에 이르렀다가 또 다른 클라이맥스로 치달았다. "부자들은 신속하게 결정을 내립니다. 성공하지 못한 사람들은 뭘 할까요? '음, 모르겠네요'라고 하죠. 알아들으셨어요? 부자들은 사생결단으로 덤벼요! 사생결단으로! 부자들은 숏을 시도해요. 그들은 이렇게 말하죠. '일어날 수 있는 최악의 경우가 뭐지?' 개떡 같은 일은 빛의 속도로 이동하지 않아요. 개떡 같은 속도로 이동하죠."

나는 메모를 휘갈겼다. 그는 빌 게이츠에 이어, 아니면 빌 게이츠나 또 다른 한 사람에 이어 세계에서 가장 부자인 워런 버핏Warren Buffett에 관해 이야기했다. 버핏은 부자들의 부자다. '워런 버핏.' 나는 노트에 이름을 쓰고 그 주위에 두 겹의 네모를 치고는 모서리 사이에 선을 그었다. 계속 반복하다 보니 꼭대기가 납작한 피라미드 위에 단어가 있는 것처럼 보였다. 나는 벨포트와 그를 표현한 광고판을 계속 살펴봤다. 계속해서 광고판의 의미를 알아내려고 애썼다. 그 문제가 줄곧 머리에서 떠나지 않았다. 벨포트는 길들이기에 관해서도 이야기했다. "우리는, 내 친구들은 평범한 사람이 되도록 길들여졌어요. 부자가 되는 방법은 세상에 딱 하나뿐이에요. 재빨리 되는 것."

이번에도 머릿속에 반짝 불이 켜졌다. 무언가가 명확해지는 순간에 밀려오는 흥분. 나는 이런 느낌을 사랑하고 이 느낌이 지속되길 바란다. 불빛이 계속 남아 있길 바란다. 강연이 끝난 뒤 벨포트는 책 사인회를 하며 3일짜리 세미나에 등록자들을 모으려고 노력했다. 세미나 참가비는 1,500파운드다. 1,500파운드인 10시간짜리 스트레이트 라인 강좌 DVD도 주문할 수 있다.

○ ●

다음날 우리는 기차를 타고 맨체스터에서 버밍엄으로 갔다. 그는 항상 일등석을 타기 때문에 내가 티켓을 업그레이드해야 했다. 그는 선글라스를 쓰고 청바지와 폴로셔츠를 입었다. 역에서 벨포트는 내가 두려워하는 게 있는지, 만약 그렇다면 그게 뭔지 물었다. 대답하고 싶지 않은 마음이 잠깐 들었다. 부끄러워서가 아니라 이 특별한 문제를 이 특별한 순간에 생각하고 싶지 않았기 때문이다. 하지만 잠시 후에 대답을 했다.

"높은 곳이요."

단지 그 말을 한 것, 우리 사이에 생각을 전달하고 공개한 것만으로도 약간 불안했다. 내가 말한 건 절벽에 튀어나온 바위, 밧줄을 엮어 만든 다리, 가파른 절벽에 대한 두려움이다. 하지만 실제로는 다른 무언가에 대한 두려움이다. 뇌가 꼬이고 뒤집혀서 내게 해를 끼치는 생각을 멈추지 못하다 그냥 포기해버리고 흔적도 없이 사라지는 데 대한 두려움.

"높은 곳이요?"

나는 고개를 끄덕였다.

"그 문제라면 내가 도와줄 수 있어요."

나는 고개를 돌려 무언가를, 아니 뭐가 됐든 살펴봤다.

"이렇게 해볼래요? 기자님을 두렵게 하는 일을 머릿속에 그려보는 거예요. 그런 후에는 멀리서 자신을 바라보는 상상을 하는 거죠."

고개를 끄덕이며 그의 머리 너머의 지점을 바라봤다.

"절벽의 바위 위에 있는 기자님을 상상해보세요."

나는 출발 시각 게시판, 도시 목록, 플랫폼에 시선을 맞추며 대답했다. "네, 그러죠… 어, 우리 기차예요!" 그 순간은 그렇게 넘어갔다. 기차에서 우리는 약간 더 편안한 좌석에 앉았다. 자리를 잡고 앉아서는 2008년도의 세계 금융위기에 대해 얘기했다. '대중의 신뢰에 대한 대대적 배신'이라는 게 그가 내린 평가였다. '모든 차원에서 저질러지고 있는 사기'라고도 했다. 우리 두 사람은 무슨 일이 일어났는지에 대해 의견이 일치했다. 금융상품들이 실제보다 더 나아 보이도록 치장됐다. 미인대회 같았다. 대출을 빅토리아 시크릿의 모델처럼 꾸몄다.

"그게 얼마나 나쁜 건지 아무도 몰랐어요. 그렇지만 난 알고 있었죠. 그게 얼마나 나쁜 건지 알았어요." 우리는 옛 공장들과 창고, 헛간, 들판, 옛 가마, 더 많은 옛 공장들을 지나갔다. "안타까운 건, 내가 제대로 했더라면 지금쯤 수십억 달러의 사나이가 됐으리란 거예요. 알다시피 내가 한 일의 95%는 합법적이었고, 새로 발행된 주식을 단타 매매한 건 5%에 불과했거든요. 내가 그런 짓을 안 했다면? 약간 덜 벌었을 뿐일 겁니다.

5,000만 달러 대신 3,000만 달러를 벌었겠죠. 그 뒤에는 10억 달러를 벌었을 거고요."

그는 이 문제를 생각했다. "사람들을 설득할 때 부도덕한 방법을 쓰면 돈은 벌겠지만 결국 자신을 망가뜨리고 날려버릴 거라고 말하는 건 이런 이유에서예요. 바로 나한테 일어났던 일이죠. 내게 대가를 치르게 한 궤도이탈. 궤도를 이탈해서 돈을 더 많이 벌지 않았어요. 오히려 더 적게 벌었죠! 그게 그 모든 일의 아이러니였어요." 그는 징역 4년형을 선고받고 22개월을 복역했다. "재미있는 선고였어요. 내가 저지른 일이 나쁜 짓이 되기에는 충분할 만큼 길고 나를 장악하고 망가뜨려 황폐하게 만들 만큼은 길지 않은 기간이었어요."

우리가 탄 기차는 덜커덩거리며 나아갔다.

"월가의 문제는 이거예요. 그곳에서는 아무것도 만들어내고 있지 않아요. 아무 것도 개발하지 않죠. 만족이 없어요. 기자님이 책이나 정말 좋은 기사를 쓰면 그건 당신의 창작품입니다. 그러면 얼마의 돈을 벌게 되는지를 떠나 뿌듯함을 느끼죠. 사실 나는 책을 다 썼을 때 그렇게 만족스럽진 않았어요. 책 쓰는 걸 그다지 즐기지 않거든요. 나한텐 힘든 일이에요. 말을 할 때는 안 힘들어요. 그냥 자연스럽게 말이 나와요. 하지만 책을 쓸 땐 허덕거려요. 요점은, 내가 책을 썼을 때는 일을 해낸 데 대한 어떤 긍지가 있었어요. 월가에는 그런 긍지가 존재하지 않아요. 어떤 일을 잘 해냈는지에 대한 유일한 지표는 돈이에요. 그곳에서는 지나치게 많은 돈을 벌어요. 그런 뒤 돈이 의미가 없어지죠. 그러니 물건들을 사들여 돈에 의미를 부여하려고 애쓰게 돼요. 사람들은 집을 삽니다. 집의 크기가 성에 차지 않아요. 그래서 더 큰 집을 삽니다. 페라리 한 대가 있는데도 '아니야, 두 대가 필요해'라고 생각하죠. 보트가 있는데 요트가 필요하고 햄프턴에 집이 필요해요. '남들 집에는 가정부가 몇 명 있지? 우리 집에는 12명. 남들 집에는 6명. 내 아이의 생일파티를 얼마나 성대하게 하지?' 이런 생각들을 한다고요. 내가 지금 기자님에게 작년에 얼마 벌었는지 물어보면 '네? 뭐라고요?'라고 되물을 겁니다. 나는 이렇게 말할 거예요. '아, 당신은 글을 쓰죠. 얼마나 벌었어요? 사람들이 당신에게 돈을 얼마나 주죠? 글을 써서 작년에 번 수입이 얼마였나요?' 그러면 작가님은 내가 좀 무례하단 식으로 쳐다보겠죠. 하지만 월가에서는 그게 누군가에게 물어보는 유일한 질문이에요. '이봐, 작년 총수입이 얼마야? 아, 140만. 어, 240만.' 하지만 내가 기자님에게 이렇게 물어보면 '대체 왜 그러는 거요?'라는 식으로 반응할 겁니다."

나는 그에게 감옥에 갔던 일에 관해 물었다. 아이들에게 뭐라고 말했지 말이다. "새해가 밝기 전날이었어요… 나는 1월 2일에 감옥에 가야 했어요. '있잖아, 애들아, 저기, 너희에게 할 말이 있어서 들를게. 중요한 일이야.' 아이들이 내려왔죠. '아빠, 무슨 일이에요? 무슨 일이 있어요? 나쁜 일인가요?' '아빠한테 어… 문제가 생겼어'라는 식으로 얘기했죠. '몇 년 전에 일어났던 일을 아니? 아빠가 인생에서 중요한 실수를 저질렀어. 알겠지만 실수를 저지르면 거기엔 결과가 따르잖아. 그래서는 안 되는데, 음, 다른 사람의 돈을 빼앗으면 안 되는데…' 내가 정확히 뭐라고 말했더라? 재구성해보면 이랬던 것 같아요. '인생에서 실수를 저지르면 대가를 치러야 해. 나는 한동안 떠나 있을 거란다. 감옥에 가야 해.' 딸아이는 그 자리에서 믿을 수 없다는 듯 멍한 얼굴을 해보였어요. 그애는 내 무릎에 앉아 있었죠. 아들도요. 아들이 울기 시작했어요. 나도 울기 시작했죠. 아내는… 지금도 그때를 생각하면 눈물이 나요. 아이들이 울었어요. 난 아이들을 껴안았죠. 아이들을 생각하면 정말 눈물이 나요." 선글라스의 렌즈 아래로 눈물이 스며 나왔다.

◐ ◑

저녁이다. 나는 광고판을 보고 있다. 애스턴 마틴, 헬리콥터, 전용기. 벨포트는 선글라스를 쓰고 있다. 나는 계속 나를 괴롭히는 책 표지의 사진과 광고판 문제를 생각했다. 한 사람은 돈은 좋은 것이라고 말한다. 다른 한 사람은 사람은 돈이 악이라고 말한다. 그런데 두 사람은 동일인이다. 그게 신경 쓰였다. 그 문제는 한동안 신경이 쓰였다.

음악이 시작됐다. 깔끔한 리듬. 예감. 돈과 섹스. 신발과 다리. 윌.아이.엠의 목소리. 데이비드 게타의 리듬. 윌.아이.엠은 예감과 욕구, 봉인해제를 노래한다. 벨포트가 나타난다. 검은색 정장. 흰 셔츠. 검정 신발. 넥타이는 매지 않았다. 핀처럼 예리하다. 회오리바람. 우리는 메모를 갈겨썼다. 그가 말했다.

"부자가 되는 방법은 한 가지밖에 없습니다. 재빨리 되는 것."

# 3장

## 왜 부자가 되는 것을 망설이는가

# 01

## 열심히 일할수록 커지는 가난

집으로 돌아온 나는 벨포트에 관한 글을 썼다. 하루가 넘게 걸렸다. 그 과정 전체를 고속 재생해서 보면 환하던 방이 어두워졌다가 다시 환해지는 동안 한 사내가 집 안을 뛰어다니다가 간간이 식탁에 앉는 광경처럼 보일 것이다. 나는 '전송'을 눌렀다. 그런 뒤 산책을 나갔다. 산책을 하면서 내 글의 첫 문장을 생각해봤다.

'조던 벨포트는 내게 부자가 되는 법을 들려주고 있다.'

나는 부자가 된다는 것에 대해 생각하며 걸었다. 사실 그건 열심히 일하라는 이야기가 아니다. '일을 피하라'는 이야기다. 일을 해서는 부자가 될 수 없다. 이건 뻔한 소리다. 아니, 뻔한 소리가 아니다. 흐린 아침이다. 나는 길을 따라 걷다가 낮은 산을 올라갔다. 완만하게 경사진 산이었다. 맑은 공기 속에서 한 발짝씩 성큼성큼 걸을 때 찾아오는 특별한 기분이 느껴졌다. 일을 해서는 부자가 되지 않는다. 이게 왜 뻔한 소리가 아닌가? 대부분의 사람들이 그렇게 생각하지 않기 때문이다. 사람들은 대체로 그렇게 믿지 않는다. 학교에서도 그렇게 배우지 않는다.

나는 학교에서 배우는 것에 관해 생각하며 산 위로 올라갔다. 구름 사이로 햇빛이 비치기 시작했다. '열심히 일해라.' 이건 주로 듣는 교훈 중 하나다. '열심히 일해라, 지금의 방식대로 해라. 그러면 보상을 받을 것이다.' 하지만 이 교훈들이 하는 말은 완전히 틀렸다. 딱 틀렸다. 이런저런 시험을 통과한다, 이력서를 쓴다, 남들 하는 대로 일자리에 지원한다, 당신이 선택되길 기대한다, 그러다 선택되면 열심히 일한다.

땡, 땡, 땡!

이건 당신을 불리한 처지에 놓이게 하는 처방이다. 혜택 받지 못한 사람, 다시 말해 가난한 사람이 되게 만드는 처방이다. 교육 체계는 당신을 가난한 사람처럼 생각하게 만드는 공장이다. '직업을 구해! 열심히 일해!' 하지만 더 열심히 일할수록 당신은 더 가난해질 거다. 당신이 원하지 않는 무언가를 하고 쥐꼬리만 한 돈을 받을 거다. 게다가 생각할 틈도 없을 거다. 불행한 삶을 살 거다. 그러다 죽음을 눈앞에 두게 되면 속은 기분과 박탈감을 느끼겠지. 이런 운명을 피하는 것, 다시 말해 부자기 되는 건 힘든 노력과는 관련이 없다. 오히려 '힘든 노력을 피하는 법을 배우는 것'과 관련 있다.

물론 생각은 필요하다. 부자가 된다는 건 명료하게 생각하는 법을 배워서 너무 많은 일을 하지 않고도 많은 돈을 버는 방법을 생각해내는 것이다. 지름길을 찾는 것, 최대한 효율적으로 결과를 얻는 것이다. 부자가 된다는 건 그전까지 누군가가 하지 않았던 일들을 하는 방법을 아는 것이다. 새로운 무언가를 고안하는 것이다. 새로운 도구를 만드는 것이다.

그렇다면 도구란 무엇인가? 일을 피하는 방법이며 당신에게 불공평한 혜택을 주는 장치다. 새로운 도구는 처음에는 잘못된 것처럼 보인다. 당신에게 불공평한 혜택을 주기 때문이다. 지렛대를 생각해보라. 당신은 지렛대 효과로 적은 것에서 많은 것을 얻는다. 꼭 속임수처럼 보일 것이다. 처음에는 어떤 새로운 도구도 속임수처럼 보일 수밖에 없다. 불공평해 보이고 착취적으로 보인다. 하지만 그게 포인트다. 바로 그거다. 그래야 한다. 불공평해야 한다. 착취적이어야 한다. 도구는 당신에게 불공평한 혜택을 주어 열심히 일할 필요가 없도록 해주는 무언가다.

도구는 형세를 당신에게 유리하게 바꾸는 무언가다. 부자가 되고 싶다면 형세를 당신에게 유리하게 바꾸기 위해 새로운 도구를 고안하는 방법을 찾아야 한다. 그러려면 명료하게 생각하는 법을 배워야 한다. 나는 특별한 기분을 느끼며 여전히 큰 걸음으로 언덕 꼭대기에 도착했다. 너무나 단순한 문제다! 나는 무언가를 알게 됐고, 이제 그걸 머리에서 지울 수 없다. 지붕처럼 우거진 나뭇가지들을 내려다보며 산등성이를 걸어가면서 나는 다른 무언가를 볼 수 있었다. 아니 더 정확히 말하면 다른 무언가를 상상할 수 있었다. 유인원.

200만 년 전에 유인원이 인간으로 진화하기 시작했다. 하지만 어떻게 그랬을까? 하루 종일 나무에 오르고 고무 같은 나뭇잎을 질겅질겅 씹으며 보내던 유인원들. 유인원들은 먹이사슬의 중간쯤에 있는 중간 정도 크기의 동물이었다. 그들은 먹고 살 수는 있었다. 하지만 딱 그뿐이었다.

그런데 무언가가 일어났다. 한 유인원이 어떤 명료한 생각을 해낸 것이다. 그 유인원은 불을 봤다. 그러고는 나뭇가지를 봤다. '나뭇가지를 불에 던져 넣어보면 어떨까? 그럼 불이 더 활활 타오를 거야.' 에이, 그럴 리가 없다! 아니, 틀림없이 그랬을 거다! 그건…

그렇다면 그 유인원이 누굴까? 스트레이트 라인을 구상한 순간의 벨포트, 처갓집에서 차를 마시다 버터 접시를 본 순간의 앨런 슈거, 이탈리아의 에스프레소 바에 있던 하워드 슐츠, 레스터 스퀘어Leicester Square의 영화관 밖에 줄을 서 있던 그 모든 괴짜들을 본 펠릭스 데니스가 바로 그 유인원이다. 에이, 그럴 리가 없다, 아니, 틀림없이 그럴 거다.

유인원이 알았던 건 불이 더 활활 타오르길 원한다는 것이다. 그 이유는 몰랐다. 하지만 이거 하나는 확실히 알았다. 불은 허기져 있고 더 많은 나뭇가지를 집어삼키길 원한다. 이제 유인원은 새로운 도구 몇 가지를 손에 쥐었다. 무기, 난방장치, 요리를 할 수 있는 화덕. 형세가 유인원에게 유리하게 바뀌었다. 이게 공평한가? 당연히 아니다. 유인원을 잡아먹는 사자와 호랑이들에게는 불공평한 상황이다. 영역과 먹이를 놓고 경쟁하는 원숭이와 여우원숭이, 새들에게도 불공평하다. 숲에 사는 생명체들에게도 마찬가지일 것이다. 그들이 불에 구워져 먹힐 테니까.

불에 대해 명료하게 생각한다는 건 유인원들이 이제 불의 보호를 받기 때문에 나무에서 살 필요가 없다는 뜻이다. 불에 대해 명료하게 생각한다는 건 또한 유인원들이 하루 종일 먹이를 찾아다닐 필요가 없어졌다는 뜻이다. 불이 없었다면 먹지 못했던 것들을 이제 요리할 수 있게 됐기 때문이다. 다시 말해, 소화기관의 일부를 불에 아웃소싱할 수 있게 된 것이다. 그렇게 수천 년이 흘렀다. 유인원들이 진화했다. 소화관과 턱이 작아졌고 뇌는 커졌다. 발은 더 커졌다.

나는 산등성이를 따라 걸었다. 한 발 한 발 앞으로 쭉쭉 내밀며, 특별한 기분에 젖어 성큼성큼. 유인원에 대한 생각이 인간에 대한 생각으로 흘러갔다. 너무 더워서 재킷을 벗어 팔에 걸쳤다. 그러자 아주 자연스럽게 동물의 외피에 대한 생각들이 떠올랐다. 유인원들은 털가죽이 필요하지 않게 됐다! 다른 모든 포유류는 항상 털가죽이 필요하다. 혹한의 날씨에도 몸을 따뜻하게 유지해줄 만큼 충분히 두꺼운 털가죽 말이다. 하지만 털가죽에는 단점도 있다. 절대 벗을 수가 없다는 것이다. 그랬을 때 가장 안 좋은 건 움직임이 제한된다는 점이다. 달리거나 걸을 수는 있지만 잠깐뿐이다. 얼마 지나지 않아 몸이 과열되기 시작하기 때문이다.

하지만 불을 이용하게 되자 기적적인 일이 일어났다. 영구적인 털가죽이 더 이상 필요 없게 됐다. 진화하면서 털이 줄어들었다. 옷을 만드는 법을 배웠다. 게다가 이제 선택권이 생겼다. 너무 덥다고 느끼면 겉옷을 벗을 수 있다. 이건 엄청난 이점이다. 이제 몸의 과열 없이 몇 시간이고 계속 꾸준한 속도로 걸을 수 있다. 이 말은 먹잇감이 지칠 때까지 걸어서 따라다닐 수 있다는 뜻이다. 이게 공평한가? 당연히 아니다. 한쪽에는 기진맥진해서 숨을 헐떡이고 땀을 흘리는 먹잇감들이 있다. 그리고 다른 한쪽에는 엔도르핀이 분비돼 잔뜩 신이 난 당신이 있다. 명확하게 생각하는 당신, 한 손에는 겉옷을, 다른 손에는 도끼를 든 당신.

이제 당신은 불공평한 혜택을 손에 쥐었다.

이제 형세가 당신에게 유리해졌다.

부자가 되는 본질이 바로 여기에 있다. 불공평한 혜택을 찾아야 한다. 너무나 단순해 보이는 얘기다. 그런데 다른 한편으로 나는 이 불공평한 혜택이라는 생각이 싫다. 너무 불공평해 보인다. 마음 깊은 곳 어딘가에서 나는 공평함이라는 개념의 지배를 받고 있다. 하지만 이건 말이 안 되는 소리다.

예를 들어 나는 가난한 나라의 사람들이 만든 옷을 입고 좋아한다. 생각해보면 그 사람들은 노예이거나 노예에 가까운 삶을 사는 것 같은데 말이다. 우리는 때때로 공장 화재 소식을 듣고 어렴풋이 진실을 알게 된다. 수천 명의 농노들, 꼭 노예는 아니라 해도 노예에 가까운 사람들이 건강이 나빠서 누렇게 뜬 얼굴로 아픈 이를 참으며 끔찍하게 나쁜 자세로 수백만 벌의 청바지나 여성용 속옷을 만든다. 수면 부족에다 제대로 먹지 못하고 운동할 시간도 없다. 시간도 없고 돈도 없다. 도와줄 어떤 기관도 가까이에 없다. 가족들과도 수백 마일 떨어져 지내며, 관절염에 걸린 다리를 구부린 채 재봉틀에 붙어 꽉 끼는 바지와 섹시한 원피스에 바느질을 하고 있다.

'하지만 모든 공장이 노동력 착취의 현장은 아니잖아.' 내가 나에게 하는 말이다. '일부는 그렇지 않아.' 하지만 이런 공장들에 관한 책을 읽은 적이 있는데, 부패한 위생 감독관들 때문에 그 공장들은 대부분 우리가 생각하는 것보다 훨씬 더 열악했다. 그래도 나는 여전히 자신에게 말한다. '일부는 그렇지 않아.'

또한 나는 콘크리트 우리에서 사육되다가 칼로 도축된 돼지, 그물에

잡혀 헐떡거리다 죽도록 내버려둔 물고기, 착취당하는 농부들이 기른 야채를 가끔 먹는다. 그래서 실제로 나는 전 세계의 사람들과 동물들을 착취한다. 나는 최고 착취자다. 나는 감금되고, 두들겨 맞고, 숨이 막혀 죽고, 칼에 찔리고, 공장 화재로 불타 죽은 수천 명의 사람들과 동물들에게 돈을 지불해 편하게 살고 있다. 하지만 나는 마음 깊은 곳 어딘가에서 공평함이라는 개념의 지배를 받고 있다. 이건 앞뒤가 맞지 않는 말이다.

그런데 사실 앞뒤가 맞는다. 내가 위선자라서 그렇다. 내 머릿속의 한 부분은 죄의식과 부인, 은폐와 보상, 거짓말과 반쯤 거짓인 말들이 뒤섞인 구정물통이다. 그래도 내겐 기준이 있다. 나는 너무 많은 돈을 원하거나 버는 것에 불편함을 느낀다. 나는 고통 받는 모든 돼지와 노예가 된 중국인 문제에선 발을 뺄 수 있다. 고통 받는 돼지와 노예가 된 중국인들에게 돈을 지불하는 건 금기가 아니기 때문이다. 잘하는 짓은 아니다. 하지만 금기도 아니다.

반면 부자가 되길 원하는 것, 부자가 되려고 노력하는 것, 부자가 될 기회를 더 잘 포착할 수 있도록 명확하게 생각하려고 정신을 단련하는 것, 부자들의 차와 집을 소유하는 것, 더 부자가 될 수 있도록 항상 나에게 유리한 형세를 만들려고 노력하는 것, 이런 것들은 내 부富를 지배하는 메커니즘에 따르면 어쨌든 금기다. 나는 부유해지고 싶다. 부자가 되고 싶다. 빚을 전부 갚고 여생을 살아가려면 부자가 돼야 한다는 걸 마음속으로는 알고 있다.

하지만 내 뇌의 메커니즘은 부자가 좋다고 인정하지 않는다. 이 메커니즘은 돈을 볼 때 그 외관, 탁하고 끈적끈적한 무언가를 덮고 있는 반짝이는 겉치장을 본다. 이 메커니즘은 돈 있는 사람들이 나쁘게 보이도록 내 시각을 능수능란하게 편집하고 틀을 씌운다. 이 메커니즘은 내게 부자들은 항상 다른 사람을 이용할 기회를 찾는 반사회적 인격 장애가 있거나 속내는 불행하고 외로우면서 그래도 나보다 자신들이 낫다고 생각하는(내가 참을 수 없는 부분이다) 패자들이라고 말하려 애쓴다. 이 메커니즘은 내가 그들을 미워하게 만들어서 내가 나를 미워하지 않아도 되게 한다.

'나는 나쁜 사람이야. 하지만 그들은 더 나쁜 사람들이야. 그들에 비하면 난 착해. 그들이 문제야. 하지만 난 그들이 부러워. 나도 그들처럼 되고 싶어. 하지만 그들처럼 되고 싶지 않아. 부자가 되고 싶지만 부자가 되고 싶지 않아. 부자들은 돈이야. 그들은 돈처럼 생각해. 돈처럼 행동해. 그리고 돈이 우리를 죽이고 있어. 부자들이 우리를 죽이고 있어. 그들은 우리를 죽이면서 그들 자신도 죽이지. 하지만 그들은 그 사실을 못 봐. 볼 수가 없어. 그들은 눈이 멀었거든.' 이게 바로 이 메커니즘이 하는 말이다.

그리고 이런 편견을 감안해도 나는 이 메커니즘에 휩쓸릴 수밖에 없다. 부자나 슈퍼리치들을 만나고 그들의 집에 방문할 때 이 메커니즘은 그들을 보는 내 시각을 오염시킨다. 또 나에 대한 시각도 오염시킨다. 내가 남몰래 희망하는 오만한 녀석이 미래의 부유한 내 모습이 될 것이라고 말이다. 나는 미래의 부유한 내 모습을 사랑하는 법을 배워야 한다.

# 배움, 발전, 믿음,
# 그리고 행동

벨포트는 내게 그의 스트레이트 라인 강좌를 보냈다. 다 들으려면 10시간이 걸린다. 나는 그걸 들어봤다. 그런 뒤 다시 한 번 듣고, 또 한 번 더 들었다. 머릿속에서 그의 목소리가 맴돌았다. 설득력 있는 사람이 되는 법에 관한 내용이었다. 어떻게 다른 사람들을 특정 방향으로 생각하게 하도록 설득할 것인가. 하지만 특정 방향으로 생각하도록 당신 자신을 설득하는 내용이기도 하다. 당신은 부자가 될 수 있다고, 부자가 되길 원한다고, 부자가 될 거라고 스스로를 설득해야 한다. 그런 후에 행동해야 한다.

'비전을 가져라. 시행착오 과정을 이용해 그 비전을 향해 움직여라. 실험을 하라. 명확하게 생각하라. 실패 때문에 자신이 망가지게 방치하지 마라. 당신은 발견을 하기 위해 노력하고 있는 과학자다. 행동으로 옮겨

라. 배워라. 더 많은 행동을 하라. 더 많이 배워라. 행동은 연료다. 행동이 당신에게 연료를 공급할 것이다.'

다른 동기 유발자들도 넌지시 알려준다. '석유를 찾으려고 시도하고 또 시도하고 계속 시도하지 않으면 찾을 수 없다'고 말한 나폴레온 힐Napoleon Hill, '사람들에게 그들이 원하는 것을 주면 그들은 당신이 원하는 걸 줄 것이다'라고 한 짐 론Jim Rohn, '다른 사람들이 원하는 것을 충분히 주면 그들은 당신이 원하는 모든 걸 줄 것이다'라고 했던 지그 지글러Zig Ziglar, 그리고 다시 짐 론의 '계속 두드리면 문이 열릴 것이다'. 앤서니 로빈스Anthony Robbins는 '잘하는 걸로는 충분하지 않다. 잘하는 것 이상이 돼야 한다. 뛰어나야 한다'고 했으며 리처드 밴들러Richard Bandler는 '당신의 뇌를 재설계할 특정한 언어 패턴들을 사용해서 당신의 내면세계와 다른 사람의 내면세계를 변화시켜라'라고 말했다.

배움을 멈추지 마라.
발전을 멈추지 마라.
믿음을 멈추지 마라.
행동을 멈추지 마라.

벨포트의 목소리가 내 아픈 곳을 건드렸다. 나를 쿡 찔렀다. 일어나라고 말한다. 벨포트의 목소리를 들으며 침대에 누워서 내가 가질 수 있는 산더미 같은 돈을 생각했다. 내가 가질 것이고, 가져야 하는 산더미 같은 돈. 나는 정말로 그 돈을 가져야 한다. 그 돈이 없으면 나는 끝장이기 때문이다. 그러니 그 돈을 가져야 한다. 가질 것이다. 세상을 설득해 그 돈을 내게 주게 만들 거다. 세상은 내게 그 돈을 빚졌다. 내 돈을 줘!

내 돈을 달라고!

나는 침대에 누워 벨포트의 목소리를 들으며 내 돈에 관해 생각했다. 내가 가져야 하고 가질 돈. 내 머릿속을 들여다보고 내 돈을 갖지 못하게 막고 있는 모든 원흉을 찾아야 한다. 뭐가 날 막고 있지? 부정적인 생각들. 내 뇌의 깊숙이 자리 잡은 메커니즘에서 나오는 부정적 밈meme들. 이것들은 나를 저지하고 속박하려는 기생충들이다. 아주 작은 사람들 무리가 우글우글 떼를 지어 아주 작은 발로 내 어깨에 서서 아주 작은 손으로 내 얼굴을 할퀴고 아주 작은 입으로 내 귀에 속삭이고 있는 것 같다.

'방금 들은 모든 걸 하지 마, 산에 오르지 마.'

나는 벨포트의 목소리를 들으며 반듯이 누워 있다. 그가 방에 걸어 들어오는 상상을 한다. 검은색 정장. 흰 셔츠. 검정 신발. 넥타이는 매지 않았다. 그가 말한다.

"그걸 하세요. 당신 삶에서 원하는 걸 얻지 못하게 막는 유일한 건 당신이 왜 그걸 가질 수 없는지에 대해 자신에게 늘어놓는 헛소리들입니다."

나는 엎드렸다. 창 너머로 푸른 하늘 한 조각을 올려다봤다. 내게 헛소리를 하지 않으려 애쓰면서.

# 부 알레르기에
# 필요한 처방

나는 매트 리들리Matt Ridley를 만나러 가야 한다. 돈과 부를 나쁘게 느끼지 않게 해주는 알약을 먹을 수 있다고 상상해보자. 당신은 부자가 되고 싶어 하는데, 무언가가 당신을 막고 있다. 그래서 당신은 머니 닥터에게 간다. 의사는 당신 뇌의 메커니즘을 살펴보더니 돈을 버는 것에 대해 불안감이나 죄의식을 느끼는 병인 '부 알레르기Allergia divitiae'라는 진단을 내린다.

이 병에 걸리면 부자가 되고 싶은 마음을 도덕적으로 잘못됐거나 파괴적이거나 심지어 악하다고 느낀다. 부자들을 부정적으로 보게 된다. 전신에 영향을 미치는 병이지만 대부분의 경우 환자가 인지하지 못한다. 이 병을 경미한 우울증의 한 형태로 분류하는 의사들도 있다. 또 어떤 의사들은 스펙트럼을 본다. 이 스펙트럼의 일부 구간에서는 비교적 정상적으로 보이는 삶을 살 수 있는 환자가 많다. 대신 그들은 항상 가난할 것이다.

다행히 약이 있다. 이 알약을 삼키면 세상이 딴판으로 보인다. 돈에 대해 다르게 느끼게 된다. 돈이 더 이상 더럽거나 악하지 않다. 그 반대로 대단해 보인다. 돈이 다른 무엇보다, 세상의 다른 어떤 것보다 인간의 행복에 더 기여한다는 생각이 들기 시작한다. 환경보호단체인 그린피스나 지구의 벗Friends of the Earth보다 더. 플로렌스 나이팅게일이나 테레사 수녀 천 명보다 더.

'돈이 최고다!' 돈이 신과 1, 2등을 다툰다. 물론 이런 알약은 존재하지 않는다. 하지만 이 약이 만약 인간이라는 형태로 존재한다면 바로 매트 리들리일 것이다. 리들리는 상당히 부자다. 귀족이다. 이튼과 옥스퍼드를 다녔다. 그의 아버지도 이튼과 옥스퍼드 출신이다. 할아버지도, 증조할아버지도, 고조할아버지도 마찬가지다. 그는 화석연료 업체를 소유하거나 일부 소유하고 있으며 그 외에도 많은 기업에 지분을 가지고 있다. 그는 금융위기 때 파산했다가 긴급구제금융을 받은 노던록Northern Rock 은행의 회장이었고, 〈월 스트리트 저널〉에 칼럼을 쓴다. 동물학 박사이며, 그가 '하늘 거울'이라고 부르는 아름다운 호수가 있는 커다란 맨션에서 산다. 그렇다. 꽤 부자다. 하지만 그에게는 무언가가 있다.

그는 명확하게 생각해보면 세상이 점점 더 좋은 곳이 되고 있다는 걸 알게 된다고 믿는다. 당신이 이성적인 사람이라면 낙관주의자가 될 것이다. 이것이 그가 쓴 재미있는 책《이성적 낙관주의자The Rational Optimist》의 주제다. 그 책이 재미있다고 말한 건 한 가지 특별한 이유 때문이다. 그 책은 정신에 스파크를 일으킨다. 독자들이 스스로 똑똑하다고 느끼게 만드는 책들 중 하나다. 이 책은 중요한 질문 하나를 던진다. 인류에 관한 의문들 중에서 가장 미궁에 빠져 있는 질문이다.

'왜 인간이 갑자기 지구를 정복했을까? 무슨 일이 일어났던 걸까?'

유인원들은 불을 제어하는 법을 배웠다. 나무에서 내려왔다. 인간으로 진화했다. 이 인간들이 도끼와 창을 만들고 오두막에서 살았다. 백만 년 동안 그게 전부였다. 어리둥절하다. 그렇지 않은가? 인류는 백만 년 동안 발전이 없었다. 같은 도끼, 같은 창, 같은 오두막. 이 사람들은 유인원들보다는 훨씬 잘살았다. 온종일 나뭇잎을 씹을 필요가 없었다. 요리를 하고 사냥을 했다. 서로 이야기도 나눴다. 하지만 그들은 4,000세대 동안 그대로였다. 문화적으로 갇혀 있었다. 예를 들자면 곰들처럼. 곰들은 폭포 꼭대기에서 연어를 잡는다. 항상 그래 왔다. 막대나 미끼나 그물을 사용한 적이 없었다. 연어를 훈제하거나 졸이거나 얼리거나 깡통에 보관하지도 않는다. 앞으로도 절대 그렇게 하지 않을 것이다. 곰들은 항상 폭포 꼭대기에 서서 발로 연어를 잡으려 애쓸 것이다. 곰들은 갇혀 있다. 우리도 백만 년 동안 갇혀 있었다.

하지만 어느 순간 모든 게 바뀌었다. 급속하게. 7만 년 전쯤, 우리는 벗어났다. 대체 무슨 일이 일어났던 걸까? 리들리가 지적하듯이, 이 문제는 인간의 뇌가 점점 커진 것과는 아무 관계가 없다. 우리 뇌는 이미 컸다. 언어도 관계가 없다. 우리에게는 이미 언어가 있었으니까. 범인은, 우리가 했던 어떤 일이다. 우리는 서로 물건을 교환하기 시작했다. 이것이 리들리의 주장이다. 그리고 물건의 교환은 마법을 발휘했다. 일종의 핵반응을 불러일으킨 것이다. 여기에는 특별하고도 완벽하게 논리적인 이유가 있다. 다른 사람들과 물건을 교환하면 더 이상 모든 일을 직접 할 필요가 없어진다. 이 말은, 당신이 잘하는 일을 하면서 더 많은 시간을 보낼 수 있다는 뜻이다. 그리고 잘하는 일을 하다 보면 그 일을 정말로 잘하게 된다. 더 명확하게 생각한다. 창의적이 된다. 새로운 도구들을 발명한다. 교환이 늘어날수록 새로운 도구를 더 많이 발명한다.

이제 물물교환이 왜 실제로 효과적인지 생각해보자. 가령 내게 한 가지 재능이 있다고 하자. 나는 한 시간에 물고기를 10마리 잡을 수 있는데 당신은 3마리밖에 잡지 못한다. 당신에겐 몹시 어려운 일이지만 내게는 물고기 잡기가 힘든 일이 아니다. 잘하는 일이니까. 어느 시점에 나는 나를 위해 어떤 일을 해준 당신에게 물고기로 대가를 지불하고 더 많은 시간 동안 물고기를 잡으며 보내고 싶어질 것이다. 이것이 경제학의 토대다. 부자들은 더 부유해질 기회를 발견하고 거래를 하길 원한다.

재미있는 점은 이런 거래를 하면 양쪽 다 좋다는 것이다. 왜일까? 당신이 물고기 잡기를 그만두고 나를 위해 오두막 짓기 같은 일을 하게 만들려면 나는 당신이 시간당 직접 잡을 수 있는 것보다 더 많은 물고기를 대가로 줘야 한다. 나는 잘하는 일을 하면서 더 많은 시간을 보낼 수 있어서 행복하다. 내 오두막을 직접 지을 필요가 없다. 그리고 당신은 시간당 3마리보다 더 많은 물고기를 집에 들고 갈 수 있어서 행복하다. 나는 물고기를 잡고 당신은 오두막을 짓는다. 곧 우리 둘 다 더 잘 살게 된다.

이점은 여기에서 끝나지 않는다. 물고기를 잡는 데 더 많은 시간을 쓰면 나는 물고기를 잡을 더 좋은 방법들을 고안하기 시작한다. 그리고 당신은 오두막을 짓는 더 좋은 방법들을 고안하기 시작한다. 재능 있는 사람들에게는 항상 잉여물이 있다. 그리고 그 잉여물이 신용credit의 한 형태가 된다. 라틴어 '크레도credo'에서 유래한 credit은 '나는 믿는다' 혹은 '신뢰'라는 뜻이다. 그리고 그 믿음이나 신뢰는 돈으로 기능하기 시작한다. 그런 뒤 누군가가 진짜 돈을 고안하면서 위의 과정이 가속화된다.

진짜 돈이 생기자 모든 사람이 다른 모든 사람과 교환을 할 수 있게 됐다. 모든 사람이 물건을 돈과 바꾸려고 하면 돈을 어떤 것과도 바꿀 수 있기 때문이다. 물건의 교환은 사람들을 더 부유하게 만들고 혁신을 불러온다. 혁신은 사람들을 더욱더 부자로 만든다. 그러니 만약 돈이 교환을 장려한다면, 돈은 좋은 것이다. 이게 바로 리들리 알약이다. 교환이 발명의 어머니다. 돈은 조산사다. 더 많이 교환할수록 더 전문화된다. 더 전문화될수록 더 혁신적이 된다. 더 혁신적이 될수록 더 많이 교환한다. 리들리는 이 과정을 '자가촉매반응auto-catalytic'이라고 불렀다. 이 과정은 중독처럼 자기강화적이다. 그러는 동안 세계는 점점 더 빨리 발전했다. 창이 총이 됐고, 가죽이 외투가 됐다. 오두막집이 맨션이 됐다. 조개껍질이 금, 동전, 지폐, 신용 한도액이 됐다.

라틴어 '크레도'에서 온 신용. '나는 믿는다.' 교환은 좋다. 돈은 교환을 돕는다. 따라서 돈은 좋은 것이다. 나는 믿는다. 알약은 내 괴로운 마음을 마약처럼 가라앉혀 준다. 하지만 그렇다 해도 무언가가 신경 쓰인다. 눈 안에 모래 알갱이가 들어간 것 같다. 그 모래 알갱이는 은행이다. 파산한 은행. 물론 리들리가 그 은행을 파산시킨 건 아니다. 그는 파산한 은행의 회장이었다. 그게 내 눈에 들어간 모래알이다.

# 돈이 많을 때 생기는 빚

벨포트의 기사가 나왔다. 나는 식탁에 앉아 잡지를 봤다. 잡지를 집어 올렸다가 내려놓았다가 다시 집어 들었다. 엄지로 페이지들을 휘리릭 넘기니 안의 내용이 언뜻언뜻 보였다. 푸른 바다, 빨간색 립스틱, 분홍색 살, 하얀 치아. 그리고 돈, 돈더미, 수천 장의 지폐 같은 것들이 하늘에서 떨어지며 구름 속을 떠다니는 이미지. 이 이미지는 분명 우리 모두의 머릿속에 들어 있다. 어떤 점에서는 우리의 가장 깊은 욕구이지만 일종의 두려움이기도 하다. 사방으로 퍼지는 돈, 부적절한 장소에 있는 돈, 화폐 가치가 떨어져 손수레로 실어 날라야 하는 돈, 분열된 사회구조, 진행 중인 파시즘에 대한 두려움.

나는 페이지들을 넘겼다. 케이트 윈슬렛Kate Winslet의 인터뷰가 몇 페이지에 걸쳐 실려 있었다. 케이트는 '난 번쩍이는 종이의 잡지들을 집에 들고 오지 않아요'라고 말했다. 이 문제에 있어 그녀는 테드 번디와 의견이 일치한다. 그녀는 가슴 아래까지 단추를 푼 흰색 셔츠와 검정색 브래지어 차림이다. 마치 사진기자가 일종의 염탐꾼 같다.

나는 페이지를 아주 천천히 넘겼다.

한 장 더, 한 장 더.

심장이 두근거린다. 나왔다. 나는 두 페이지에 걸쳐 실린 벨포트의 사진을 봤다. 짙은 색 정장, 흰 셔츠, 짙은 색 머리카락. 벨포트는 엄청나게 비싸 보이는 은색 스포츠카에 앉아 있었고, 차 위로는 돈 무더기가 떠다녔다. 세상에! 그 모습을 보니 누군가가 떠올랐다. 영화 〈프리티 우먼〉에서 리처드 기어가 연기한 에드워드 루이스!

루이스처럼 벨포트도 은색 스포츠카에 타고 있다. 루이스처럼 벨포트도 흰 셔츠에 짙은 색 정장 차림이다. 루이스처럼 벨포트도 리젠트 비버리 윌셔 호텔에서 차로 1분이면 갈 수 있는 비버리힐스에 있다. 리젠트 비버리 윌셔 호텔은 영화에서 루이스가 묵었던 곳이자 자신과 루이스를 동일시했던 벨포트가 묵고 싶었다고 말한 곳이다. 이 사진을 찍은 곳은 야자수가 늘어선 거리들 중 하나다. 아마 힐크레스트Hillcrest나 베드퍼드Bedford나 노스린든North Linden일 것이다. 노스린든에 야자수가 있었던가? 구글 어스로 확인해봐야겠다.

〈프리티 우먼〉을 본 사람이라면 루이스를 연기한 기어가 은색 스포츠카를 타고 리젠트 비버리 윌셔 호텔을 찾아 거리를 위아래로 왔다 갔다 하다가 빙글빙글 도는 초반의 장면을 기억할 것이다. 루이스는 길을 잃었다. 그는 자신이 도시 반대편에 와 있다는 걸 알게 된다. 그래서 길을 물어보려고 차를 멈춘다. 줄리아 로버츠가 연기한 매춘부 비비안 워드Vivian Ward가 에드워드의 차로 걸어온다. 그녀는 길을 알려주겠다고 제안한다. 돈을 받고.

사진에서 벨포트는 이상한 표정을 짓고 있다. 길을 잃은 사람 같다. 하지만 이 사진을 보면서 가장 묘하게 다가온 사실은 내가 이 거리를 알고 있고 걸어본 적이 있다는 것이다. 실제로 나는 에드워드 루이스를 생각하며 이 거리를 걸었다.

몇 년 전으로 돌아가보자. 그리고 사진에서 벨포트를 지우고 대신 나를 넣어보자. 나는 구글 어스를 확인했다. 사진의 배경은 베드퍼드 거리였다. 시간을 거슬러 올라가보자. 나는 에드워드 루이스를 생각하며 베드퍼드 거리를 걷고 있었다. 줄리앙 케이Julian Kay, 잭 마요Zack Mayo, 잭 무어Jack Moore도 생각했다. 멋을 부리고 남들을 약간 업신여기지만 궁극적으로는 자기혐오에 빠진 남자들. 리처드 기어가 주로 연기한 캐릭터들이다. 나는 24시간 내에 기어를 인터뷰할 것이다. 인터뷰가 순조롭게 흘러갈 것 같진 않다.

크고 아름다운 야자나무들 아래의 넓고 어슴푸레한 보도를 걷고 있는 내 모습을 그려보라. 콧속으로 정확히 그 냄새가 흘러 들어온다. 독한 제초제와 오존과 배기가스와 최고로 심한 스모그가 섞인 냄새. 이 냄새는 항상 거슬린다. 갖가지 스타일로 지어진 만화 같은 교외 지역의 어마어마하게 비싼 집들을 천천히 걸어서 지나갈 때 맡게 되는 딱 그 냄새다. 밝은 초록색 지붕과 스프링클러, 나무를 다듬고 가꾸고 있는 멕시코인 정원사들, 세워져 있거나 천천히 지나가는 이탈리아제 또는 독일제 차들, 호화로운 풍경. 평화롭지만 불길하기도 해서 언제라도 무슨 일이 벌어질 것 같은 생각이 계속 든다. 하지만 그건 이런 지역이 영화에 너무 많이 나와서 그렇다. 그리고 우리 모두는 부유한 교외지역에 관해 어떤 이야기가 펼쳐질지 알고 있다. 그 이야기들은 평화와 호화로움은 공짜로 얻을 수 없고 대가를 치러야 한다고 말한다. 그 대가는 살인광이나 범죄자나 심지어 외계의 무엇, 우리가 상상도 하지 못한 무엇, 새로운 유형의 좀비나 로봇이다.

영화 〈벅시Bugsy〉에서 워렌 비티Warren Beatty가 연기한 범죄조직의 보스 벅시 시걸Bugsy Siegel 같은 폭력배는 바로 이런 거리를 돌아다니다가 마음에 드는 집을 발견하면 문을 두드리고 주인에게 바로 그 자리에서 집을 사고 싶다고 말한다. 아니 더 정확히 말하면, 그 집을 사고 싶다고 말하는 게 아니라 그 집을 살 거라고 말한다. 그 한마디로 끝이다. 그리고 정말로 그 집을 산다.(현실에서도 진짜 그랬는지는 잘 모르겠지만, 시걸은 멀홀랜드 드라이브Mullholland Drive에 있는 카스틸로 델 라고Castillo del Lago라는 고전적인 포르노맨션에서 살면서 라스베이거스에 플라밍고 호텔과 카지노를 짓는 대규모 사업을 벌이고 자금을 모았다. 하지만 그의 여자친구는 비버리힐스의 노스런든 거리에 살았다. 몇 주 동안 정신없이 돈을 빌리고 또 빌리다 이자를 내지 못할 지경에 이른 벅시는 이 집에서 머리에 총을 두 발 맞았다. 가슴에도 맞았다. 총알 하나가 이상한 각도로 머리를 뚫고 들어가 반대편 안구에 맞았다. 1947년의 일이다. 살인자는 앞뜰에 숨어 있었다. 영화 〈벅시〉는 우리에게 전형적인 갱스터의 교훈을 알려준다. 갱스터는 너무 많은 것을 원한다. 자신을 어쩌지 못한다. 그는 죽을 것이다. 조심하라. 그가 바로 당신이기 때문이다) 벅시는 도박의 미래가 밝다는 것을 강하게 직감했다. 사람들이 생각하는 것보다 훨씬 더 밝다고 느꼈다. 그는 도박이 주류로 진입해 일반적인 레저 활동이 되고 있다는 걸 알 수 있었다. 하지만 벅시는 자신이 건 도박이 성공하기 전에 파산했다. 그가 생에서 마지막으로 느낀 감각은 눈 뒤쪽이 윙윙거리거나 웅웅거리는 느낌, 나타나자마자 사라진 일시적인 편두통일 것이다.

아무튼 나는 값비싼 스모그 냄새를 맡으며 야자나무들 아래를 걸었다. 육체적으로나 정신적으로나 그리 좋은 상태가 아니다. 벅시처럼 많은 빚을 졌고, 그래서 불안하다. 술과 약으로 불안을 달랬다. 이제 깨달았지만 술은 또 다른 형태의 대출일 뿐이다. 미래의 나에게서 행복을 빌리는 방법이다. 약으로는 더 많은 행복을 빌릴 수 있지만 대체로 이자율이 훨씬 높다. 술이 은행 대출이라면 마약은 초고금리 소액대출인 페이데이 론payday loan이나 정크 본드junk bond다. 마약의 경우, 종종 누군가가 좋은 거래처럼 보이는 것을 제안한다. 예를 들면 엑스터시 같은 것 말이다. 하지만 자세한 계약 내용을 읽어 보면 절대 보이는 것만큼 좋지 않다.

약간의 빚은 괜찮게 느껴진다. 누군가와 혹은 몇 사람과 관계를 맺은 것 같은 느낌이다. 당신은 그들의 관심을 받고 그들의 레이더에 잡혀 있기 때문에 신중하게 행동해야 한다. 이건 괜찮다. 좀 더 많은 빚 역시 괜찮다. 그보다 좀 더 많은 빚도 역시 괜찮다. 그러다 어느 지점에서 당신은 이상하고 비현실적인 세계로 들어간다. 무언가가 당신을 지탱하고 있지만 당신의 무게에 눌려 그것이 끊어질 수 있다는 걸 알고 있다. 당신은 밧줄에 매달려 공중에 떠 있다. 아래에는 깊은 구렁텅이가 아가리를 벌리고 있고, 당신의 몸은 점점 더 무거워지는 중이다. 사람들이 밧줄을 붙잡고 있다. 당신은 자신의 안전이 그들에게 중요하다는 걸 안다. 하지만 당신의 안전은 그들의 안전을 위협하지 않는 동안에만 중요하다. 당신이 그들을 구렁텅이 속으로 끌어당길 가능성이 없는 동안만.

한동안 당신은 그 사람들이 밧줄을 놓지 않을 것이라 생각한다. 그러다 아닐 수도 있다는 생각이 들고 깊은 구렁텅이에 관해 생각하기 시작한다. 지금도 나는 여전히 이 문제를 이해하려 노력하고 있다. 왜 나는 돈이 많을 때 빚을 진 걸까? 생각해낸 한 가지 이유는 이렇다. 필요보다 훨씬 많은 돈을 가지는 것과 무한대의 돈을 가지는 것 사이의 경계선을 알긴 힘들다. 그런데 당신 머릿속의 한 부분은 자신이 무한대의 돈을 가졌다고 생각하며 작동한다. 그럴 리가 없다는 걸 알지만 그렇게 느낀다.

나는 거의 아무 일도 하지 않고 많은 돈을 얻었다. 그게 내 전문이었다. 그래서 나는 거의 아무 일도 하지 않고 돈을 썼다. 돈이 바닥나면 더 많은 돈을 빌렸다. 그리고 그 빌린 돈을 썼다. 내게는 비싼 아파트와 고가의 옷가지들이 있었다. 값비싼 물건을 사줄 수 있는 남자친구를 사귀는 데 익숙한 여자친구도 있었다. 하지만 내게는 돈이 없었다. 그건 괜찮았다. 더 빌리면 되니까. 그러다 세금을 내야 했다. 세금을 낼 돈이 없었다. 세금을 체납했다. 그런데 돈이 많은 경우, 아니 더 정확히 말하면 예전에 많은 돈이 있었다면 현재 정말로 가난한 빈털터리여도 마치 아직 많은 돈이 있는 것처럼 여전히 많은 세금을 납부해야 한다. 정말 그랬다. 내가 실수를 저지른 게 그때였다.

누군가가 내게 일자리를 제안했을 때 실수를 했다. 그 일자리의 조건이 내 흥미를 끌었다. 거의 아무 일도 하지 않고 많은 돈을 얻는 대신 앞으로 나는 거의 놀다시피 하는 것보다는 훨씬 많은 일을 하고 상당히 더 적은 돈을 벌 것이다. 거의 놀다시피 하는 것보다 훨씬 많은 일을 한다는 생각이 좋았다. 거의 놀다시피 하는 것보다 훨씬 많은 일을 하면 술과 약을 이용해 행복을 빌리는 내 방침을 다시 생각하게 될 것이라 기대했다. 거의 놀다시피 하는 것보다 훨씬 많은 일을 한다는 자체가 아마 어떤 행복을 가져다줄 거다. 책장을 한 장 넘기는 셈일 테다.

빚이 더 큰 문제가 될 시점이었다. 밧줄이 한계점에 이를 것이다. 대출, 은행 융자. 은행 수수료, 초과인출 수수료, 체납수수료, 세금, 신용카드, 고지서, 미납 과태료 고지서, 과태료 연체 고지서, 소송 사건, 소송 비용, 끔찍한 문서들이 들어 있는 봉투들. 문을 두드리고 '사라진 돈'에 대해 물어보는 남자와 여자들. 하지만 항상 미래가 있다. 나는 미래에는 부자가 될 거다!

"그래서 이 일을 하시겠습니까?"

"괜찮아 보이는군요."

"하신다는 말씀인가요?"

밧줄이 나를 붙잡고 있었다. 그러다 놓아버렸다. 내가 대답했다.

"네."

그리고 지금 나는 거의 놀다시피 하는 것보다 훨씬 많은 일을 하며 키큰 야자수 아래를 걷고 있다. 내가 빠진 깊은 구렁텅이를 생각하며, 리처드 기어가 그에게는 그저 그런 돈인 영화 한 편당 200만 달러를 벌기 위해 연기한 허영심 강하고 남을 업신여기는 인물들인 잭 마요, 줄리안 케이, 에드워드 루이스를 생각하며 걷고 있다. 나는 깊은 구렁텅이와 마요,

케이, 루이스, 잔뜩 멋을 부린 이 녀석들과 잔뜩 멋을 부린 이 녀석들을 연기했던 기어에 관해 생각하고 있었다. 인터뷰가 순조로이 흘러가지 않을 것 같다.

◐ ◑

현재로 되돌아오자. 사진에서 나를 지우고 다시 벨포트를 넣자. 그는 비버리힐스의 거리에 있다. 은색 스포츠카의 운전석에 앉아 있는 그. 차 안과 위, 공중의 돈더미들. 나는 집 식탁에 앉아 사진을 보고 있다. 비버리힐스에서 짙은 색 정장 차림으로 은색 스포츠카에 타고 있는 남자의 사진. 에드워드 루이스였다. 월트 디즈니사가 만든 영화에서 루이스는 기업 사냥꾼으로 나온다. 매각되길 원하지 않는 기업을 사들인다. 그는 적대적 인수합병의 명수다. 기업을 인수해서 쪼갠 뒤 건물과 토지의 각 조각들을 팔아치운다. 직원들은 일자리를 잃는다. 다시 말해 루이스는 미국의 산업을 파괴해서 돈을 번다.

루이스는 실제로는 아무 일도 하지 않는다. 그는 차입 매수라는 일련의 금융행위, 속임수를 터득했다. 그는 기본적으로 부자들을 위한 페이데이 론이라고 할 수 있는 정크본드를 이용해 거액을 빌린 뒤 기업을 마음대로 주무를 수 있을 때까지 그 기업의 주식을 사들인다. 그런 후에는 조각낸 기업을 팔아 빚을 갚고 훨씬 더 부자가 돼서 떠난다. 세상을 더 나쁜 곳으로 만들어놓고 말이다.

그러니 에드워드 루이스는 나쁜 자본가다. 그는 우리 마음속 깊이 자리 잡고 있는 두려움, 그러니까 우리의 교환과 전문화 체계, 공급과 수요

체계, 가격 발견 체계, 금융 도구 체계, 주식과 채권 체계가 결국 붕괴될지 모른다는 두려움을 현실로 만든다. 선을 넘는다. 루이스는 순서를 뒤바꿨다. 그는 상품을 만들어 돈으로 교환하고 그 돈으로 다른 상품을 사는 '상품-돈-상품'의 순서를 따르지 않는다. 엄밀히 말해 그의 순서는 '돈-상품-돈'이다. 현실 세계의 사람과 상품을 디딤돌 삼아 돈에서 돈으로 건너뛴다. 본질적으로 돈의 한 유형을 돈의 다른 유형으로 교환한다. 그는 자연의 법칙을 어기는 방법을 발견한 것 같다. 그는 해를 끼침으로써 돈을 번다.

하지만 루이스는 행복하지 않다. 우리가 그를 처음 봤을 때 그는 할리우드 힐스에 있는 포르노맨션이자 악당의 집인 호화 저택의 파티장에 있다. 루이스는 파티의 귀빈이지만 긴장을 풀지 못한다. 그는 전화기를 붙잡고 있고, 여자친구가 그를 차버린다. 바로 그때, 그 자리에서. 인간관계가 끊어지고 있었다. 왜일까? 이 남자는 여자친구보다 돈에 더 관심이 많기 때문이다. 전화기를 내려놓은 그는 누군가에게 주가에 관해 신경질적으로 물어본다. 우리가 앞으로 보게 되겠지만 그는 돈 자체를 위해 돈을 원한다. 그의 내면에 무언가가 결핍되어 있기 때문이다. 잠시 후 우리는 그게 뭔지 알게 된다. 그건 사랑이다. 루이스는 누구도 사랑하지 않는다. 심지어 자신을 돌보는 힘조차 잃어버렸다. 그가 유일하게 신경 쓰는 건 돈이다. 그의 삶을 망가뜨리고 있는 바로 그것. 그는 중독자다.

그는 저택을 나와 은색 스포츠카에 올라탄다. 그는 사람들과 이야기를 나눠야 하고 정상인처럼 행동해야 하는 파티를 견디지 못한다. 그가 정말로 원하는 건 리전트 비버리 윌셔의 자기 방으로 돌아가 돈에 대해 생각하는 것이다. 혼자서 마약을 할 수 있도록 어서 빨리 모든 사람에게서 벗어나고 싶어 하는 중독자와 마찬가지다. 그래서 그는 차를 타고 떠난다. 하지만 길을 잃는다. 땅거미가 질 무렵 그는 차를 몰고 언덕 위로 점점 더 높이 올라간다. 나중에 우리는 그의 문제들을 알게 될 것이다. 그를 그렇게 공허하고 이기적으로 만든 이유들. 그의 아버지는 젊은 여자 때문에 어머니를 버렸고, 그 후에 어머니가 세상을 떠났다. 그래서 그는 아버지를 미워했다. 능력이 생기자마자 아버지의 회사를 적대적 인수합병해서 분해해버렸다. 그러고 나서 아버지가 세상을 떠났다. 혈혈단신이 된 그는 다른 회사들을 분해해서 돈을 번다. 우리는 그가 얼마나 부자인지는 모르지만 기업을 공격하기 위해 10억 달러를 마련할 수 있다는 건 안다.

내 생각에 그의 자산은 아마 1억 달러 정도인 것 같다. 그리고 그가 원하는 건 더 많은 돈뿐이다. 이 길 잃은 영혼, 이 현대의 파우스트를 누가 도울 수 있을까? 그는 길을 물어보려고 차를 세운다. 그가 길을 물어본 사람은 매춘부, 성매매 종사자인 비비안 워드다. 비비안 역시 나름대로 파우스트식 계약을 맺은 여성이다. 에드워드 루이스는 자신의 영혼을 팔았다. 비비안은 몸을 팔았다. 하지만 그녀는 자신의 영혼을 온전하게 지키기 위해 열심히 싸운다. 어려운 시절을 겪었지만 굴복하지 않았다. 에드워드는 비비안을 일주일 동안 고용한다. 그녀는 그에게 육체를 판다. 하지만 키스는 안 된다고 한다. 애정을 나타내는 행위는 하지 않는다는 게 그녀의 원칙이다.

그러다 영화가 절반쯤 지났을 즈음, 비비안은 애정이 담긴 행위를 한다. 에드워드에게 마법의 키스를 한 것이다. 비비안은 그에게 사랑을 줬고, 그 시점에서 루이스는 돈 자체를 위해 돈을 사랑하는 것을 그만둔다. 물론 두 사람은 여전히 돈을 좋아한다. 〈프리티 우먼〉은 쇼핑 장면으로 유명하다. 하지만 괜찮다. 괜찮지 않은 건 돈 자체를 위해 돈을 사랑하는 것이다. 이 영화에 따르면, 쇼핑은 괜찮다. 루이스의 말을 빌자면 터무니 없이, 왕창, 공격적인 액수의 돈을 쓰는 것 역시 괜찮다. 디자이너 브랜드의 옷이 가득 담긴 쇼핑백을 잔뜩 들고 로데오 거리를 걸어가는 것 역시 괜찮다. 기사가 모는 리무진을 가지는 것도 괜찮다. 전용기를 타고 날아가는 것도 괜찮다.

하지만 한 가지는 괜찮지 않다. 돈 자체를 사랑하는 것. 돈에 대한 사랑은 세상을 망치기 때문이다. 돈에 대한 사랑은 우울증 진단으로 이어진다. 돈 자체를 사랑하면 이런 우울증이 외부로 발산돼서 당신이 아는 모든 사람에게 피해를 주고 쫓아버릴 것이다. 영화는 돈 자체에 대한 사랑, 돈을 위해 돈을 사랑하는 것이 악마와의 계약이라고 말한다. 그 계약은 당신을 지옥으로 보낼 것이다. 당신은 점점 더 깊은 구렁텅이로 떨어질 것이다. 에드워드는 자기 입으로 여러 번 말했듯이 높은 곳을 무서워한다. 그에겐 이런 강박장애가 있다. 심지어 리전트 비버리 윌셔 호텔의 발코니에 나가는 것조차 겁낸다. 하지만 은유적으로 말해 그는 이미 추락하고 있다. 추락을 막을 수 있는 단 하나의 방법은 이미 떨어진 사람이다. 완전히는 아니지만 거의 영혼을 잃었던 여성.

은색 스포츠카를 타고 있는 벨포트를 보면서 내가 한 생각은 〈프리티 우먼〉이 역대 가장 성공적인 로맨틱코미디라는 것이다. 수백만 명이 이 영화의 메시지를 사랑했다. 사람들은 돈 자체를 사랑하지 않는 이상 돈은 좋은 것이라는 것, 에드워드 루이스가 탐욕스럽고 자기혐오적인 놈이라는 것, 자본주의가 티핑포인트에 이르렀다는 것, 체계가 망가졌다는 것, 영겁의 시간 동안 지속돼 온 교환과 전문화 주기가 파괴적인 새 단계로 접어들었다는 것, 물건을 사는 건 괜찮지만 더 많은 돈을 벌기 위해 기업을 파괴하고 부지를 헐값에 팔아치우려는 목적으로 주식을 사고 채권을 구입하는 건 괜찮지 않다는 메시지를 사랑한다. 선을 넘었다.

나는 이 영화를 좋아한다. 에드워드 루이스의 두 번째 모습, 그러니까 리전트 비버리 윌셔에서 체크아웃함으로써 지옥의 깊은 구렁텅이를 가까스로 피한 남자에게 동질감을 느낀다. 반면 스물일곱 살의 벨포트는 또 다른 에드워드 루이스, 리전트 비버리 윌셔에 체크인한 남자에게 동질감을 느꼈다. 다시 말해 나는 디즈니의 메시지에 반했다. 아니 더 정확히 말하면 내 뇌의 메커니즘이 디즈니의 메시지에 넘어갔다. 그 메시지는 이렇게 말한다.

'열심히 노력하라. 일을 만들어라. 어려움을 견뎌라, 공짜 같은 건 없다. 탐욕스러워지지 마라. 쉬운 길을 찾지 마라, 부정한 이익을 구하지 마라. 사람들을 이용하지 마라. 당신에게 유리하게 게임을 조작하지 마라. 포식자가 되지 마라. 불순한 의도를 가진 자가 되지 마라. 손쉽게 이익을 얻을 기회를 찾지 마라. 만약 그렇게 하면 깊은 지옥 속에 빠질 것이기 때문이다.'

이게 디즈니의 메시지다. 그리고 그 메커니즘이 하는 말이기도 하다. 나는 식탁에 앉아 벨포트의 사진을 봤다.

은색 스포츠카. 돈더미.

어쩌면 돈이 그에게 끌렸을 수도 있다. 어쩌면 돈이 그를 죽이고 싶어 쫓아다니는 것일 수도 있다. 어쩌면 둘 다일지도 모르고. 그의 표정을 살펴본다. 불안해 보인다. 그는 뒤를 돌아보며 경계하고 있다. 나는 페이지를 넘겨 내 기사의 첫 줄을 읽었다.

'조던 벨포트는 내게 부자가 되는 법을 들려주고 있다.'

내 눈이 페이지를 따라 내려간다.

'부자가 되는 방법은 한 가지밖에 없습니다. 재빨리 되는 것.'

내 눈이 점점 더 빨리 더 아래로 미끄러져 내려갔다.


탐욕.

도박.

맨션.

스포츠카.


그의 삶이 결딴났다.

쾅!

바로 그때 나는 그 메커니즘이 어떻게 작동하는지 깨달았다.

# 05

# 높은 곳이 두려운 이유

나는 매트 리들리를 생각하고 있다. 매트 리들리처럼 되는 것이 어떤 건지 생각한다. 나는 조 심슨을 생각하고 있다. 조 심슨처럼 되는 것이 어떤 건지에 대해서. 조는 산꼭대기에 올라가고 싶었고, 정상에 도달했다. 하지만 그 뒤 뭔가가 끔찍하게 틀어졌다. 매트는 자신의 은행이 점점 더 많은 돈을 벌길 원했다. 은행은 모험을 했고 계속해서 더 큰 모험을 했다. 그러다 뭔가가 끔찍하게 틀어졌다. 조는 무언가를 원했다. 그러다 발을 헛디뎠다. 추락했다. 매트는 무언가를 원했다. 은행이 발을 헛디뎠다. 은행은 도산했다.

그들은 위쪽의 가파른 경사에 끌렸고, 이제 절대 실수를 해서는 안 되는 상황이었다. 하지만 실수를 저질렀다. 그들은 뭔가를 원했고, 원했던 걸 얻었다. 하지만 원하는 것과 얻는 것 사이의 어느 지점에서 마음속의 무언가가 발을 삐끗했고 사고력의 무언가가 속도를 내어 그들을 떠났다. 그들은 계속 올라가는 것 말고는 선택의 여지가 없는 지점에 이르렀다. 매트와 조는 그 지점에 도달했다. 그래서 계속 올라갔다. 무엇을 향해?

'심리적 소실점을 향해. 공포의 순간을 향해. 그들의 개인적인 비극을 향해.'

메커니즘은 내게 이렇게 말한다.

◗ ◖

내가 조 심슨에 대해 처음 들었던 건 릭이라는 친구를 만난 날이었다. 1990년 여름이었고, 마가렛 대처가 영국의 수상이었으며 조지 H. W. 부시가 미국의 새 대통령이던 시절이었다. 〈프리티 우먼〉이 전 세계 영화관에서 상영됐고, 로맨틱코미디로서는 기록적인 성적인 4억 5,800만 달러의 수익을 향해 달리고 있던 시절. 내 친구 칼럼Callum이 몇 년 동안 내게 릭Rick의 이야기를 했다. "넌 릭을 만나봐야 해."

릭은 의대에 다녔지만 마지막 순간에 그만두고 영문학을 공부했다. 릭은 미남에 금발이다. 여자들은 릭을 사랑했다. 수년간 나는 새로운 정보들을 주워들었다. 릭에게 여자친구가 생겼다, 여자친구와 헤어졌다, 광고업계에서 일자리를 구했다, 좋은 자리다, 새 여자친구가 생겼다. 그러다들려오는 소식이 무거워지기 시작했다. 릭이 잘 지내지만은 않는 것 같았다. 그에게 우울증 증상이 발현되기 시작했다. 증상은 오락가락했고 발현될 때는 증세가 심했다. 하지만 그러고 나면 한동안은 잠잠했다.

어느 날 칼럼이 릭을 만나러 가자고 했다. 그래서 우리는 함께 릭의 집에 갔다. 약간 어질러져 있었지만 좋은 집이었다. 릭은 멋진 사람이었다. 나는 그가 마음에 들었다. 그는 천연덕스러운 유머감각을 갖고 있었다. '우린 친구가 될 수 있겠군. 나와 릭은 말이야.' 이게 정확히 내가 했던 생각이다. 우리는 그리스 식당에서 밥을 먹고 릭의 집으로 돌아왔다. 릭이 침실로 가더니 책 한 권을 들고 나왔다. 조 심슨이 쓴《친구의 자일을 끊어라》였다. 그가 말했다. "너희들 이 책을 꼭 읽어봐야 돼."

칼럼은 그날 밤 그 책을 절반 정도 읽었다. 그리고 다음 날 나머지 절반을 읽은 뒤 내게 넘기며 말했다. "세상에, 릭의 말이 맞았어." 책의 뒤표지가 좀 이상했다. 단어들이 보드 마커로 까맣게 지워져 있었다. 릭은 뒤표지에 실린 광고문이 책의 내용에 대해 선입견을 부여하는 걸 좋아하지 않아서 광고문의 4분의 1 정도를 지워버렸다. 이런저런 일들이 일어날 것을 독자가 미리 알지 못하는 편이 더 좋다고 생각했기 때문이다.

"릭은 강박적이야." 칼럼이 말했다. 하지만 광고문에 대해서는 릭과 생각이 같다고 했다. 나는 그날 저녁에 그 책을 읽기 시작했다. 등반을 위해 페루에 간 사이먼 예이츠와 조 심슨이라는 사내의 이야기였다. 두 사람은 그 전까지 아무도 오르지 못한 시울라 그란데 서벽을 오르고 싶어 했다. 그곳에는 4,000피트 높이의 빙벽들이 쭉 이어져 있었다. 일부 구간은 수직이었고 일부는 완전히 직벽은 아니었다. 나는 침실에서 혼자 4,000피트 높이의 빙벽을 상상해보려고 애썼다. 그러고는 그 빙벽을 올라가는 상상을 했다. 그건 얼음으로 지은 엠파이어 스테이트빌딩을 네 번 오르는 것과 비슷할 것이다.

당신은 세계에서 가장 유명한 고층건물의 꼭대기 높이까지 올라갔다.

지금 당신은 양손에 하나씩 든 얼음도끼의 끝과 신발 앞에 부착하는 스파이크인 크램폰으로 얼음과 연결된 채 그곳에 매달려 있다. 4분의 1 지점까지 올라왔고 엠파이어스테이트 빌딩 세 채가 당신 위에 있다. 당신의 아래에는 확실한 죽음이 기다린다. 하지만 위에는 훨씬 더 끔찍한 광경이 펼쳐져 있다. 심슨과 예이츠는 2,000피트 높이까지 올라간 뒤 절벽에 튀어나온 바위에서 쉬었다. 이 대목을 읽으면서 나는 차갑고 고통스러운 맥박, 싸늘한 절망의 맥박이 사타구니에서 배로, 배에서 뇌간으로 퍼져 올라가는 느낌이 들었다. 땅에서 정상까지 딱 중간 높이에 있는 절벽 바위에 앉아 있다는 생각을 도저히 견딜 수 없었다. 아래와 똑같은 거리의 완전한 수직의 공허. 위와 똑같은 아래. 나는 이를 악물고 아래의 협곡과 위의 협곡을 머릿속에 그려 보다가 책을 내려놨다.

나는 내 고소공포증에 대해 다양한 설명을 들었다. 높은 곳에 올라가면 도저히 제어할 수 없는 감정들이 나를 가득 채운다. 내 마음이 이성을 잃고 극심한 공포로 치닫는다. 내가 버려지고 노출된 기분이 든다. 무엇에 노출됐다는 걸까? 어떤 사람들은 고소공포증이 생존본능이라고 말한다. 뇌가 피드백 회로에 갇혔다고 말하는 사람들도 있다.

"저기 아래를 봐."

"맙소사, 위험한 짓이야."

"하지만 위험하지 않아. 내가 있는 곳은 발코니니까."

"하지만 내 뇌는 내게 위험하다고 말하고 있어."

"아니야, 위험할 리 없잖아. 내가 서 있는 곳은 튼튼한 발코니야. 게다가 난간도 있어."

"그렇다면 위험은 다른 어딘가에서 오는 게 틀림없어. 뇌는 분명 뭔가를 알고 있어."

뭘 안다는 거야?

"내가 뛰어내릴 계획을 가지고 있다는 사실 같은 거."

"하지만 나는 뛰어내릴 생각이 없어!"

"그런데 왜 내 뇌는 내가 그렇다고 말하지?"

"난 아닌데!"

"하지만 틀림없이 그래!"

"아니야!"

"아마 그럴걸!"

또 한편으로 생각하면 이건 말이 되지 않는다. 길을 건널 때의 나는 아무렇지도 않기 때문이다. 차들이 극도로 위험하다고 해도, 연석 너머의 모든 것이 4,000피트 깊이의 협곡 같다고 해도 차들 사이로 걸어 들어가는 상상은 하지 않는다. 나는 이런 상황에서는 차분하다. 그냥 신호가 바뀔 기다리다가 그저 확인할 요량으로 양쪽을 살핀 뒤 길을 건넌다.

한 가지 이론은 당신이 어떤 것을 무서워한다고 생각할 경우 실제로는 다른 무언가, 당신이 무서워한다고 생각하는 대상보다 떠올리기 훨씬 더 어려운 무언가를 무서워하는 것이라고 주장한다. 그래서 당신의 뇌는 그럴 듯한 공포를 지어내는 데 전문가가 된다. 불안을 자주 느끼는 나는 그런 공포의 대상이 많고, 어쩌다 보니 고소공포증이 공포를 지어내는 데 가장 효과적이었다.

'내가 정말로 두려워하는 건 무엇일까?'

빙벽을 절반쯤 올라간 지점에서 조와 사이먼은 작은 캠프를 쳤다. 그러자 조에게 끔찍한 기억이 떠올랐다. 예전에 어떤 절벽 바위에 캠프를 친 적이 있었다. 발밑은 2,000피트 낭떠러지였다. 조가 잠이 들었을 때 바위가 무너져 내렸고, 정신을 차려보니 그는 암벽 측면에 매달려 있었다. 신발도 없이 양말만 신고. 그냥 그곳에 걸려 있었다. 그가 바위에 말뚝을 박아 묶어 놓은 밧줄에 대롱대롱 매달린 채. 그는 위를 올려다봤다. 말뚝이 움직이고 있었다. 그렇게 살 가능성보다 죽을 확률이 훨씬 더 높은 상태에서 겁에 질린 채로 12시간 동안 매달려 있다가 우연히 헬리콥터에 의해 구조됐다.

나는 책을 내려놓은 모양 그대로 뒀다. 차마 더 볼 수가 없었다. 하지만 드문드문 책을 넘겨 정상을 향해 나아갔다.

정상 몇 백 미터 아래에서 아주 무서운 순간이 찾아왔다. 조는 '가파른 지붕처럼 기울고' 눈으로 덮인 젖은 바위더미를 기어올랐다. 발 디딜 곳을 찾을 수 없었다. 그렇다고 가만히 있을 수도 없었다. 그는 붙잡을 곳 하나 없이 눈에 보이는 위쪽의 좀 더 편한 표면을 향해 크램폰 끝을 딛고 미끄러운 지붕을 걸어 올라가야 했다. 그의 몸은 로프로 사이먼과 연결돼 있었다. 하지만 사이먼에게는 그가 보이지 않았다. 사이먼은 튀어나온 바위더미 아래에 있었다. 조가 있는 곳은 미끄럽고 가파른 지붕 위였다. 안전한 지점으로 가려면 몇 발자국 빠르게 걸음을 떼야 했다. 조가 가진 무기는 가속도뿐이었다. 그의 크램폰은 미끄러지기 직전이었다. 그런데 갑자기 덜컥 겁이 났다. 몸을 움직일 수가 없었다. 움직여야 했다. 하지만 몸이 움직이지 않았다. 여기에서 미끄러지면 4,000피트 아래로 떨어질 것이다. 사이먼은 아래로 끌려 내려갈 것이다.

《친구의 자일을 끊어라》를 읽으면서 계속 이런 생각이 들었다. 그는 우리에게 경고하고 있다. 인간의 야심이 지닌 음험한 본성에 관해 이야기하고 있다. 마음속의 빙판에 관해. 심슨과 예이츠는 다른 누구도 이루지 못했던 무언가를 성취하길 원했다. 그들은 도박을 했다. 그들의 이야기는 전형적인 도박꾼의 사연이다. 금융위기 분석가인 아론 브라운은 저서 《혈기왕성한 위기Red-Blooded Risk》에서 위기가 스토리텔링의 기본이라고 말한다. 우리 모두는 '혈기왕성한 영웅', 그의 '다혈질 조수', '유약한 책임자', '냉혈한 악당'의 뜻을 본능적으로 이해한다.

브라운은 '우리는 첫 두 인물을 서로 다른 방식으로 존경하고 세 번째 인물은 불쌍하게 여긴다. 그리고 네 번째 인물은 싫어한다'고 말한다. 브라운의 도식에서 유약한 겁쟁이는 위기를 위험으로 생각한다. 반면 스릴을 즐기는 혈기왕성한 사람은 위기를 기회로 여긴다. 그리고 냉혈한 사람은 위기를 기회로도, 위험으로도 여긴다. 하지만 혈기왕성한 사람은 균형을 잡는다. 기회를 보지 못하게 막는 두려움을 떨쳐버린다. 야심 때문에 위험을 보지 못하는 일도 없다. 《친구의 자일을 끊어라》의 초반부를 읽을 때는 조와 사이먼이 혈기왕성한 사람처럼 보였다. 둘은 시울라 그란데를 정복할 수 있다고 느꼈다. 그게 가능하다는 걸 알고 있었다. 문제가 없었다면 가능하고도 남았을 것이다. 그럴 것 같았다. 하지만 틀렸다. 날씨가 나빴다. 그래도 계속 올라갔다. 물품이 바닥났다. 그래도 계속 올라갔다. 손이 얼어붙기 시작했다. 그래도 계속 올라갔다. 무엇을 향해서였을까? 정상에 다다랐을 때 조는 복잡한 감정을 느꼈다. 그는 원하던 것을 얻었지만 자신이 만족하지 못하리란 걸 직감했다. 그는 금세 다른 무언가를 원할 것이다. 더 크고, 더 좋고, 더 위험한 일을.

여기까지 읽었을 때 심슨에 대한 내 생각이 이미 달라졌다. 그는 다혈질이다. 그러다 무언가 나쁜 일이 벌어졌다. 다혈질인 사람에게 종종 일어나는 일이다. 릭이 마커 펜으로 광고문에서 지워버린 바로 그 일. 조는 발을 헛디뎠다. 그는 위기를 기회로 생각했다. 발을 헛디딘 건 그 때문이다. 조는 착지를 제대로 하지 못했다. 다리가 부러졌다. 다리만 부러진 게 아니었다. 종아리뼈가 무릎 관절을 뚫고 올라왔다. 이제 그의 오른쪽 다리에는 무릎이 없었다. 그 자리에는 박살난 뼈들만 남았다.

그때 조는 알았다. 만약 사이먼이 그가 내려가도록 도와주지 않으면 분명 죽을 것이다. 또한 사이먼이 그가 아래로 내려가도록 도와준다면 아마 둘 다 죽을 것이다. 게다가 이제 눈보라까지 휘몰아치고 있다. 주변 모든 것이 하얗게 보이는 화이트아웃이 찾아왔다. 그 상태에서 사이먼이 조를 빙벽 아래로 내려줬다. 로프의 끝에 다다른 조는 얼음도끼와 다치지 않은 다리의 신발에 부착한 크램폰으로 얼음에 몸을 고정했다. 그런 뒤 아래로 기어 내려갔고 이 과정을 반복했다. 이렇게 일곱 번을 하고 났을 때였다. 뭔가가 잘못됐다. 사이먼이 조를 절벽 바위 위쪽에 내려주는 바람에 조는 얼음에 몸을 고정시킬 수가 없었다.

조의 몸무게 때문에 사이먼도 끌려 내려가기 시작했다. 사이먼은 계산을 해봤다. 자신이 로프를 끊으면 조는 떨어질 것이다. 로프를 끊지 않으면 둘 다 떨어질 것이다. 사이먼은 조보다 150피트 위에 있었다. 그만큼 더 떨어져야 했다. 그는 아마 죽을 것이다. 주머니 속에 칼이 있었다. 아무엇도 들지 않은 손에서 장갑을 벗겨야 했다. 그는 장갑을 입으로 벗기고 칼을 꺼낼 수 있었다. 조가 로프 끝에서 위를 올려다봤다. 하늘은 캄캄했고 빛이 반짝거렸다. 빛이 보석 같아 보인다고 생각했다. 아래를 봤다. 아래에는 크레바스가 있었다. 캄캄한 구멍. 깊이는 가늠되지 않았다.

◐ ◑

매트 리들리의 노던록 은행은 유명하지 않았다. HSBC가 아니었다. 도이체뱅크가 아니었다. 하지만 야심 있는 은행이었다. 리들리의 노던록 은행은 대형 대출기관이 되길 원했다. 노던록은 모든 은행이 하는 일을 하지 않았다. 이 은행은 낮은 이자율로 돈을 빌린 뒤 더 높은 이자율로 빌려줬다. 이걸 '차익'이라고 부른다. 차익에는 두 가지 선택권이 있다. 돈을 더 적게 빌려주고 더 큰 차익을 얻으려 노력하거나 차익을 줄이고 더 많은 돈을 빌려주려고 노력하거나. 어느 쪽이건 당신은 돈을 팔고 있다. 이자를 받고 돈을 빌려준다는 게 이런 거니까. 지금 당신은 나중에 더 많은 돈을 되받기 위해 돈을 팔고 있다.

리들리의 노던록 은행은 차익을 줄이는 쪽을 선택했다. 돈을 저렴하게 팔기로 결정한 것이다. 돈을 버는 아주 좋은 방법이긴 했지만 저렴하게 팔 경우 많이 팔아야 한다는 문제가 있었다. 당신 돈이 아닌 타인의 돈을 팔아야 한다. 자신의 돈이 아닌 남의 돈을 팔다니! 물론 모든 은행이 이런 일을 한다. 은행들은 돈을 팔고 이자를 부과한다. 그러면 그 이자가 은행의 돈이 된다. 연금술이라고 불러도 무방할 정도다. 이건 어느 은행에서나 하는 일이다. 도박이다. 우리 사회의 근간이다.

하지만 노던록 은행은 더 세게 나갔다. 가진 돈에 비해 가지지 않은 돈을 엄청나게 많이 팔았다. 가지지 않은 돈을 이렇게 많이 팔면 당신이 비바람에 노출된다. 하지만 당신을 보호하기 위해 할 수 있는 일이 한 가지 있다. 더 많은 돈을 파는 것이다. 리들리의 노던록은 혈기왕성한 은행이었다. 그러다 어느 시점에 다혈질 은행이 됐다. 은행 순위에서 상승세를 걸었다. 영국에서 다섯 번째로 큰 모기지 은행이 됐다가 네 번째로 올라섰고 결국 3위를 차지했다.

한편 조던 벨포트는 캘리포니아에서 재판을 기다리고 있었다. 보석금을 내고 석방된 그는 뭘 해야 할지 알 수 없었다. 주식 시장에서의 활동은 금지됐다. 그렇다고 다시 트럭에서 육류와 생선을 팔고 싶지는 않았다. 그러다 기회를 발견했다. 모기지 중개자가 되는 것도 금지됐었나? 아니. 모기지 업계에 벌 만한 돈이 있는가? 물론! 그때는 2000년대 초였다. 이자율이 낮았다. 은행들은 차익을 줄이고 더 많은 돈을 빌려줘야 했다. 벨포트는 좋은 기회를 발견했다.

영국에서 노던록 은행은 차익을 줄이는 대신 미친 듯이 돈을 팔고 어마어마한 액수의 돈을 빌려주고 있었다. 모든 은행은 빌려주는 액수와 비례해 금고에 일정액의 돈이 있어야 한다. 이 돈을 탱크의 연료로 생각하면 된다. 충분한 연료를 얻는 가장 좋은 방법은 다수의 장기예금을 모으는 것이다. 하지만 리들리의 노던록은 그럴 시간이 없었다. 대신 그들은 헤지펀드와 금융회사와 투자은행에서 그날그날 돈을 빌렸다. 단기 자금을 빌릴 수 있는 한 연료가 바닥나지 않을 것이었다. 적기 납입 방식just-in-time으로 가동되는 기계와 마찬가지다. 기계가 끊임없이 돌아가는 한

이 방식은 엄청나게 효과적이며 오로지 가속도만 붙는다.

노던록 은행은 돈 공장이었다. 욕구와 신뢰를 다른 색조의 욕구와 신뢰로 교환하도록 설계된, 전문화의 첨단에 서 있는 돈 공장들의 세계에 속했다. 한 컨베이어벨트에 도착한 돈이 다른 컨베이어벨트로 이동한다. 돈이 와르르 쏟아진다. 돈이 병에 담긴다. 돈이 항구로 들어와 배에 실려 출항한다. 돈이 준비를 한다. 돈이 머리와 얼굴을 꾸미고, 돈이 거울로 자신을 보면서 다른 옷을 입어본다. 돈이 거리를 활보한다. 돈이 술집에서 입구를 지키는 사람에게 미소를 짓고, 돈이 출입을 막는 벨벳 끈을 넘어서 걸어간다. 돈이 술집으로 걸어가고, 돈이 이성을 꼬시는 전문가다. 돈이 밤늦게까지 자지 않고 깨어 있다. 돈이 알을 낳고, 자기복제를 한다. 돈이 밤을 꼬박 새고 아침에 5분 만에 후다닥 샤워를 마친 뒤 일하러 간다. 하지만 적기 납입 방식의 기계에 연료가 바닥나 버리면 어떻게 될까?

다시 캘리포니아로 돌아가 보면, 벨포트가 발견한 기회는 '재융자'였다. 재융자는 이자율이 낮다. 이 말은 비교적 잘사는 많은 사람이 자신의 집에 대해 필요보다 더 많은 돈을 내고 있다는 뜻이다. 당신은 그런 집들의 문을 두드리고 주인에게 더 저렴한 대출기관으로 바꿔 타라고 설득하기만 하면 된다. 완전히 합법적이다. 벨포트는 사람들을 도움으로써 엄청난 돈을 벌었다. 은행들을 압박함으로써 사람들을 도왔다.

그렇다면 압박당하는 은행들은 뭘 할까? 그들은 창의적이 됐다. 미국에서 압박당한 은행들은 이자율이 높은 불량 담보대출을 가난한 사람들에게 팔았다. 그런 뒤 불량 담보대출과 우량 담보대출을 섞어 부채담보부증권(CDO)이라는 혼합 상품을 만들었다. 그러고는 헤지펀드, 연금기금,

뮤추얼펀드, 금융기관, 투자은행들에 팔았다. 그랬는데도 만사가 잘 굴러갔다. 가난한 사람들을 상대로 한 이 모든 대출이 집에 대한 수요를 창출했고, 수요 증가는 주택 가격을 상승시켰기 때문이다. 주택 가격이 상승하는 한 가난한 사람들이 언제든 돈을 빌릴 수 있기 때문에 담보대출을 갚을 수 있었다.

가난한 사람들을 컨베이어벨트에 올려놓고 돈을 빌려준 뒤 그들의 담보대출을 CDO로 바꾸고 CDO를 헤지펀드와 투자은행에 판매하는 방식은 좋은 시스템 같아 보인다. 한동안은 모든 사람이 행복하다. 가난한 사람들은 집을 장만한다. 대출기관들은 CDO를 팔아 돈을 번다. 헤지펀드와 투자은행에는 CDO의 높은 이자를 내는 가난한 사람들의 줄이 꾸준히 이어진다. 집값이 계속 상승하기 때문에 가난한 사람들이 이 이자를 낼 수 있다. 집값 상승세가 계속되는 동안은 만인이 행복하다. 이 시스템은 집값을 상승시키기 위한 장치이며, 가난한 사람들이 연료를 공급한다. 이 시스템은 가난한 사람들의 공급이 바닥날 때까지, 급류처럼 기계 안으로 쏟아져 들어오던 가난한 사람들의 흐름이 둔화돼서 찔끔찔끔 들어오게 될 때까지 작동한다. 이 시스템은 집값 상승의 동인이 급류의 힘이라는 것을 깨달을 때까지 작동한다.

급류가 찔끔찔끔 떨어지는 물방울이 됐을 때 몇몇 사람들은 앞으로 어떤 일이 일어날지 내다봤다. 그런 사람들 중 한 명이 후일 《블랙 스완》을 쓴 나심 탈레브다. 백만장자가 되는 속임수를 알고 있던 탈레브는 간단한 사실 하나를 이해했다. 급류가 느려지자마자 집값이 평준화되리라는 사실. 그리고 만약 집값이 평준화되면 집값 상승으로 연료를 공급받던 은행

시스템의 커다란 부분이 서서히 멈출 것이다. 그리고 은행체계의 커다란 부분이 멈추면 거대한 금융 붕괴가 일어날 것이다.

헤지펀드를 운영하던 탈레브는 기회를 봤다. 그는 은행 시스템 쪽에 돈을 걸지 않았다. 미래의 금융 붕괴에 돈을 걸었다. 시간이 지나자 급류의 속도가 느려졌다. 그러고는 집값이 평준화됐다. 이후에는 담보대출을 갚기 위해 집값 상승이 필요한 수백만 명의 가난한 사람들이 대출금을 갚지 못했다. 그러자 CDO를 사들이고 지속적인 수입 흐름을 위해 CDO에 의존했던 모든 헤지펀드와 금융기관들, 투자은행들이 갑자기 빈털터리가 됐다. 그래서 노던록 은행은 적기 납입 방식이라는 기계를 계속 돌리기 위해 헤지펀드와 금융기관, 투자은행에 평소처럼 단기대출을 요청했다. 하지만 그들은 여느 때처럼 활기차게 "예스Yes"라고 대답하지 않았다. 미안하다고, 안 된다고 했다. 이 말은 노던록의 적기 납입 방식의 기계를 멈추어야 한다는 뜻이었다.

2007년 8월의 일이었다. 매트의 노던록은 추락했다. 아래로, 아래로 곤두박질쳐 깊고 검은 구멍 속으로 떨어졌고 추락하면서 돈이 사라졌다. 다른 은행들과 마찬가지로 매트의 노던록은 내기를 걸었고 그 내기에서 졌다. 그러자 더 많은 내기를 걸었고 그 내기들에서도 졌다. 결국 잉글랜드 은행이 손실을 보상하기 위한 얼마간의 돈을 빌려줬다. 11자리에 이르는 금액이었다. 그 무렵 매트는 책을 쓸 아이디어를 떠올렸다. 그는 책의 제목을 《이성적 낙관주의자》라고 붙였다.

# 06

# 더 멀리 바라보는
# 부자들

나는 런던 리츠 호텔 근처의 한 케이크점에서 매트와 차를 마시기로 약속했다. 약속 장소로 가는 동안 은행이 쓰러졌을 때 매트가 어땠을지 생각해봤다. 결사적으로 매달려 있던 몇 주였다. 차익이 줄어들었다. 차익이 제로가 됐다. 차익이 마이너스가 됐다. 차익이 차손으로 바뀌었다. 노던록 은행은 돈을 쥐어짜냈다. 그러다 4월에 잉글랜드 은행이 '시장 유동성의 급격한 감소로 참가 은행들이 타격을 입을 수 있다'는 경고를 보냈다.

5월과 6월. 여전히 매달려 있있다. 7월, 여전히 매달려 있지만 간신히 그럴 수 있을 정도였다. 그러다 미국의 CDO 시장이 악화됐다. 헤지펀드와 금융기관들과 투자은행들이 돈을 쥐어짜기 시작했다. 노던록은 이 고비를 넘기려면 대출이 필요했다! 하지만 대출을 받지 못했다. 이제 매트는 자포자기했다. 노던록 은행은 잉글랜드 은행에 대출을 요청했다. 그리고 왜 그런데… 어찌된 영문인지… 도대체 어떻게 된 건지… 이 소식이 밖으로 알려졌다. 노던록 은행은 곤경에 처했고, 이 소식이 새어나갔다.

'노던록 은행은 도움이 필요하대. 노던록이 기대서 울 어깨가 필요하대. 노던록에 문제가 생겼대. 문제들이 있대. 의존해야 하는 처지래. 노던록이 습관성 중독에 빠졌대. 재활 치료를 받아야 한대.'

은행 입장에서 이런 소문은 결코 있을 수 없는 일이다. 은행업은 신뢰가 생명이다. 은행은 곤경에 처했다는 사실을 절대 인정할 수 없다. 두려움을 인정할 수 없다. 약하다는 걸 인정할 수 없다. 은행은 강해야 한다. 견고해야 한다. 정말로 바위여야 한다. 하지만 2007년 8월에 노던록은 바위가 아니었다. 도움이 필요했다. 그리고 이 모든 사실이 밖으로 알려졌다. 텔레비전으로 뉴스가 나갔다. 노던록이 쓰러질 것이라고. 어쩌면 쓰러지지 않을지도 모르지만, 지금은 쓰러지고 있다고. 사람들이 텔레비전 뉴스를 봤다. 뉴스를 보도한 기자는 로버트 페스턴Robert Peston이었다. "노던록은 도움이 필요합니다." 페스턴은 이렇게 말했다. 그러자 노던록의 고객 수천 명이 정확히 동시에 정확히 같은 생각을 했다. '가능한 한 빨리 가장 가까운 지점으로 달려가자. 가서 한 푼도 남김없이 예금을 빼오자.' 그들은 그 생각을 실행에 옮겼다. 130년 만에 영국 은행에서 처음으로 대대적인 예금인출 사태가 벌어졌다.

그 모든 상황이 텔레비전 방송으로 나갔다. 그래서 이제 노던록은 모든 구멍에서 돈을 쥐어짜야 했다. 수백만 달러! 수천만 달러! 당신이 매트였다고 상상해보자. 하지만 최악의 상황은 여기서 끝이 아니었다. 매트는 의회의 특별 위원회에 출석해 질문에 답변해야 했다. 재판을 받는 것이나 다름없었다. 그는 검은색 정장을 입고 자신의 재판장에 도착했다. 흰 셔츠와 군청색 넥타이. 거의 자기 장례식에 가는 차림이었다. 그는 안경을 쓰고 있었고, 머리가 벗겨지기 시작했다. 그는 책상 앞에 앉았다. 부끄럽다는 시늉을 했고 머리는 약간 아래로 숙였다. 마치 절벽의 바위 위에서 심연을 들여다보고 있는 사람처럼.

수억 달러!

심문관은 존 맥펠John McFall이었다. 회색 여우 같은 사람. 포마드를 발라 뒤로 넘긴 머리, 글래스고 출신. 맥펠은 수많은 교환 거래에 대해 매트를 몰아세웠다.

"잉글랜드 은행의 보고를 알고 있었나요? 당신은 뭘 했죠? 내 말은 당신이 실패했다는 뜻입니다, 리들리 박사님. 박사님은 성공적인 시정 조치를 취하지 않았네요. 잉글랜드 은행이 경고를 했었던데요. 시장 유동성의 급격한 감소에 대해서요. 그게 4월이었어죠. 그럼 그때부터 8월 10일까지 박사님이 한 일은 그게 뭐든 박사님의 입장에 아무 영향도 미치지 않은 것 같군요."

매트가 이야기를 시작했고 몇 단어를 더듬거렸다. 맥폴이 말했다.

"리들리 박사님, 여기에서 표현은 신경 쓰지 마세요. 이런 상황을 예측 못 했다고 말씀하시네요. 하지만 4월에 잉글랜드 은행이 박사님께 알려 줬습니다. 박사님은 경고를 받으셨어요."

"우리는 글로벌 유동성 시장이 완전히 얼어붙을 거란 경고는 받지 않았습니다."

매트는 입 밖으로 말을 꺼냈다. 하지만 맥폴은 여기서 끝내지 않았다.

"들어보세요, 이걸 다시 읽어 드릴게요."

매트는 절벽에 튀어나온 바위에 앉아 있다. 그가 무슨 말을 할 수 있었을까? '교환은 좋은 겁니다. 돈은 교환을 돕죠. 따라서 돈은 좋은 겁니다. 돈을 이용한 교환은 전문화를 촉진하고 전문화는 혁신을 촉진하며 혁신은 교환을 촉진해요. 자기촉매적 과정, 일종의 핵반응입니다. 그리고 이 핵반응은 우리를 조상들이 품었던 최고로 터무니없는 야망보다 더 부유하게 만들어줬어요. 정치인들의 계획에 따라 이렇게 된 게 아닙니다. 1만 5,000년 전쯤에 한 재능 있는 어부가 자신의 상황을 개선할 가능성을 본 덕분이었죠. 그 뒤 사람들이 거래를 시작했고, 그렇게 되자 서로를 신뢰해야 했습니다. 오래지 않아 돈이 등장했고 은행이 나타났어요. 이제 은행이 사람들에게 돈을 빌려줘서 집 같은 중요한 물건들을 거래하도록 돕습니다. 하지만 만사가 순조롭지는 않죠. 맥폴 씨. 만약 당신이 지금 당장, 그리고 상상 속의 미래에 돈을 판매하는 동시에 구입하는 일을 하는 적기 납입 방식의 기계를 만들고 있다고 상상해보세요. 이 기계는 헤지펀드와 투자은행에서 받는 단기대출에 연료를 의존합니다. 이 기계는 정확하게 조정된 금융 공학 덕분에 완벽하게 돌아가는데 어떤 한 상황, 그러니까 글로벌 유동성 시장이 완전히 얼어붙는 상황에서만 서서히 멈춥니다. 우리 평생에 그런 일이 몇 번이나 일어날까요, 맥폴 씨? 딱 한 번입니다.'

하지만 매트는 한마디도 하지 못했다. 그냥 들었다. 맥폴은 계속 매트를 몰아세웠다. 매트의 안색이 좋지 않았다. 며칠 뒤 그는 절벽의 바위에서 뛰어내렸다. 노던록 은행의 회장 자리에서 사임한 것이다.

절벽에서 뛰어내린 매트는 《이성적 낙관주의자》를 쓰기 시작했다. 매트의 글을 좋아하는 팬인 나는 할 수 있는 한 빨리 그 책을 사서 이틀 만에 읽었다. 재기 넘치는 책이었다. 머릿속에 스파크를 일으켰다. 내가 매트의 이론, 그러니까 만약 이성적인 사람이라면 인류의 미래에 대해 틀림없이 낙관적일 것이라는 생각이 옳다고 생각할까? 나는 그가 옳았으면 좋겠다. 하지만 한 가지가 신경 쓰인다. 그에게 그 한 가지에 관해 물어봐야 한다.

○ ●

나는 시끌벅적한 케이크점 안으로 들어갔다. 웨이트리스가 그릇이 잔뜩 쌓인 쟁반을 들고 부산하게 돌아다녔다. 커피머신은 급행열차 플라잉 스코츠맨처럼 쉬익쉬익 소리를 냈다. 나는 녹음기를 들고 있다. 매트는 벽을 등지고 앉아 있었다. 목 단추를 푼 셔츠에 치노바지 차림이다. 내가 자리에 앉자 매트는 "날씨가 좋군요. 공원에 가서 아이스크림을 먹어야 할 것 같네요" 하고 말했다. 하지만 케이크점에 머물기로 했다. 우리는 커피를 주문했다. 그런 후에 매트에게 나를 괴롭히는 문제를 이야기했다.

"딱 한 가지가 신경 쓰입니다."

이렇게 말하니 내가 꼭 콜롬보 형사가 된 기분이었다. 잠깐, 동작 그만. 일시 정지 버튼을 누르자. 매트는 나를 바라보고 있다. 나는 집게손가락을 들어올렸다. 내가 신경 쓰이는 문제는 교환의 한 측면이다. 역사를 거슬러 올라가 우리 조상의 과거 속으로 깊이 들어가 보면 인간은 물건을 교환하기 시작하면서 누가 누구에게 무엇을 빚졌는지 머리로 기억했다.

이건 내가 신경 쓰이는 문제가 아니다. 교환은 굉장한 사건이다. 교환은 우리를 부자로 만들었다. 교환이 폭발적인 혁신을 불러왔기 때문이다.

그런 뒤 인간은 돈을 사용하기 시작했다. 이 역시 내가 신경 쓰이는 문제가 아니다. 돈은 굉장하다. 우리의 교환을 돕기 때문이다. 돈을 교환에 추가하면 마법이 일어난다. 돈이라는 매개를 통해 물건을 교환하는 것이 물건들끼리 교환하는 것보다 훨씬 낫다. 돈의 존재가 엑스선 같은 작용을 하기 때문이다. 사람들은 물건을 돈과 교환할 때 돈으로 값을 제안하고 매긴 뒤 정확한 교환의 순간에 가격에 동의한다. 그리고 이러한 동의, 이러한 수량화가 일련의 사건들 전체를 촉발시킨다. 가격의 존재는 그 물건이 돈에 비해, 그리고 다른 물건에 비해 얼마나 가치 있는지 말해준다.

그렇기 때문에 돈이 가격을 부여한다. 가격이 당신에게 다른 사람들에 관해 알려준다. 그들이 원하는 것, 그들에게 필요한 것을 말해준다. 가격은 사람들이 실제로 생각하고 느끼는 것을 측정하는 눈금자다. 가격은 인간의 상호작용의 본질을 급진적으로 변화시킨다. 우리가 이 점을 항상 인식하지는 않는 이유는 우리가 여기에 익숙해져 있기 때문일 수도 있다.

그런데 내가 신경 쓰이는 문제는 가격의 등장, 혹은 경제학자들의 표현대로 하면 '가격의 발견'이 아니다. 가격의 발견은 단지 모든 것을 돈으로 환산한다는 의미가 아니다. 가격의 발견은 우리 머릿속에서 많은 시간을 차지하는 문제이며, 그 시간이 점점 더 늘어나고 있다. 내가 소유한 집의 가치는 페라리 네 대 값이다. 내 점심은 영화티켓 두 장 값이다. 나는 청바지 한 벌 값으로 바르셀로나까지 비행기를 타고 갈 수 있다. 최고 축구선수의 몸값은 거장의 그림 가격과 같다.

그리고 가격 발견에는 또 하나의 놀라운 특성이 있다 우리가 살펴본 것처럼, 가격의 발견은 시장을 창출한다. 우리 모두를 구매자와 판매자로 만든다. 우리가 무엇을 팔 수 있는지 알도록 돕고 각자의 형편으로 살 수 있는 것이 뭔지 정확히 알려준다. 따라서 전체적으로 가격의 발견은 욕구와 충족, 혹은 소위 수요와 공급을 연결시키도록 우리를 안내한다. 만약 당신이 돈을 원하면 다른 사람들에 관해 생각해야 하고 그들이 돈을 내놓도록 만드는 게 무엇인지 생각해야 한다고 말한다. 이것이 수월하게 돈을 버는 첫 번째 방법이다. 두 번째 방법은 그들이 원하는 것에 초점을 맞추는 것이다. 이건 나중 문제다.

가격의 발견에는 또 다른 특징이 있다. 시장을 창출하기만 하는 게 아니라 스스로 조정되는 시장을 창출한다는 점이다. 사람들이 주스를 많이 마시는 도시가 있다고 해보자. 이 주스 시티의 사람들은 주스를 좋아하고, 이 사실은 다른 사람들에게 이 도시에서 주스를 팔라고 부추긴다. 많은 사람이 주스 시티에서 주스를 판다. 이 도시의 많은 사람이 주스를 좋아하기 때문이다. 그래서 주스 가격이 가령 한 통에 1파운드라는 안정적인 상태로 유지된다. 어떤 주스 판매상이 가격을 2파운드로 올리려는 시도를 하면 사람들은 다른 판매상에게 주스를 살 것이다.

그러다 주스 시티에 홍수가 났다. 강둑이 무너지고 모든 주스 판매상이 홍수 피해를 입었다. 주스는 다 상해버렸다. 사람들은 마실 주스도 없이 2층 침실에 발이 묶였다. 그런데 누군가에게 아이디어가 떠올랐다. 주스 시티에서 몇 마일 떨어진 곳에 사는 똑똑이 씨가 슈퍼마켓에 가서 주스 100통을 산 뒤 발동기선을 빌렸다. 똑똑이 씨는 주스 시티 주위를 돌면서 침실 창문을 통해 사람들에게 주스를 팔았다. 그는 사람들이 목이 마르다는 것을 발견했다. 어찌나 갈증이 심하던지 주스 한 통에 10파운드라도 낼 태세였다. 그런데 그 10파운드가 정확히 뭘까. 그건 신호였다. 주스 시티의 사람들에게 주스가 필요하다는 신호! 그 신호는 주스 시티에 주스를 가져다주면 어마어마한 수익을 올릴 것이라고 말한다. 사람들에게 돈을 벌고 싶으면 주스가 필요한 곳에 주스를 팔라고 부추긴다. 물론 두 번째로 밀려온 주스 판매상들은 똑똑이 씨만큼 큰 수익을 올리지는 못한다. 시장에 더 많은 판매자가 들어오면 판매자들은 가격을 내려야 한다. 그래서 주스 가격이 낮아진다. 처음에는 8파운드로, 그 뒤에는 5파운드로, 그러다 4파운드로.

그래서 나는 가격 발견 문제에는 신경이 쓰이지 않는다. 주스 시티처럼 노골적으로 착취적인 시장, 그러니까 실제로 허리케인 카트리나가 지나간 뒤의 뉴올리언스조차도 스스로 조정이 됐다. 수요는 가격을 상승시키고 높은 가격은 새로운 판매자를 시장에 유입시킨다. 그러면 가격이 내려간다. 수요가 돈이라는 매개를 통해 공급을 끌어들인다. 교환은 좋은 것이다. 물건을 돈으로 교환하는 것은 좋다. 돈은 교환을 돕는다. 따라서 돈은 좋은 것이다. 이 문제들에는 신경이 쓰이지 않는다.

내가 신경 쓰이는 문제는 사람들이 돈을 돈으로 교환할 때 발생하는 일이다. 사람들이 한 유형의 돈을 다른 유형의 돈으로 교환할 때, 그러니까 화폐 혹은 주식, 채권 같은 금융상품들을 사고팔 때 시장이 스스로 조정이 안 되기 때문이다. 그 시장은 불안정하다. 위험하고 정상이 아니다. 거품이 끼고 붕괴되기 쉽다. 돈을 거래할 때 사람들은 다혈질로 바뀐다.

정상을 눈앞에 둔 등반자와 마찬가지로 그들은 오로지 기회만 본다. 시울라 그란데의 조 심슨이, 매트의 노던록 은행이 된다. 그러다 불현듯 겁에 질린다. 얼음도끼의 끝부분과 신발 앞쪽에 박힌 스파이크로만 빙벽과 연결된 그들은 아래의 심연을 내려다본다. 온통 위험만 도사리고 있다. 갑자기, 아무런 경고도 없이 그들은 유약한 인간으로 바뀐다.

돈에는 뭔가 이상한 구석이 있다. 돈은 피를 뜨겁게 만들 수도 있고 유약하게 만들 수도 있다. 우리는 돈에 관해서는 자신을 어떻게 할 수가 없다. 돈은 우리의 혼을 빼놓는다. 돈은 은행들을 도취시킨다. 은행들은 내기에서 절대 질 리가 없다고 생각한다. 혼이 빠진 은행들은 내기에 더 많은 돈을 걸려고 더 많은 돈을 빌린다. 그것은 거품과 붕괴를 불러온다. 중앙은행들은 붕괴로 인한 피해를 보상하기 위해 더 많은 돈을 찍어낸다. 거품이 갈수록 더 커지고 붕괴 규모가 점점 더 커진다.

돈이 놀라운 속도로 찍혀 나오고 있다. 우리는 여전히 돈에 대한 믿음을 가지고 있다. 돈이라는 문제에 있어서도 여전히 전문화와 혁신의 춤사위를 믿는다. 마음속 어딘가에서 우리는 번영의 비결이 돈을 찍어내는 우리의 능력이라고 믿는다. 하지만 어느 날, 붕괴 규모가 너무 커질 것이고, 중앙은행들은 이 사태를 보상하기 위해 지나치게 많은 돈을 찍어낼 것이다. 그러면 우리는 급속도로 믿음을 잃을 것이다. 더 이상 믿지 않을 것이다. 내가 신경 쓰이는 문제가 이것이다.

현대 금융이 태동한 300년 전으로 거슬러 올라가보자. 1691년에 엄밀한 의미의 최초의 보험회사인 영국의 로이드Lloyds사가 사무실에 입주했다. 1694년에 최초의 중앙은행인 잉글랜드 은행이 설립됐고, 1694년에 최초의 국채가 발행됐다. 1698년에 런던 증권 거래소가 문을 열었다. 사건들이 빠르게 일어났다. 사람들이 금방 부자가 되기 시작했다. 거품이 생겼다. 붕괴가 일어났다.

세계 경제를 개라고 생각해보자. 개는 물건을 교환하는 사람들을 나타낸다. 꼬리는 돈을 교환하는 사람들, 다시 말해 현대 금융을 나타낸다. 개는 안정적이다. 꼬리는 불안정하다. 하지만 꼬리의 길이는 개의 몸집에 비례한다. 이제 경제를 살펴보자. 개의 몸집이 훨씬 커진다. 그런데 꼬리에서 중요한 차이가 나타난다. 꼬리는 개에 비례해서 자라 왔다. 그런데 꼬리가 균형에 맞지 않게 자라버렸다. 이제 꼬리가 개보다 훨씬 크다. 꼬리는 불안정하다. 꼬리가 우리를 통제한다. 우리의 사고방식을 통제한다. 우리 머릿속을 지배한다. 내가 신경 쓰이는 부분이 이거다.

좋다. 이제 작동 버튼을 누르자. 나는 매트를 바라봤다. 집게손가락을 들어올렸다. 나는 개 이야기는 하지 않았지만 마음에 걸리는 문제를 간략하게 설명했다. 매트가 말했다. "그 문제를 지적해주셔서 기쁩니다. 기자님의 생각에 동의해요. 저 또한 '인생을 바꿔놓는 경험을 한 순간'이 있었거든요. 그 깨달음의 순간을 여전히 기억하고 있습니다."

깨달음의 순간은 그가 노던록에서 사임한 뒤 찾아왔다. 노벨상 수상자 버논 스미스Vernon Smith의 강연을 듣던 중이었다. 스탠퍼드 대학교와 캘리포니아 공과대학에서 근무했던 경제학자 스미스는 사람들이 여러 다른 유형의 물건들을 거래하는 일련의 실험을 고안해 노벨상을 받았다. 그는 사람들이 돈이나 자산을 거래할 때는 시장이 안정적이지 않다는 것을 발견했다. 하지만 '햄버거나 이발' 혹은 마사지, 케이크, 오렌지주스나 커피를 거래할 때는 시장이 안정적이다. 매트는 이렇게 말했다.

"브라질의 들판에서 이 컵까지 커피가 오는 과정은 믿을 수 없을 정도로 잘 돌아갑니다. 전체적으로 이런 유형의 시장에 대해 할 수 있는 최선은 시장이 상황들을 정리하도록 그냥 놔두는 겁니다. 이런 시장은 믿을 수 없을 정도로 혁신에 능하고 물건의 비용을 낮추는 데도 대단히 뛰어나거든요. 장기적으로 볼 때 물건들이 얼마나 저렴해졌는지 믿을 수 없을 정도입니다."

그가 말하고 있는 건 재화와 용역 시장이다. 꼬리가 아니라 개. 그의 마지막 말은 《이성적 낙관주의자》에 나오는 주요 주장 중 하나다. 지난 몇 세기 동안 거의 모든 것이 실질적으로 더 저렴해져 왔다는 뜻이다. 다르게 생각하면, 우리가 무언가를 원할 경우 그에 대한 대가를 지불하기 위해 돈을 더 적게 쓰고 일을 덜 해도 된다. 매트는 책에 이렇게 썼다.

'번영이란 단순히 말해 시간 절약이다.'

이제 그는 나를 보며 말했다. "난 전등을 예로 들었습니다." 책에서 매트는 점점 더 나아지고 있는 것들의 예를 많이 들었다. 오늘날 보츠와나 사람들이 20세기 중반의 스칸디나비아 사람들보다 부유하다. 중국인들은 1955년보다 '10배 더 부유하고' 수명이 28년 늘었다. 반세기 전에는 부유한 국가들의 잘사는 사람들만 수세식 화장실, 전화, 세탁기, 냉장고, 텔레비전을 가지고 있었다. 지금은 거의 누구에게나 이런 물건들이 있다. 찢어지게 가난한 사람들도, 정부 보조금을 받고 사는 실업자들도. 이 모두가 개 덕분이다. 개는 혁신과 효율성, 시간 절약을 불러온다. 그래서 명료한 사고를 할 시간, 도구들을 발견할 시간이 생긴다. 개의 최고로 좋은 예가 전등이다.

《이성적 낙관주의자》에서 매트는 1시간 동안 켤 인공 조명을 사기 위해 얼마나 많은 시간을 일해야 하는지 묻는다. 등잔을 사용했던 바빌로니아 시대에는 1시간의 빛을 위해 50시간 동안 일해야 했다. 엄밀히 말해, 인공 조명은 부자들의 전유물이었다. 수지 양초tallow candle의 시대인 1800년에는 6시간, 석유 램프가 발명된 1880년에는 15분의 노동이 필요했다. 그러다 1950년에는 8초로, 지금은 0.5초로 줄어들었다.

이건 개에 관한 얘기다. 나는 개에 대해서는 아무 유감이 없다. 나한테 문제는 꼬리다. 우리의 혼을 빼놓고 다혈질 또는 유약한 인간으로 만드는 이 불안정한 꼬리가 지금 개를 흔들고 있기 때문이다. 나는 경제학자는 아니다. 하지만 이런 느낌이 강하게 든다. 이 문제 때문에 경제가 붕괴했고, 다시 붕괴할 것이다. 게다가 붕괴 규모가 점점 더 커지고 있다. 꼬리가 개를 흔들고 있다. 이제 매트가 꼬리에 관해 이야기하기 시작했다.

"튤립 버블, 보석 버블, 철도 주식 버블 등등 금융 및 자산 시장의 역사는 비정상적 벼락경기에 시달렸습니다. 끊임없이 거품이 발생했죠… 1720년 이후 우리는 어떻게 해야 할지 계속해서 방법을 생각해내고 있습니다…"

그는 잠시 말을 멈췄고, 그동안 그의 생각은 현대 금융의 태동기까지 획획 거슬러 올라가 그 첫 번째 중요한 결과인 남해포말the South Sea Bubble 사건에 이르렀다. 사람들은 남해 회사South Sea의 주식을 사들였다. 그러자 가격이 올라갔다. 사람들이 더 많은 주식을 사들였다. 그러자 가격이 훨씬 더 많이 올라갔다. 사람들이 더 많은 주식을 사들였다… 그러다가 사람들이 주식을 팔기 시작했다. 가격이 내려갔다. 사람들이 더 많은 주식을 팔았다. 그러자 가격이 훨씬 더 떨어졌다. 사람들이 산에 올라갔다. 무슨 수를 써서라도 정상에 오르겠다는 강박이 생겼다. 그러다 아래를 내려다봤다. 깊은 구렁이 보였다. 거품은 붕괴로 이어졌다. 매트가 말했다.

"매콜리Macaulay가 쓴 멋진 구절이 있어요. 그는 1720년에 남해포말사건으로 버블이 붕괴된 후, 당혹감 속에 열린 의회에 참석했던 사람들이 지금 우리가 누리는 번영을 보면 놀랄 거라고 말했어요. 남해포말사건이 일어나고 110년 뒤에 쓴 글이죠. 매콜리의 말은, 다들 '우리가 이런 끔찍한 몰락을 겪었지만… 얼마 뒤에 회복됐구나'라고 생각한다는 뜻이에요."

다시 말하자면, 거품과 붕괴가 발생하지만 시간이 지나면 부가 되돌아오고 우리는 앞으로 나아간다는 의미다. 전체적인 추세는 상승세다. 우리는 교환하고, 발명하고, 우리의 방과 삶에 불을 밝힌다. 매트가 말했다.

"그런데 거품이 끼지 않게 자산 시장을 운영하는 방법은, 난 모르겠어요. 노던록에서 겪은 일들이 너무 많이 보도되지 않도록 상당히 조심하고 있긴 하지만, 사실 우리는 유동성 위험보다 신용 위험을 걱정했어요."

매트는 노던록이 돈을 빌린 다른 은행들의 지급 능력보다 노던록이 돈을 빌려준 사람들의 지급 능력을 걱정했다. 매트가 말을 이었다.

"그 반대였어야 하는데 말이죠. 우리가 그걸 걱정했던 건, 규제기관과 잉글랜드 은행에서 우리가 받고 있던 신호가 그랬기 때문이에요. 규제기관과 잉글랜드 은행은 둘 다 이렇게 말했죠. '걱정할 문제는 신용 위험이다.' 영국재정청에서 나온 사람과 일 년에 두 번 회의를 했지만 그들은

'유동성 위험'이라는 단어를 사용하지 않았어요. 신용 위험에 대해서만 계속 떠들었죠. 그러니 우리는 그 방향으로 조종될 수밖에 없었어요."

노던록은 조종당했다. 그리고 파산했다. 하지만 그래도. 지금 우리는 여기에 있다. 리츠 호텔 옆의 케이크점에서 커피를 마시고 있다. 브라질의 들판에서 우리가 들고 있는 컵까지 커피가 오는 과정은 믿을 수 없을 정도로 잘 돌아간다. 아무튼 당신은 어디쯤에 선을 긋는가? 현대 금융이 없는 세상, 대출이나 주식 시장이나 파생상품이 없는 세상은 상상이 안 된다. 그렇지만 거품과 붕괴가 발생할 것이다. 우리는 그 문제들을 처리해야 한다. 버논 스미스는 사람들이 거품과 붕괴를 경험하면서 그 문제들을 더 잘 다루게 될 것이라고 믿었다. 사람들은 거품경제를 겪으면서 덜 다혈질이 되고 경제 붕괴를 겪으면서 덜 유약해지는 법을 배운다. 매트가 말했다.

"결론은 나는 자신에게 이렇게 말해요. 음, 1830년으로 돌아가 누군가에게 철도를 건설하기 위해 돈을 빌려서는 안 된다는 말을 한다고 생각해봐요. 그렇다면 저는 이렇게 대답해야 할 거예요. '그건 어리석은 짓이야. 돈을 빌려서 철도를 건설하는 게 좋아. 그 돈을 다 돌려받을 거니까.' 후대에게 돈을 빌리는 것, 그게 우리가 지금 하고 있는 일인데요, 우리 아이들에게 돈을 빌리는 게 여전히 잘하는 일일 수 있습니다. 우리가 그 돈을 현명하게 투자하기만 한다면 말이죠."

나는 잠깐 어지러운 기분이 들었다. 내 뇌가 계산기를 돌렸다.

"만약 그렇게 해서… 더 많은 시간을 만들 수 있다면! 손자에게서 시간을 빌려오고 있지만 더욱더 많은 시간으로 갚고 있는 것일 수 있다는 뜻이죠!"

"바로 그거예요! 그래서 상황이 지금처럼 계속된다면 우리 후대의 깜짝 놀랄 만한… 깜짝 놀랄 만한 번영으로 이어지는 거죠. 그렇게 되면 후대들은 이 어마어마한 빚을 소액현금으로 갚을 수 있어요."

우리는 계속 이야기를 나눴다. 나는 매트가 마음에 들었다. 그는 끝내주게 매력적인 사람이다. 내가 그에게 질투를 느낀 몇 가지가 있다. 사고의 명료성, 박식함, 박사학위를 땄다는 사실. 그는 꿩의 교미 습성에 관한 연구로 박사학위를 받았다. 우리는 잠시 인간의 교미 습성에 관해 떠들었다. 그는 섹스에 관해 대단히 흥미로운 이야기를 했고, 그걸 듣자 아이디어가 떠올랐다. 나는 그 아이디어를 머릿속에 새겼다. 무더운 날씨. 고급 케이크점. 나는 커피를 더 시켰다. 매트는 아이스크림을 주문했다. 우리는 이야기를 계속했다. 웨이트리스가 쟁반을 떨어트렸다. 그릇들이 와르르 박살나는 소리가 들렸고, 이후 짧은 침묵이 흘렀다.

# 07

# 위험은 기회가 된다는 진리

조 심슨은 눈보라 속에서 산의 측면에 매달려 있었다. 다리가 심하게 부러진 채로 아래의 크레바스를 들여다보며. 등반 파트너인 사이먼 예이츠는 더 높은 곳에서 로프를 붙잡고 있었다. 조의 몸무게 때문에 사이먼도 끌려 내려가는 중이었다. 요크셔에 있는 벽이 두꺼운 작은 집의 식탁에 앉아 조가 말했다.

"이렇게 생각해보세요. 생각할 필요도 없는 쉬운 문제예요. 사이먼은 내가 땅에서 얼마나 떨어져 있는지 몰랐잖아요. 1피트쯤 떨어져 있어서 바닥에 거의 닿을 정도인지 어떤지 몰랐어요. 어쩌면 내가 땅에서 15피트 위에 있었던 걸 수도 있고, 어쩌면 땅까지 50피트가 남았던 것일 수도 있고요. 하지만 가파른 얼음 빙벽의 50피트 위에 있어도 살아남을 수 있어요. 스키 점프 선수들은 살아남잖아요, 그렇지 않나요?"

우리는 차를 마시는 중이었다. 조는 이야기를 계속했다.

"사이먼이 알고 있던 사실은 자신이 바닥에서 300피트 떨어져 있다는 것뿐이었어요. 쉬운 문제예요! 그는 죽을 겁니다. 그리고 죽으면서 정작 나는 고작 1피트 아래로 떨어졌다는 걸 알게 될 수도 있고요. 그래서 그는 로프를 잘랐어요."

조는 추락했다. 떨어질 때는 마치 꿈처럼 느껴졌다고 한다. 빠르지만 끝없이 떨어지는 느낌이었다. 떨어지면서 자신을 내려다봤다. 추락 자체가 겁나지는 않았다. 그는 50피트 아래로 떨어지다가 크레바스 꼭대기의 눈 더미와 충돌했고 눈 속으로 50피트를 더 떨어진 뒤에 무언가와 부딪쳤다. 눈이 추락에 제동을 걸었다. 처음에는 숨을 쉬지 못할 지경이었지만 차츰 호흡이 돌아왔다. 그는 크레바스 안에 있었다. 절벽에 튀어나온 바위 위에. 거기서 밤을 보내고 나자 그가 처한 상황이 점차 분명해졌다. 파편 같은 희망도 어른거렸다. '어쩌면 사이먼이 아침에 날 발견할지도 몰라. 어쩌면 바위에서 크레바스 꼭대기까지 올라갈 수 있을지도 몰라.' 그는 위로 올라가려고 시도해봤지만 헛수고였다. 크레바스 벽은 얼음에 뒤덮이고 돌출돼 있었다.

"2피트 정도 올라갔다가 다시 떨어졌어요. 다리가 완전히 망가졌죠. 두 다리가 멀쩡해도 못 올라갔을 거예요."

릭이 《친구의 자일을 끊어라》를 칼럼에게 주고 칼럼이 내게 그 책을 줬을 때, 그리고 고층빌딩 같은 얼음, 사고, 크레바스, 절벽에 튀어나온 바위가 등장하는 등정에 관한 부분을 읽었을 때까지만 해도 나는 이 책이 한 사람이 겪은 개인적 지옥에 관한 이야기라고 생각했다. 너무 높이 올라가려 했던 사람. 비극. 하지만 비극이 아니었다. 조는 살아남았다. 책을 썼다. 책이 영화로 만들어졌다. 책은 큰 성공을 거뒀고 특히 영화화된 후에 조는 수백 회의 동기부여 강연을 했다. 그리고 강연 당 1만 파운드에서 1만 5,000파운드를 받았다. 한동안 그는 매주 강연을 했다. 강연 내용은 크레바스에 추락한 경험에 대한 것이었다. 하지만 다른 이야기도 있었다.

"내 생에서 최고로 절망적인 순간이었어요. 완전히 겁에 질려서 멍청해졌어요. 내가 어디에 있는지 가늠해 봐야 했죠. 자, 사이먼은 아침 9시까지 나를 발견하지 못했어요. 그때까지 나를 찾지 못했던 거예요. 그러니 그가 죽었거나 아니면 사이먼이 내가 죽었다고 생각했거나 둘 중 하나예요. 그리고 내가 죽은 줄 알았다면 사이먼은 산을 내려갔을 거예요."

조는 절벽의 바위에 갇혀 있었다. 위로는 올라갈 수 없었다. 옆으로도 갈 수 없었다.

"거기 계속 남아 있었다면 난 죽었을 겁니다. 다리가 부러졌다고 죽지는 않아요. 저체온증과 탈수로 천천히 죽죠. 침낭을 좋은 놈으로 가져갔거든요. 그래서 그 안으로 들어갔어요. 눈을 잔뜩 집어먹었고요. '난 죽겠지. 아주 천천히, 어둠이 내리는 세계에서.' 이런 생각들을 했죠. 그냥… 끔찍한 악몽이었어요. 크레바스는 악몽 같은 밀실공포증을 일으키는 곳이에요. 그 안에 혼자 있으면 말이죠, 약간 무덤에 있는 것 같은 기분이에요. 무덤 느낌. 폐쇄된 공간. 끔찍하게 고통스러운 밤을 보냈어요. 사이먼의 이름을 외치고, 내 목소리가 메아리치는 소리를 들으면서요. 위로는 올라갈 수 없었어요. 옆으로 움직이는 것도 불가능했죠. 그 자리에 계속 있을 수도 없었고요. 할 수 있는 유일한 일은 더 깊이 내려가는 것뿐이었어요… 그래서 그렇게 했죠. 우라지게 겁이 나더군요. 완전히 직관에 반대되는 짓이니까요. 아시잖아요, 산 채로 매장된 사람이 미쳤다고 땅속으로 더 깊이 파고들어 가겠어요? 그런데 내가 그러고 있었어요. 그냥 이렇게 생각했어요. '만약 저 아래에 아무것도 없으면 더 빨리 죽겠지 뭐.' 마음 한편으로는 이런 생각을 했던 거죠."

조는 크레바스에 떨어진 일에 대해 강연을 한다. 하지만 다른 이야기도 있다. 크레바스에 빠졌을 때 그가 알게 된 것들도 이야기했다. 그는 어려운 선택을 해야 했다. 절벽의 바위에서 살 수는 없었다. 그래서 허공으로 뛰어들었다. 그 뒤에 일어난 일은 우리도 알고 있다. 그는 바위 50피트 아래에서 '세인트폴 대성당처럼 거대한' 지하 돔 안에 있는 자신을 발견했다. 벽들이 다시 좁아지는 이 돔의 바닥에 눈이 덮여 있었다. 크레바스에 가짜 바닥이 있었던 것이다. 가짜 바닥 아래에는 협곡이 있었다. 그 아래로 떨어지면 죽을 게 분명했다. 하지만 가짜 바닥은 원뿔 모양의 얼음으로 이어졌고, 얼음 원뿔은 지면으로 이어졌다.

조는 조금씩, 조금씩 가짜 바닥을 기어갔다. 바닥에 잔금이 생기고 와자작 부서졌다. 부서진 조각들이 협곡으로 계속 떨어졌다. 하지만 그는 반대편에 다다랐고 얼음 원뿔을 기어 올라갔다. 조는 다혈질이었다. 위험을 기회로 바라봤다. 그는 실수를 했다. 그리고 그 실수를 바로잡았다. 조는 그 이야기를 하기 위해 살아남았다.

"나는 내가 글을 쓸 수 있다는 걸 알게 됐어요. 글쓰기는 내가 절대 하지 않았을 일이었는데 말이죠. 그리고 그 덕분에 직업이 생겼어요. 난 강연자가 됐죠."

금융위기가 일어난 뒤 조는 은행에 가서 많은 강연을 했다. 그는 두 은행의 이름을 언급했다. HSBC와 도이체뱅크. 은행들은 너무 높이 올라가려고 노력했다. 그러다 크레바스에 빠졌다. 이제 그들은 어려운 선택을 내려야 한다. 그들은 조의 강연을 듣기 위해 1만 5,000파운드를 냈다.

"은행들은 제 강연이 영감을 준다고 생각해요. 신은 그 이유를 아시죠."

## 4장

# 강물을 돈으로 바꾸는 연금술을 아는가

# 부자들이 돈을 쓰는 방법

뭔가가 잘못됐다. 그런데 나는 그게 뭔지 모른다. 아니 더 정확히 말하면 그게 뭔지는 알지만 어떻게 된 건지 모른다. 메커니즘, 나는 그놈이 어떻게 작동하는지 모른다. 그걸 알아야 하는데… 내일 한 러시아인을 만나러 간다. 나는 무엇이 그에게 동기부여를 하는지 이해하려고 노력하고 있다. 그 사람처럼 되는 게 어떤 것인지 상상해보려고 애쓰는 중이다. 그에게는 내가 누린 혜택이 없었다. 그는 레닌그라드Leningrad의 아파트에서 자랐고, 열여덟 살 때 서구로 떠났다. 어린 나이에 자유로운 교환과 전문화와 승자가 모든 걸 독차지하는 세상을 향해 달아났다. 그에게는 집중력과 명료한 사고가 있었다.

그는 서구가 어떻게 작동하는지 알았다. 서구에서 나고 자란 우리는 대부분 그렇지 않다. 권력과 착취 사이의 선을 보지 못하고 착각에 빠진다. 우리는 착각 전문가다. 레오니드 막소비치 로도빈스키Leonid Maxovich Rodovinsky라고 불리던 이 러시아인은 미국으로 간 뒤 이름을 리언 맥스Leon Max로 바꿨다. 그는 착각에 빠지지 않았고 5억 달러가 넘는 돈을 벌어들였다.

나는 집에 있다. 초조한 기분으로 리언 맥스를 생각하면서. 커피를 만들려고 갈아놓은 원두와 카페티에르, 꿀 한 술을 준비한 뒤 물을 끓였다. 전화기는 꺼놨다. 사람들이 전화를 걸고 문자를 보내는 이유는 내가 그들에게 빚을 졌기 때문이다. 이메일과 편지를 보내기도 한다. 그러면 나는 편지들을 식탁에 놔둔다. 가끔 뜯어보면 '우리가 방문해서 물건들을 가져가겠습니다'라고 쓰여 있다. '우리는 당신 집에 가서 문을 부수고 들어가 당신의 물건들을 경매에 내다팔 수 있습니다'라는 뜻이다. 그들은 문을 부수고 들어와 물건들을 가져갈 것이다.

내 물건들. 내겐 값나가는 물건이 거의 없다. 화가 데이비드 호크니David Hockney의 작품 한 점이 있긴 하다. 할리우드 힐스에 있는 호크니의 멋진 집에서 인터뷰를 했을 때 그가 준 선물이다. 내가 가진 거라곤 그게 전부다. 그 뒤 데번Devon 해안 북쪽에 있는 데미안 허스트Damien Hirst의 멋진 집에서 그를 인터뷰한 적이 있다. 허스트는 사람들에게 관심 받는 법을 아는 남자였다. 나를 위해 뭔가 그려달라고 부탁하자 그는 포스트잇에 남성의 성기를 그렸다. 그리고 중요한 건, 지금 그 포스트잇이 어디 있는지 모른다는 사실이다. 차고에 있을 것 같긴 하다. 차고에 쌓여 있는 100개쯤 되는 잡동사니 상자들 중 하나에. 사람들이 찾아와 집 문을 부수면 차고에 데려가 내가 상자들을 뒤지는 동안 기다리게 해야겠다. 마침내 내가 말하겠지. "찾았어요, 여기 있어요. 성기. 세계에서 가장 부자인 화가가 포스트잇에 그린 그림이죠. 이걸 경매에 내세요. 가져가서 입찰이 들어오길 기다리세요. 차액은 가져다주시고요."

뭔가가 잘못됐다. 뭔가가 제대로 돌아가지 않는다. 나는 부자가 되고 싶다. 하지만 나는 부자가 되고 싶지 않다. 머릿속 악마는 내가 가난해지고 싶어 하게 만든다. 난 그 악마가 어떻게 일하는지 모르겠다. 그 악마가 어떻게 일하는지 알고 싶다. 그놈을 찾아 집어치우라고 말하고 싶다. 나는 부자가 되는 법을 정확히 알고 있다. 부자가 되는 데 필요한 모든 요소들을 안다. 조각들을 짜 맞추는 한 번의 큰 노력만 하면 된다. 작업에 집중해. 집중! 난 할 수 있어. 내가 원하기만 하면 할 수 있어.

누군가가 당신에게 수백만 달러를 벌라고 말한다면, 앞으로 3년 동안 몇 백만 달러를 벌라고 말한다면 어떻게 할 건가? 나를 납치해서는 '수백만 달러를 벌어 올래, 아니면 지하 6피트 아래의 관 속에 산채로 묻혀 사색에 잠겨 서서히 죽을래?'라고 한다면, 나는 그들이 제시한 수백만 달러를 기필코 벌 수 있다고 대답하고 그 돈을 벌어올 것이다. 아니면 놈들이 이렇게 말할 수도 있다. '우리가 네게 약을 먹이고 정신이 들면 땅에서 2,000피트 위, 그리고 머리 위에 또 다른 2,000피트의 얼음벽이 있는 낭떠러지의 바위 위일 거야.' 빌어먹을! 그러면 나는 그 수백만 달러를 벌고 말 것이다.

난 그 돈을 벌 거다. 나는 할 수 있다. 돈을 버는 데 필요한 요소들을 알고 있으니까. 예를 들어, 나는 사회주의자가 아니다. 나는 부자들에게 세금을 부과하고 압박하길 원하는 사람들 중 한 명이 아니다. 사실 대체로 그런 주장의 반대편에 서 있다. 당신은 자문해봐야 한다. 사람들에게 세금으로 부과할 최적의 액수가 얼마일까? 음, 분명히 0%는 아니다. 그렇다고 100%도 아니다. 이것도 분명하다. 90%도 아니다. 80%도 아니다. 당신은 사람들을 파산시키거나 쫓아내길 원하지 않는다.

내가 훨씬 더 많은 돈을 벌었을 때, 절대 인정하진 않았지만 나는 시스템 전체가 불공정하다는 것을 직감했다. 분명, 돈을 더 많이 벌면 더 많은 세금을 내야 한다. 그건 알겠다. 하지만 수입이 좋았던 해라는 이유만으로 당신이 가진 돈의 더 큰 비율을 세금으로 내야 할까? 이 문제를 생각해보자. 오래전 처음에는 모든 사람이 정확히 똑같은 액수의 세금을 냈다. 그러다 동일한 비율로, 그러니까 수익의 10분의 1을 세금으로 냈다. 오늘날에는 돈을 더 많이 벌수록 이 비율이 더 커진다. 부자들은 왜 이런 사태가 벌어지도록 내버려뒀을까? 내 생각에는 그들이 사실은 세금을 내지 않기 때문이다. 세금을 내는 척만 할 뿐.

사람들이 부자들에 관해 특정 어조로 이야기할 때, 이를테면 부자들을 싫어하거나 부자들을 망가뜨리고 싶다거나 적어도 부자들의 돈을 뺏고 싶다고 이야기할 때 나는 그들에게 부자들이 돈으로 뭘 할 것 같은지 물어본다. 그러면 사람들은 이렇게 대답한다. "요트에 돈을 쓰죠." 항상 나오는 대답이다. 선명한 푸른색 바다에 떠 있는 눈부신 하얀 보트. 수영복 차림의 아름다운 여성이 바다로 뛰어들었다가 다시 올라와 담배를 피우는 보트. 부자들은 물을 사랑한다. 나는 왜 그런지 늘 궁금했다.

왜 부자들은 몸이 젖는 걸 좋아할까? 사실 그들은 몸이 젖는 걸 좋아하지 않는다. 보송보송한 상태를 좋아한다. 그게 부자들이 물을 사랑하는 이유다. 부자들은 보송보송한 상태를 좋아하지만 담배를 피우거나 잠을 자거나 커피를 마시는 등의 어떤 일을 하고 싶을 때 그중 무엇이라도 물 근처에서 하면 훨씬 더 돈이 많이 든다. 무엇이건 당신을 보송보송하게 유지해 주는 것, 이를 테면 요트에 더 많은 돈을 써야 하기 때문에 물을 좋아하는 것이다. 사실 요트 위는 그리 편안하지 않다. 요트가 움직일 때, 앞부분이 약간 들리면서 물살을 가를 때는 괜찮다. 그때는 짜릿하다. 하지만 그 외에는 아니다. 꼭 작은 집 안에 있는 느낌이다. 게다가 집이 발 밑에서 이리저리 미끄러진다.

그런데 요트 말고, 부자들은 실제로 그들이 가진 돈으로 뭘 할까? 이게 내 질문이다. 물론 그들은 펠릭스 데니스와 리언 맥스 혹은 감옥에 가기 전의 조던 벨포트처럼 값비싼 집에 돈을 쓴다. 하지만 부자들은 주로 돈을 투자한다. 다시 말해 좋은 사업 아이디어가 있는 사람에게 돈을 빌려준다. 부자가 되면 좋은 비즈니스 아이디어들을 발견하는 데 선수가 되기 마련이다. 경제에 자금을 대는 것이 부자들이 하는 일이다. 만약 돈을 정치인들에게 주면 무슨 일이 일어날까? 음, 정치인들도 그 돈을 투자할 것이다. 정치인들은 좋은 비즈니스 아이디어를 발견하는 실력은 별로다. 대신 그들은 자신이 좋은 인상을 주려고 애쓰고 있는 특정 유형의 유권자들이 매력을 느낄 비즈니스 아이디어를 발견하는 능력이 뛰어나다. 정치인에게 돈을 주면 유권자들에게 좋은 인상을 남기는 데 그 돈을 쓸 것이다. 하지만 결국에는 그 돈을 허비할 것이다.

내가 이 모든 이야기를 정말 믿는지는 잘 모르겠다. 하지만 일부는 믿는다. 당신이라면 누구에게 돈을 맡기겠는가? 부자들, 아니면 우두머리

행세를 하는 사람들? 그 답을 잘 모르겠다. 아무튼 현대 경제의 전체적인 세금 개념에는 수상쩍은 면이 있다. 정부는 돈이 필요할 때 그냥 찍어내면 된다. 하지만 돈을 찍어내면 인플레이션이 발생한다.(더 정확히 말하면 돈을 찍어내는 것이 인플레이션이다) 인플레이션은 가격을 상승시키고, 가격 상승은 통제 불능 상태가 되기 쉽기 때문에 정부를 겁먹게 한다. 그래서 정부는 국민들의 소비력을 줄여 그토록 두려워하는 인플레이션에 의한 죽음의 소용돌이를 막기 위해 세금을 부과한다. 실제로 이것이 세금의 목적이다. 즉 부유한 사람들에게는 다른 사람들보다 세금을 덜 매기는 것이 타당하다는 뜻이다. 부자들이 그리 많지 않기 때문에 그들의 소비 습관이 가격을 크게 급등시키지는 않는다. 부자 한 명이 보통 사람 한 명보다 50배 많은 돈을 벌지만 그렇다고 아침을 50번 먹거나 50대의 차를 굴리지는 않는다. 부자는 롤스로이스 한두 대와 운전기사가 몰 메르세데스를 산다.

물론 부자는 롤스로이스 가격을 끌어올린다. 독일제 자동차의 가격도. 요트 가격도. 그리고 펼치면 침대가 되는 비행기 좌석도. 내가 이런 말들을 정말 믿을까? 아무튼 문제는 내 정치적 견해가 아니다. 그렇다면 내가 받은 교육이 문제일까? 내가 받은 교육을 떠올리고 한 장의 그림으로 요약해보면 잔디밭, 나무, 뜰, 네모난 안뜰, 낡은 건물과 구식 건물과 빛나는 흰색의 현대식 건물들, 녹지, 부유한 아이들, 꽤 부유한 아이들, 아주 부유한 아이들이 떠오른다. 내가 마지막으로 지냈던 학생 기숙사의 모습이 문득 생각난다. 커다란 방, 수영장, 옆방의 부유한 아이들, 바깥에 주차돼 있던 황금색 롤스로이스.

주류에서 벗어난, 학교의 여느 아이들과 다른 아이. 그렇지만 나는 부유한 아이들의 학교에 다녔다. 나는 그 학교에 다니는 대부분의 아이들보다 가난했다. 절반보다 가난한 건 확실했고 아마 4분의 3에 이르는 아이들보다 가난했을 거다. 평소엔 내가 가난하다는 기분이 들지 않았다. 하지만 가끔, 맞다, 가끔은 가난하다는 기분이 들었다. 한 아이가 기억난다. 정말로 가난하거나 가난해 보이는 아이였고, 장학금을 받아 학교를 다녔다. 열한 살 때 어느 날 그 아이가 기숙사에서 내게 고래고래 소리를 질렀다. 아이는 긴 열변을 이런 말로 끝맺었다. "네 부모님이 돈이 있다는 이유만으로!" 솔직히 자랑스러운 기분이 들었다. 주변에 다른 아이들이 있어서 그 말을 들었다는 게 기뻤다. 내가 부모님에게 없다고 생각한 것, 혹은 적어도 많이는 없다고 걱정하던 게 바로 돈이었으니까.

심리학자였던 아버지는 내가 이해하지 못하는 유엔 관련 일을 하셨다. 세상 물정에 밝은 분은 아니었다. 아버지는 독일과 네덜란드에 집이 있었고, 제3세계와 동유럽 공산국들에서 지냈다. 그러다 노바스코샤Nava Scotia 주의 숲 한복판에 있는 1970년대식 집을 구입했다. 그때도 여전히 아버지 얼굴을 보기는 힘들었다. 어머니는 아버지가 돈 버는 일에 관심이 없다고 말하곤 하셨다. 사실이었다. 아버지의 이상은 돈이란 게 존재하지 않는 것처럼 사는 것이었다. 어머니가 이런 말을 했던 게 기억난다. "사람들이 아버지에게 얼마를 원하는지 물어보면 그 양반은 '당신이 생각하는 내 가치만큼 달라'고 대답했단다." 어머니의 어조에는 약간의 불신이 담겨 있었다. 어머니는 아버지의 태도를 어느 정도 존경하면서도 아버지가 더 많은 돈을 요구하기 또한 어느 정도 바랐다.

하루는 학교 아이들 몇 명과 자선 크로스 컨트리 경보에 나갔다. 우리는 석세스 다운스Sussex Downs를 따라 걸었다. 나는 우리가 부모님의 집, 정확히 말하면 부모님의 집들 중 하나가 보이는 곳을 지나간다는 것을 알아차렸다. 부모님은 그때 그 집에 살고 있지 않았다. 심지어 임대를 주지도 않아 집이 비어 있었다. 하지만 집이 그곳에 있었다. 집은 작고 평범해 보였다. 나는 그 사실을 말하고 싶은 강한 충동에 사로잡혔다. 화를 자초할 짓이니 그래선 안 된다는 걸 알면서도 말이다. 결국 나는 그 말을 하고 말았다. 그러자 다른 아이가 나를 놀리기 시작했다. "저게 네 부모님의 집이라고? 야, 저게 리스의 부모님 집이래!" 몇몇 아이들이 쳐다봤다. 대부분의 아이들은 관심이 없었다. 나는 입이 근질거렸다. '아, 제발 좀 그만해! 내 부모님은 집이 세 채라고! 그중 하나는 발코니가 두 개나 있고 바닥이 한 단 낮은 거실이 있는 집이야. 텔레비전만 한 화강암 벽난로도 있어! 진짜야.' 하지만 나는 이런 말들을 입 밖에 내지는 않았다.

조금 더 가다가 그 아이가 어떤 헛간을 가리키며 말했다. "저게 리스의 집이래." 학교에서 나는 라틴어, 프랑스어, 영어로 쓰인 문학을 공부하고 독일어를 배웠다. 카툴루스Catullus의 작품들을 읽고, 다시 읽었다. 플리니우스, 볼테르, 몰리에르, 카뮈, 아누이, 셰익스피어, 말로, 밀턴, 초서, 오스틴, 하디, 디킨스, 키츠, 워즈워스, 라킨. 수학 과목에서는 곡선의 기울기를 계산한 뒤 막혀버렸다. 나는 곡선의 기울기를 계산할 줄 알았지만 그게 다였다. 그 이상 넘어가면 막혔다. 그러다 그것마저 잊어버렸다. 나는 숫자의 무언가가 불편했다. 숫자들이 갑자기 달려들어 당신을 못 박을 수도 있다. 그러는 동안 당신은 무기력하게 앉아 있다.

나는 수학 선생님들에게 불려갔다. 내겐 세 명의 수학 선생님이 있었다. 금발의 남자 선생님, 짙은 색 머리의 남자 선생님, 그리고 로팅딘Rottingdean 에 살던 당뇨병 환자인 여자 선생님. 늘 축 처져 있고 멍하던 여자 선생님은 내 앞에서 기절을 한 적도 있었다. 이 선생님이 내 마지막 희망이었다. 나는 낙제를 거듭했다. 낙제하지 않으려면 시험을 통과해야 했다. 여자 선생님이 내 문제를 해결할 열쇠를 발견했다. 선생님은 내게 숫자를 컨트롤하는 법을 알려줬다. 숫자들은 자동인형이다. 녀석들은 시키는 대로 한다. 우리는 숫자들한테 지시만 내리면 된다. 숫자들은 복종한다. 나는 시험을 통과했다. 그러고는 이제 숫자를 잊어버리기로 마음먹었다. 싹 다 잊어버리기로. 멍청한 생각이었다.

학교 사감이 런던의 한 투자은행 견학을 준비했다. 은행원들이 우리를 한쪽으로 데려가더니 자신들이 어떻게 돈을 버는지 설명했다. 너무 간단해 보였다. 앞으로 가격이 올라갈 것 같은 물건들을 사서 가격이 떨어질 것 같은 때에 팔면 된다고 했다. 이 물건들의 가치가 바뀌게 만드는 과정을 파악해야 한다. 이 물건들은 금융상품들, 다시 말해 서로 다른 옷들을 차려 입은 돈이다. 당신은 한 유형의 돈을 다른 유형의 돈으로 교환한다. 내기와 비슷하다. 경험이 쌓이면 내기에서 질 때보다 이기는 경우가 늘어날 수 있다. 각 내기에 돈을 얼마만큼 걸지 계산도 영리하게 할 수 있다. 같이 앉아 있던 두 명의 소년은 눈이 반짝반짝했다. 하지만 내게는 그곳이 우울하게 느껴졌다. 불안감을 불러일으켰다. 갇혀 있는 기분이었다. 그곳 사람들은 교복처럼 재킷에 넥타이를 매고 있었다. 왜 그런지 궁금했다. 그 사람들은 부자니까 뭐든 원하는 옷을 입을 수 있을 텐데.

그 모든 세월이 흐른 뒤 나는 지금 집에서 리언 맥스를 생각하고 있다. 러시아인, 이게 내가 생각하는 그 사람이다. 이 러시아인은 착각을 하지 않는다. 숫자를 두려워하지 않는다. 그는 영국 전원주택의 가장 훌륭한 예시인 이스턴 네스턴Easton Neston에 산다. 건축 비평가들은 이 집을 극찬한다. 거의 완벽한 집이다. 사람들은 역사상 가장 유명한 건축가인 크리스토퍼 렌Chrsitopher Wren이 이 집의 원래 도면을 그렸다고 생각한다. 그런데 1690년대의 어느 시점에 무슨 이유에서인지 렌이 조수 니콜라스 호크스모어Nicholas Hawksmoor에게 이 집의 공사를 넘겼다. 이스턴 네스턴은 호크스모어가 처음 지은 전원주택이었다. 그는 사실상 자신을 놓아버렸다. 이스턴 네스턴의 사진을 보라. 깔끔한 선들. 수많은 커다란 창문들. 질서와 절제된 힘의 느낌. 버킹엄 궁전이나 백악관보다 세련됐다.

이 집에는 무언가가 있다. 뭔지는 모르겠지만 본능적으로 내게 영향을 미치는 무엇, 내 직감에 불안감을 뚝뚝 떨어뜨리는 뭔가가 있다.

# 무지의 발견에서
# 시작되는 진보

아침에 나는 그게 뭔지 깨달았다. 나는 이스턴 네스턴의 무엇이 직감적인 불안을 일으키는지 곰곰이 생각하면서 나의 집 주위를 산책했다. 말이 나왔으니 하는 말인데, 내 집은 좋다. 아무 문제가 없다. 이 현대식 집은 똑같은 집들로 이뤄진 주택단지 내에 있다. 아파트다. 드라마 〈브레이킹 배드Breaking Bad〉에서 월터 화이트Walter White가 아내와 갈라선 뒤 아파트로 이사하는 장면이 나오는데, 그 아파트와 비슷하다. 이혼하고 살기에 완벽하다. 침실 3개. 툭 트인 1층. 26.67평짜리 집. 요트에서는 억만장자 정도나 되어야 이만한 공간을 차지할 수 있다.

그 러시아인의 집이 내게 직감적인 불안을 불러일으키는 이유는 내가 학생이었을 때 알던 어떤 건물을 상기시키기 때문이다. 똑같은 옅은 색 돌, 똑같은 질서와 절제된 힘의 느낌. 그 집을 생각하면 미친 듯 절박하게 뭔가를 생각해내려 애쓰고 있던 내가 떠오른다. 개별 지도 시간에 늦은데다 준비도 못해서 종종걸음을 치며 키 큰 고목들이 늘어선 길에 들어서면 나무들 사이로 옅은 색 석조 건축물이 보였다. 머리를 쥐어짜며 건물을 향해 나무들 사이를 걸어가던 때가 기억난다. 하지만 소용없었다. 생각나지 않았다.

그때 나는 철학을 공부하는 대학원생이었다. 내가 생각해내지 못하고 있던 건 논문의 아이디어였다. 내 논문의 토대가 될 아이디어. 무엇에 관해 써야 할지 결정하지 못했지만 어쨌거나 철학에 관한 주제여야 했다. 음, 그건 맞다. 하지만 나는 내 철학이 뭔지 그때까지 알지 못했다. 허무주의에 가깝다는 사실 말고는. 누가 무언가를 정말로 알 수 있는 걸까? 그리고 만약 뭔가를 안다고 해도 그것을 안다는 사실을 어떻게 알까? 그게 내 철학이었다.

이렇게 생각해보자 사실fact이란 무엇인가? 사실이란 당신이 알고 있는 무언가다. 음, 딱 그렇지는 않다. 'fact'라는 단어는 만들다를 뜻하는 라틴어 '파체레facere'에서 유래했다. 사실이란 당신이 만드는 무언가다. 당신이 지어내는 무언가다. 다시 말해 사실은 실제로는 허구다. 이제 세상을 보자. 세상을 관찰해보자. 세상이 규칙성을 보이는가? 규칙을 따르는가? 그리고 우리는 어떻게 이 규칙들을 이해하는가? 우리는 사실들을 관찰함으로써 이해한다. 다시 말해 허구들을 지어냄으로써 이해한다.

당신이 닭이라고 생각해보자. 이건 버트런드 러셀Bertrand Russell이 한 이야기다. 당신은 아침마다 허기진 상태로 잠에서 깬다. 매일 농부가 당신에게 먹이를 준다. 당신의 세계는 이렇게 작동한다. 규칙성을 보인다.

규칙을 따른다. 농부는 당신의 배고픔을 덜어주길 원한다. 농부는 당신에게 진심으로 마음을 쓴다. 이러한 사실들이 당신에게 말해주는 건 이것이다. 농부는 99일 동안 매일 당신에게 먹이를 준다. 100일째 되는 날 당신은 평소처럼 허기진 채로 잠에서 깬다. 농부가 닭장 문을 연다. 그런데 농부는 평소처럼 먹이 한 줌 대신 반짝이는 은색 물건을 들고 있다.

당신은 세계를 관찰했다. 허구를 봤다. 허구를 사실이라고 착각했다. 이것을 귀납의 문제라고 부른다. 이제 당신은 반짝이는 은색 물건에 목이 잘려 대가리가 없는 채로 뛰어다닌다. 은유적으로 말하면, 그 빛나는 은색 물건이 내 학자 생활에 드리워져 있다는 느낌이 들었다. 나는 논문의 중심 사상을 생각해내려 애쓰며 키 큰 나무들이 늘어선 길을 걸어가고 있었다. 개인 지도를 받으러 가는 길이었다. 지각이었다. 게다가 나는 오늘 드디어 중심 아이디어를 지도교수에게 밝힐 것처럼 굴었다.

'철학자로서, 무엇도 가능하지 않다.' 이게 내 아이디어였다. 이 아이디어를 생각하면 할수록 더 설득력이 강해지는 것 같았다. 이 아이디어가 나를 꽉 붙들고 놓아주려 하지 않았다. 철학은 불가능하다. 나는 철학이 불가능하길 원하지 않았다. 철학이 불가능하지 않길 간절히 바랐다. 어느 날 아침 깨어나 보니 세계가 바뀌어 이제 철학이 가능하길 바랐다. 그러나 그런 일은 일어나지 않았다.

철학이란 명확하게 사고하는 것이다. 당신이 무엇을 생각할 수 있고 생각할 수 없는지 아는 것이다. 당신이 발을 헛디디면, 실수를 저지르면, 알지 못하는 무언가를 안다고 생각하면 상황은 금방 통제할 수 없는 지경이 돼버린다. 또한 철학은 세상을 더 나은 곳으로 만들 생각을 하는 것이라고들 한다. 철학이란 당신이 짓는 건물이다. 당신은 하나의 명확한 세계 위에 또 다른 명확한 생각을 쌓아 건물을 짓는다. 하지만 당신에게 명확한 생각이 하나밖에 없다면? 그리고 정작 그 명확한 생각이란 게 '당신의 생각이 명확한지 분명히 알기가 불가능하다'는 것이라면?

그 경우 당신에게는 두 가지 선택권이 있다. 그만두거나 사기를 치거나. 명확하지 않은 생각들로 건물을 지을 수는 있으나 무너질 것이다. 사기에는 결과가 따른다. 하지만 한동안은 아닐 수 있다. 1350년경에 지어진 이 작은 뜰은 항상 내 개별 지도 장소였다. 와트 타일러의 난이 일어났을 때 실제로 점령당했던 곳이다. 나는 이 뜰로 들어가 차가운 돌계단을 올라간 뒤 지도교수의 방들로 이어지는 두꺼운 오크로 만들어진 문을 두드렸다. 나는 이곳이 크리스토퍼 말로우Christopher Marlowe가 1584년인가에 지도교수에게 닦달당했을 때 갔던 방들이라고 믿는다. 말로우도 이 계단을 오르며 '맙소사, 여긴 너무 낡았어'라고 생각했을 거다.

내가 학교에서 읽고 또 읽었던 희곡《포스터스 박사Doctor Faustus》에서 말로우는 어두운 쪽으로 넘어가는 것에 대해 설득력 있는 주장을 펼친다. 그의 주장은 이러하다. 한 발만 내디디면 당신은 끝장이다. 당신이 한 짓을 감출 수 없어서가 아니라 당신이 더 이상 예전과 같은 사람이 아닐 것이기 때문이다. 그 발을 내딛는 순간 이미 너무 늦었다. 당신은 다른 누군가로 바뀐다. 나는 말로우가 이 차가운 돌계단을 올라 두꺼운 오크로 된 문으로 걸어갈 때 이런 생각이 그의 머릿속을 차지했을 것이라는 상상을 하곤 했다. 하지만 당연히 아니었을 것이다. 그는 아마 고대인들, 아리스토텔레스나 플라톤이나 아마 모르긴 해도 갈레노스나 성 바울에 대해 생각하며 조바심 내고 있었겠지.

나는 키 큰 나무들이 늘어선 길을 걸어갔다. 사실들에 대해 생각하면서. 그리고 내가 사실이라고 믿었던 사실은 허구였다. 내가 사실이라고 믿었던 허구는 허구였다. 내가 허구라고 믿었던 허구는… 그 빛나는 물건이 학자로서의 내 목 가까이 다가오고 있었다. 당시 나는 한 신문의 기자로 일해보지 않겠냐는 구미 당기는 제의를 흘려보냈다. 그러지 말고 제안을 받아들였어야 했는데. 어쩌면 너무 늦었을지도 몰랐다. 아마 너무 늦었을 거다. 언론이라. 철학과는 다른 일이다.

가로수길 끝에 다리가 있다. 나는 다리를 향해 걸었다. 머리가 지끈거리고 불안으로 뱃속이 싸했다. 나는 다리에서 걸음을 멈추고 건물을 올려다봤다. 다리를 건너자 건물에 가려 잠깐 동안 하늘이 보이지 않았다. 문을 지나 뜰로 들어섰다. 이제 나는 건물 반대편에 와 있다. 그 건물은 렌 도서관이다. 1690년대 초에 지어졌다. 설계자는 크리스토퍼 렌이고, 그의 조수 니콜라스 호크스모어의 도움을 받아 1692년에 완공됐다. 1680년대와 1690년대에 렌이 도서관을 설계하고 호크스모어의 도움을 받아 건물을 짓고 있을 때 다른 무언가, 세계를 영원히 바꿔 놓을 무언가가 일어났고, 렌이 이 변화의 중심이었다. 그 이전은 암흑시대, 미신과 주술과 주문과 연금술의 세상이었다. 사람들은 고대인들이 자신들보다 더 많이 안다고 생각했기에 고서들에서 답을 구했다. 그래서 돌로 된 차가운 방에 앉아 깜빡이는 촛불 아래에서 같은 책을 읽고 또 읽었다. 그러다 갈릴레오가 망원경을 만들어 고서들이 틀렸다는 걸 자기 눈으로 확인하면서 상황이 바뀌기 시작했다.

"지구가 태양 주위를 돈다!" 갈릴레오는 체포 후 감금됐지만 굴하지 않고 계속 자신의 주장을 펼쳤다. 그러자 프랜시스 베이컨, 윌리엄 하비William Harvey 같은 유럽 전역의 호기심 강한 사람들도 고서들을 의심하기 시작했다. 하비는 개를 지하실의 테이블에 묶어놓고 동맥을 잘라보니 고서의 내용과 달리 피가 스며 나오지 않고 확 뿜어져 나와 벽 곳곳에 튄다는 걸 알게 됐다. 갈레노스는 피가 스며 나올 것이라고 생각했다. 하지만 아니었다. 피가 솟구쳤다. 아무튼 심하게 호기심이 강하던 하비가 찰스 스카버러Charles Scarburgh를 가르치고 스카버러가 크리스토퍼 렌을 가르쳤다. 직접 개들을 수술하고 해시계와 망원경을 설계했던 렌은 호기심 대장들 중에서도 최고로 호기심이 강한 부류였다. 렌 도서관에서 하나 건너 다음 뜰에 방이 있던 아이작 뉴턴도 그에 못지않았다. 눈이 어떻게 작동하는지 알고 싶어서 자기 눈을 찔러보곤 했으니까. 렌과 뉴턴 모두 현미경을 제작한 또 다른 호기심 대장인 로버트 훅Robert Hooke을 알았다. 그의 이름을 딴 혜성의 발견자로 유명한 에드먼드 핼리Edumund Halley 역시 그런 사람이었다.

일단 고서가 틀렸다는 것을 알게 되자 이 사람들은 광적인 상태가 됐다. 그들이 알게 된 것, 그들을 몰아붙인 건 바로 '자신들이 얼마나 무지한가'였다. 지금은 모르지만 미래에는 알 수도 있는 것들이 자신들이 이미 알고 있는 것보다 훨씬 많다는 걸 발견했다. 그러자 그들은 극도로 낙관적이 됐다. 이 발견은 그들에게 새로운 개념을 선사했다. 바로 인간의 진보라는 개념이다.

# 공급 체인을 창조한다는 것

러시아인을 만나러 가는 길에 나는 그와 그의 집을 촬영할 사진작가와 합류했다. 맑고 화창한 날이었다. 사진작가가 커다란 검정색 아우디를 몰고 왔다. 나는 의자에 편히 기대앉아 눈부신 하늘을 올려다보며 러시아인을 생각했다. 내 머릿속은 또한 렌, 뉴턴, 훅, 핼리, 그 외의 모든 호기심 대장들에 관한 두루뭉술한 생각들로 들썩거렸다. 물론 시험관과 비커를 든 보일도 그중 한명이다. 그 모든 유리용기들! 이 호기심 대장들은 왕립학회Royal Society라는 학회를 결성했다. 학회의 모토는 '누구의 말에도 곧이곧대로 취하지 말라Nullius In Verba'였다. '당신이 직접 보아라! 고서들에 의존하지 마라!'

그들은 세계가 어떻게 작동하는지 직접 보고 싶어 했다. 세계를 보고, 측정하고, 분석하고, 형태를 찾아내고, 예측하고, 수치화하고, 쪼개서 각

조각들이 마치 기계 부품인 것처럼 서로 어떻게 상호작용하는지 관찰하길 원했다. 그들은 과학적 기법을 고안했다. 정말로 그렇게 했다. 렌 도서관이 건설되고 있던 바로 그 순간에 실제로 그 일을 하고 있었다. 과학적 기법을 고안하고 있었다. 신고전주의적 질서와 절제된 힘이 흐르는 도서관, 이 완전히 아름다운 인공물은 귀납의 문제에 대한 모욕이었다. 도서관은 이렇게 말한다.

"귀납의 문제에 대한 걱정은 떨쳐버려라. 그건 나중에 처리하면 된다. 틀리는 걸 걱정하지 마라. 처음에는 항상 틀린다. 모든 지식은 임시적이다. 그냥 계속 업데이트하라. 당신은 결국 해낼 것이다. 세계는 규칙성을 보여준다. 세계는 규칙을 따른다. 언젠가 당신은 규칙을 발견할 것이다. 언젠가 당신은 세계를 지배할 것이다."

도서관은 농부가 손에 든 반짝이는 도구는 신경 쓰지 않는다. 아우디가 나를 태우고 런던 북쪽의 시골을 달릴 때 내 머릿속은 이 문제와 씨름하고 있었다. 사실의 추구. 과학적 기법의 힘과 영향력. 당신은 무언가가 어떻게 작동하는지 알겠다고 생각할 때까지 하나의 방법을 시도해보고 다른 방법을 적용해보기도 한다. 당신은 건물을 짓는다. 로버트 훅은 현미경으로 진드기와 벼룩을 관찰하고 엄청나게 공을 들여 쥐만 한 크기로 정확하게 그렸다. 하비는 지하실에 개구리, 두꺼비, 고양이, 개를 키웠다. 저녁에 집에 돌아가면 지하실로 내려가 생체해부를 한 뒤 기록을 했다. 핼리는 독일의 한 마을을 찾아가 그곳에서 살다 죽은 모든 사람의 기록을 수집했다. 그는 데이터가 충분하면 인간의 수명에 대한 통계분석을 할 수 있다는 걸 알게 됐다. 특정 인물이 얼마나 오래 살지는 확실히 알 수 없었지만 평균 수명은 계산할 수 있었다.

과학적 기법은 무언가를 어떤 방식으로 시도해본 뒤 다른 방식으로 시도해서 사물들이 어떻게 작동하는지 보는 것이다. 규칙성을 찾고 데이터를 수집해서 이 데이터를 이용해 미래를 예측하는 것이다. 미래에 대한 투자다. 과학적 기법은 미래가 과거보다 더 가치 있다는 믿음을 심어준다. 당신이 알고 있는 것들의 가치는 당신이 아직 발견하지 못한 것들의 가치보다 항상 작기 때문이다. 이것이 진보의 정의다. 진보는 현대의 세속적 종교다. 진보는 우주처럼 바깥으로 폭발하는 경제, 자연의 한계에 다다를 때까지 아름답게 작동하는 경제를 창출한다. 진보는 자연을 인정하지 않는다. 존 메이너드 케인스**John Maynard Keynes**가 보여준 것처럼 진보는 추상적으로 존재하기 때문이다. 진보는 데이터, 그리고 데이터가 만들 수 있는 가상과 실제의 도구들을 기반으로 한다. 보험정책, 대출, 주식, 채권, 법규, 그리고 베틀과 공장, 방앗간, 광산, 철교, 구름다리, 철도, 전선, 피스톤, 엔진, 알고리즘 등이 이런 도구다. 큰 고양잇과 동물들처럼 가르랑거리는 자동차들도.

아우디가 고속도로를 달리다 지방도로를 탄 뒤 마침내 좁은 길로 접어들었다. 다음 모퉁이나 그 다음 모퉁이를 돌면 나는 러시아인의 집을 처음으로 보게 될 것이다. 가로수길이 보였다. 그리고 나타났다. 이스턴 네스턴. 옅은 색 돌로 표현된 통제된 힘의 기념비. 하얀 빛을 반사하는 커다란 창문들. 나는 이 집을 받아들이려고 애썼다.

사진작가가 집으로 가서 문을 두드린 뒤 돌아왔다. 몇 분 뒤 러시아인이 나올 것이며, 그가 내게 말을 걸 것이다. 나는 집으로 걸어 올라갔다.

와. 바로 여기가 집 정면이다. 렌 별채는 내 왼쪽에 있다. 그 너머에 뜰이 있고 그 너머에 더 작은 다른 뜰이 있다. 내 오른쪽에는 벽이 있다. 건축학적으로 이 집은 내 기억 속의 렌 도서관과 그 옆의 신고전주의적 구역들의 혼합이다. 여기에 서 있으니 직감적으로 불안감이 엄습했다.

이스턴 네스턴의 두꺼운 떡갈나무 문을 바라보며 생각했다. '이 집은… 정확히 뭘까?' 내가 지금까지 본 것 중에서 가장 멋진 집? 맞다, 내가 본 단연 최고 멋진 집이다. 사방에 베란다가 있는 프랜시스 포드 코폴라의 집보다 더 좋다. 로빈 깁Robin Gibb이 개조한 수도원보다 좋다. 고든 램지Gordon Ramsay의 땅딸막한 빌라보다, 절벽 끝에 서 있는 마이크 스톨러Mike Stoller의 아찔한 집보다, 데번 해안 북쪽에 있는 데미안 허스트의 집보다, 데이비드 호크니가 직접 선택한 밝은 청색과 녹색 색조로 장식된 할리우드 힐스의 사랑스러운 집보다 더 좋다. 레소토 왕의 궁전보다 더 좋다. 도싱턴보다 더 좋다! 이스턴 네스턴. 이 집이 세상에서 가장 멋진 집인가? 정말 그럴지도 모른다. 갖고 싶단 생각이 강하게 밀려들었다. 나는 이 집을 원한다. 하지만 나는 이 집에서 살고 싶지는 않을 거다. 나는 이 집을 싫어할 거지만 이 집을 원한다. 나는 이 집을 싫어할 거다. 문이 열렸다. 러시아인이 보였다.

◑ ◐

그는 자갈길을 가로질러 내게로 걸어왔다. 몸집이 자그마하고 잘 차려입은 사람이었다. 화이트진에 샌들 차림. 딱 러시아인 같았다. 우리는 악수를 했다. 짧고 강렬한 순간. 돈 좀 주시겠어요? 얼마를 원하죠? 백만 달러면 돼요. 제 직원이 바로 보내드릴 겁니다. 강렬한 순간이 지나갔다.

리언 맥스는 여성 의류 디자이너로 돈을 벌었다. 그의 광고 속에 등장하는 여성들은 너무도 여성스러워서 거의 비인간적으로 보일 정도다. 높은 하이힐, 얇은 발목, 가느다란 팔다리, 작고 높은 가슴, 성인의 광대뼈에 베이비 페이스. 그는 미국과 극동 지역 전역에 수십 개의 소매 매장을 뒀다. 맥스는 여성스러운 매력이 뭔지 알고 있다. 이러한 매력이 지닌 힘을 잘 안다. 남성들에게뿐 아니라 여성들에게도. 자신을 보여주고 싶고, 광고하고 싶고, 사랑받고 싶은 욕구. 맥스는 수맥을 찾는 사람처럼 에스트로겐의 흐름을 느낄 수 있다. 그리고 이 흐름, 이 강물을 돈으로 바꾸는 방법을 안다.

우리는 조금 높은 지대에 자리 잡은 집 옆면을 끼고 돌아서 걸었다. 집 뒤에는 건물이 반사되는 연못과 조각처럼 다듬은 회양목 산울타리들, 호수, 느릅나무 아니면 라임나무들이 멀리 소실점에서 만날 때까지 늘어선 가로수길이 펼쳐져 있었다.

"난 아름다운 삶을 살고 싶어요."

연못을 막 지났을 때 맥스가 말했다. 그 연못은 어떤 각도에서 보면 집의 아름다움을 배가시킨다. 나중에 맥스는 내게 첫 아내에 관해 들려줬다. '내가 본 세상에서 가장 아름다운 여인'이었다고. 아름다운 집, 아름다운 아내. 또 그에게는 아름다운 발이 있다. 분명 고가의 발 관리를 받았을 것이다. 그의 발톱은 꼭 30대 남성의 것 같았다. 아니면 20대거나. 발톱이 전혀 비틀리거나 우둘투둘하지 않았다.

나는 푸른 배경의 집을 바라봤다. 3세기보다 약간 더 전에 바로 이 자리에 렌이 서 있고 그 옆에 호크스모어가 서 있는 모습, 아직 실제로 지어지지는 않았지만 두 사람의 상상 속 반사 연못에서 아름다움이 극대화되는 집을 그려봤다. 렌은 도면을 들고 있다. 그는 공사를 호크스모어에게 넘겼다. 야심이 강했던 렌에게는 다른 할 일들이 있었다. 세인트폴 대성당은 물론이고 훨씬 더 많은 다른 일들이. 세상이 빠르게 변하고 있었고 렌은 그 중심인 런던 가까이에 있고 싶었다. 과학과 데이터의 신봉자들이 키를 잡았다. 렌은 자신이 그들의 중심점이라고 생각했다. 그의 머릿속은 새로운 것들과 발명으로 바삐 돌아갔다.

1690년대였다. 곧 런던에 중앙은행과 제대로 된 증권거래소, 그리고 보험의 중심지인 로이드가 생길 것이다. 지폐가 유통되기 시작하고, 이미 돈을 가지고 있는 사람이 아니라 아이디어를 가진 사람들에게로 점차 돈이 흘러갈 것이다. 시장은 거품과 붕괴로 들썩거릴 것이다. 몇 년 뒤 남해 포말사건이 일어나고 당혹감 속에 의회가 열릴 것이다. 부가 형성됐다가 무너지고 다시 형성될 것이다. 산업 혁명이 기계적 복제의 세계를 열 것이다. 공급 사슬이 지구 전체를 휘감을 것이다. 현대 소비자가 등장할 것이다. 독일의 한 지식인이 모든 과정에 이의를 제기할 것이다. 그는 날마다 대영박물관에 앉아 균형을 잡기 위한 논문을 준비할 것이다. 반세기 뒤, 추방당한 한 러시아인이 취리히에서 상트페테르부르크로 갈 것이고, 곧 그 도시에 그의 이름이 붙여질 것이다. 그리고 40년 뒤 이 도시의 아파트에서 한 소년이 자랄 것이다. 그 소년은 열여덟 살이 되면 미국으로 떠날 것이다. 그러고는 눈에 보이지 않는 거대한 에스트로겐의 흐름을 발견할 것이다. 수억 달러를 벌 것이다. 세계에서 가장 아름다운 집을 찾을 것이고, 그걸 발견할 것이다.

"음, 호크모어 씨." 렌이 조금 높은 땅을 내려다보며 말한다. "해보시겠습니까?"

"영광입니다, 선생님."

◖◗

이어서 3시간 동안 맥스는 집과 정원을 구경시켜주며 내 질문에 대답했다. 그는 1954년에 태어났다. 아버지는 '실패한 극작가'였고 어머니는 토목기사였다. 10대 때 그는 키로프 발레단Kirov Ballet의 의상을 바느질하는 아르바이트를 했다. '내 생각에' 그가 신은 샌들은 프라다 제품인 것 같다. 그의 옷들은 런던과 홍콩에서 만들어진다. 그는 파티 여는 걸 좋아한다. 지역의 귀족들을 초대한다. 꿩 사냥도 한다. "사실 일종의 사격 연습이죠. 하지만 하루를 보내기에 좋은 일이에요." 그에게는 바버Barbour 가시 방지 재킷과 녹색의 헌터Hunter 사냥용 부츠가 있다.

그는 헤스케스Hesketh 경에게 1,500만 파운드를 주고 이 집을 구입했다. 수리에 1,000만 파운드, 집 안을 꾸미는 데 또 1,500만 파운드를 썼다. 맥스가 말했다.

"가련한 헤스케스는 집과 그 모든 걸 잃었다고 호된 비난을 받았어요. 하지만 이런 집을 부분 부분 나눠서 유지하기란 불가능해요. 말 그대로 모든 걸 들어내고 깨끗이 치운 뒤 3년 동안 개조를 한 다음에 다시 들어와야 합니다."

나는 맥스에게 이 집이 마음에 든다고 말했다.

"블레넘 궁전Blenheim이나 하워드 성Castle Howard과 달리 관리가 아주 편하죠."

그가 말했다. 나는 잘 다듬어진 생울타리와 조각상, 과일나무, 정자, 중세식 교회를 탐내며 쳐다봤다. 맥스는 교회를 소유하고 있다. 신도는 없다. 하지만 종은 계속 울린다. 우리는 그 주위를 걸었다. 나는 맥스가 나무에서 따서 건넨 복숭아를 먹었다. 그런 후에 우리는 집 안으로 들어갔다. 계단 옆 벽은 내장된 커다란 조각상들로 장식돼 있었다. 내장된 대리석 조각상이 많았다. 지나칠 정도로 많은 미술품들. 맥스가 소장 중인 옛 거장들의 작품은 '140여 점'이었다. 18세기와 19세기 네덜란드와 이탈리아의 귀족들을 담은 그림이 다수였다. 맥스는 이 작품들을 소더비와 크리스티 경매에서 구했는데, 그의 소매 제국을 감독하며 세계를 돌아다니는 동안 전화로 대부분의 작품을 구입했다고 했다.

1층에는 미술관이 있고, 창문 높이가 16피트(약 4.87미터)에 이른다. 나는 창밖을 내다봤다. 잘 다듬어진 생울타리와 비밀 정원과 조각상 너머, 분수 너머, 고목들이 늘어선 길을 따라 지평선의 소실점까지 시선이 향했다. 맥스가 렌 별채에 있는 작업실과 책상을 보여줬다. 책상 위에는 마르고 키가 큰 모델들의 사진이 이마에 핀이 꽂힌 채 메모판에 붙어 있었다. 맥스와 모델들 중 한 명이 함께 찍은 사진들도 보였다. 그와 같은 러시아인인 나타샤Natasha였다. 둘은 재미삼아 함께 영상을 찍고 있다고 했다.

"그 영상 제목은 감자와 캐비어예요. 나타샤는 내게 소금을 뿌려 구운 감자를 먹는 자신의 세계를 보여줘요. 난 내 세계를 보여주죠. 그런데 알고 보면 난 소금 뿌린 구운 감자를 좋아해요."

우리는 직원 구역에서 점심을 먹었다. 주방용품은 샤르베Charvet와 밀레Miele다. 맥스의 영국인 집사 니콜라스 애시Nicholas Ash가 텃밭에서 샐러드용 잎과 자두를 따왔고 유기농 편육도 있었다. 맥스는 몸무게를 몇 파운드 빼려 노력 중이라고 했다. 사실 이미 날씬한 그는 이렇게 말했다. "믿지 않으시겠지만, 산딸기를 따 먹어도 체중이 늘 수 있답니다."

곧 우리는 안락하게 꾸며진 거실에 자리를 잡았다. 오뷔송 융단, 동양의 항아리들, 전원주택을 소개하는 세련된 커피테이블용 책이 놓인 우아한 테이블이 있었다. 그 전원주택들 중 하나가 이스턴 네스턴이다. 옛 거장들의 그림 몇 점도 걸려 있는데, 1620년대에 페테르 파울 루벤스Peter Paul Rubnes가 그린 〈칼리돈의 멧돼지 사냥The Calydonian Boar Hunt〉이 가장 대형 작품이다. 나는 맥스에게 인생을 요약해달라고 했다. 그러자 곧바로 대답이 나왔다.

"아름다움의 추구입니다."

"그게 당신이 말하고자 하는 건가요?"

"그렇습니다."

그가 자신에 관한 얘기를 들려줬다.

"나는 지금까지 봤던 거의 모든 걸 머리 한구석 어딘가에 기억해요."

어릴 때 그는 소련을 싫어했다. 그의 표현에 의하면 러시아인들은 '너무 형편없이 옷을 입고 촌스러운 신발을 신었'다. 학교에서는 영어를 배웠다. 10대 때의 어느 여름, 그는 스칸디나비아에서 온 관광객들과 어울렸다. 그들의 음악과 스타일, 특히 옷이 부러웠다. 그들에게는 그에게 없는 무언가가 있었다. 청바지와 로큰롤. 물론 그뿐만이 아니었다. 스웨덴과 덴마크의 젊은이들은 돈과 섹스라는 언어로 자신을 표현했다. 그들은 아마 자신들이 그렇다는 걸 알지 못했을 것이다. 맥스가 그들보다 그걸 더 잘 알았다.

그들이 맥스에게 번쩍이는 종이의 잡지들을 줬다. 그는 러시아를 떠나고 싶은 마음이 간절했다. 유대인이라면 이스라엘로 가는 방법이 있었다. 맥스는 유대인이지만 이스라엘에 가고 싶진 않았다. 그래서 그는 빈으로 날아갔다. 그곳에서 비행기를 갈아타기로 돼 있었지만 그는 이스라엘행 비행기에 오르지 않았다. 자신이 알고 있던 모든 것을 두고 떠났다. 그는 서구에 대해 알고 있었다. 서구가 어떻게 돌아가는지 알고 있었다. 우리보다 우리를 더 잘 이해하고 있었다. 그의 어머니가 파베르제Faberge*의 액자에 담긴 가족사진 세 장을 줬다. 그 액자들을 팔 수 있었다면 그는 아마 미국에 갈 수 있었을 것이다.

"어딘가로 태워다주는 사람과 밴 안에 있던 때가 기억나요. 우리는 빈의 거리를 달렸어요. 모든 신호가 독일어로 쓰여 있었죠. 한 글자도 알아보지 못했어요. 그러다 갑자기 깨달았어요. '죽기 아니면 살기구나.' 바로 그 순간 내가 성장했던 것 같아요. 내가 남자가 된 순간이었어요."

액자를 팔아서 3만 달러를 손에 쥔 그는 뉴욕으로 날아가 FIT에서 공부했다. 마누쉬라는 패션회사에 취직했고 업계의 모든 걸 배우려고 노력했다. 이후 로스앤젤레스의 비스Bis라는 신생 패션업체에서 일했다. 맥스

---

• 제정 러시아 때의 보석 디자이너이자 세공인

는 일을 잘했다. 회사 주식을 소유하고 싶었지만 동료들은 그에게 직원으로서의 급여만 주려고 했다. 그래서 그는 비스를 떠나 맥스 스튜디오를 설립했다. 그때가 스물네 살이었다.

"난 투지가 넘쳤어요. 성공하고 싶었죠."

그는 출장을 다녔다. '아주 초기에' 중국을 방문했고 곧 가능성을 발견했다.

"공장들이 굉장히 원시적이긴 한데 솜씨 좋은 수작업이 엄청나게 이뤄지고 있더군요. 뭐든 손으로 만들 수 있었어요. 그리고 아주, 아주 잘 만들었죠. 심지어 헐값에요."

그는 곧 '12개'의 공장에 하청을 줬다. 중국에만 공장이 있었던 건 아니다. 그는 공장이 있던 지역들을 쭉 읊었다. '대만, 한국, 스리랑카, 포르투갈, 터키, 중앙아메리카.' 바느질을 하고, 주름을 잡고, 기계에 물건들을 집어넣는 그 모든 손들, 그리고 작은 붓을 들고 있는 페테르 파울 루벤스의 손. 이 자그마한 러시아인을 영국 시골의 이 전원주택으로 데려다주기 위해 일한 수천 개의 모든 손들. 맥스의 아이폰이 '띠링' 하고 울렸다.

"모델이 막 기차에 탔다고 하네요. 잠깐 실례하겠습니다."

그 모델은 나타샤였다. 그는 전화기를 들고 문자를 주고받았다. 3분 20초 동안 문자를 하더니 마침내 기사 로이에게 지시를 했다. 그의 전화기가 또 '띠링' 울렸다. 그는 또 다른 문자를 보냈다. 맥스가 자신의 사업 모델을 설명했다. 그가 만드는 가장 비싼 드레스도 가격이 수백 달러 혹은 수백 파운드다. 절대 천 단위로 가지 않는다.

"품질이 굉장히 뛰어나요. 하지만 우린 아시아와 중국에서 제품을 대량 생산하기 때문에 소량의 제품을 제작하는 데도 굉장히 유리합니다."

나는 그에게 이케아의 창립자 잉그바르 캄프라드를 좋아하는지 물었다. 캄프라드는 도면의 설계만 보고도 제작까지의 전체 공급 체인, 그러니까 폴란드의 벌목꾼에서 출발해 제조현장에 이르는 목재 운반, 연료비, 창고 적재 작업, 관련된 여러 화폐들의 환율까지가 눈에 훤히 보인다고 한다. 그런 뒤 완제품 가격을 생각하고 머릿속으로 계산을 해서 바로 결정을 내릴 수 있다고.

"나도 그렇게 할 수 있어요. 완전히 똑같이. 네, 그래요."

우리는 옷감에 관해 이야기를 나눴다. 그는 타자기용 리본이 가득 찬 창고 하나를 손에 넣은 적이 있었다. 그러고는 그 리본들을 여성용 바지로 재탄생시켰다. 그는 자신의 사업을 '다양한 문화에서, 말하자면, 무엇을 차익 거래할 수 있는지 알아내려고 노력하는 일'이라고 생각한다고 했다. 궁극적으로는 여성들이 '때와 장소에 맞게 적절히 차려 입으면서도 다양한 정도의 섹시함'을 보여줄 수 있는 옷을 만든다. 그의 전화기가 또 울렸다.

"모델이 도착했답니다."

나타샤가 역에 도착했다. 집에서 몇 분 거리에 있는 곳이었다. 나는 그에게 여자친구가 있는지 물어봤다.

"없어요, 난 행복한 싱글입니다."

"어떻게 그럴 수 있죠?"

"음, 아마 난, 어… 약간 중고품일 거예요. 그리고, 그래요 내 곁에 있을 만한 누군가가 있다면 내가 알아볼 겁니다."

"누군가를 어디에서 만나나요?"

"난 아름다운 여자들에 둘러싸여 있습니다."

그가 내게 할리우드에 있는 자택 사진을 보여줬다. 벅시 시걸이 현대 라스베이거스를 건설할 때 살았던 집인 '카스틸로 델 라고'였다. 맥스는 마돈나로부터 카스틸로를 샀던 사람에게서 700만 달러에 이 집을 구입했다. 그 전에는 집을 설계하려고 노력했지만 집을 짓지 못했다. 유리 박스들로 이뤄진 모던한 집이었다. 바닥을 일종의 젤로 만들어 영화를 보는 동안 몸이 편히 빠져드는 영화관도 짓고 싶었다. 하지만 결국 그는 이스턴 네스턴과 카스틸로를 구입했고, 카스틸로의 탑에서 잠을 잔다.

맥스는 화려한 상자를 열어 담배를 꺼냈다. 그러다 갑자기 "안 되겠군요"라고 말했다. "담배 말이에요. 여성분이 오고 계시니까요. 담배를 피우면 안 돼요. 나타샤는 술을 마시지 않아요. 담배도 안 피우죠. 성자 같은 사람이에요." 나타샤가 거실에 도착했다. 그녀는 사진발이 아주 좋은 유형의 사람처럼 보였다. 그녀는 인사를 한 뒤 맥스가 만든 드레스들 중 하나로 갈아입으려고 자리를 떴다.

●●

태양이 지평선으로 기울 즈음 맥스, 니콜라스, 나타샤가 내 기사를 팔아줄 사진을 찍기 위해 집 앞에서 포즈를 취했다. 사진작가는 해가 져서 집이 인공 조명에 휩싸이는 순간까지 기다리고 싶어 했다. 내가 기억하는 맥스는 이 모습일 것이다. 그는 런던이나 홍콩에서 만든 옅은 색 리넨 정장을 입고 집 앞에 서 있다. 나타샤는 레이스가 달리고 몸이 많이 드러난 드레스 차림으로 그 뒤에 섰다. 적절하면서도 고도의 섹시함을 품기는 드레스다. 여성스러운 매력. 맥스는 여성스러운 매력이 가진 힘을 과학적으로 이해한다. 남성들에게뿐 아니라 여성들에게도. 니콜라스는 쟁반을 들고 있다.

이 사진은 현실적이면서도 현실적이 아니다. 몇 분 뒤 나타샤는 로이에게 역으로 데려다 달라고 부탁할 것이다. 그런 뒤 니콜라스는 자신과 맥스가 먹을 저녁을 준비할 것이다. 니콜라스는 직원 구역에서 식사를 할 것이다. 맥스는 다이닝룸에서 혼자 저녁을 먹을 것이다. 나는 맥스를 바라봤다. 공급 체인을 만든 사람. 모든 공급 체인은 어느 한 사람을 그 체인의 다른 모든 사람보다 부자로 만든다. 그리고 대단히 짧은 순간에 맥스, 니콜라스, 나타샤, 드레스, 집을 비롯한 모든 것이 이 인공 조명에 휩싸였다. 사진작가가 말했다.

"완벽합니다."

# 당신을 조종하는
# 리모컨의 개수

어느 날 오후, 폐허가 된 성터를 걷고 있는데 세일라에게서 전화가 걸려왔다. 이상하게 들릴 거라는 건 알고 있다. 하지만 그렇지 않다. 나는 폐허가 된 성 근처에 살고 있기 때문에 항상 그 터를 지나가고, 대부분은 이곳에 신경도 쓰지 않는다. 하지만 전화기가 울렸을 때 발을 멈추고 주위를 둘러보니 내가 성터의 무너진 벽 안에 있었다. 뒤로는 우뚝 선 낡은 탑이 보였다.

셀리아는 내게 특별히 물어볼 게 있거나 제안을 하려고 전화를 한 게 분명하다. 부정적인 내용부터 긍정적인 소식까지 가능성은 무한하다. 누군가가 나를 고소했을 수도 있고 정부나 조세당국이 내가 아는 사람들을 통해 몰래 나를 추적했을 수도 있다. 전에도 이런 일이 있었다. 한편으로는 셀리아가 내게 기사를 제안할 가능성이 훨씬 더 높다. 혹은 돈이나. 가끔 왜 그런지 모르지만 다른 데로 갔다가 내게 오고 있는 돈이 있다. 어쩌면 그래서 전화했을지도 모른다. 나는 전화기를 귀에 갖다 댔다.

"윌리엄, 당신은 불안한 사람인가요?"

"뭐라고요?"

"불안에 시달리나요?"

엄밀히 말하면 나는 이 질문에 대한 답을 알고 있다. 답은 '그렇다'이다. 그리고 왠지 모르게 지금 내 불안감이 증폭되고 있다. 주머니에서 전화기가 울리는 걸 느끼기 전부터 그랬다. 셀리아가 오늘 아침의 나를 봤더라면! 주방의 다이얼과 스위치들을 확인하던 내 모습 말이다. 집을 나온 뒤에도 나는 여전히 다시 그것들을 확인하고 싶었다. 규칙은 알고 있다. '다이얼과 스위치에 굴복하지 마라. 놈들은 당신의 머릿속을 차지하고 싶어 한다. 그렇게 하도록 놔두지 마라. 놈들이 당신을 컨트롤하게 두지 마라.' 당신이 컨트롤할 수 있도록 설계돼 있는 놈들이니까.

반면 사회학자는 이렇게 말할 수도 있다. '좋아. 하지만 이런 다이얼과 스위치가 끔찍하게 많잖아?' 가스레인지, 오븐, 세탁기, 회전식 건조기, 거기다 갖가지 리모컨까지. 온갖 음량 조절장치와 조광 스위치도 있다. 불쑥 나서서 현직 리모컨 장치들의 의무들 중 일부를 대체하고 싶어하는 게임 '조종기'들과 묻지도 않고 내 전화기로 슬금슬금 기어들어오는 제어판들. 이놈들은 모두 개코원숭이 무리처럼 관심과 지위를 시끄럽게 요구한다. 동물학자라면 모든 제어장치와 조종기들을 그렇게 부를 것이다. 개코원숭이 무리.

내게는 분명 20개의 리모컨이 있어야 한다. 그런데 나는 그중 적어도

18개의 행방을 모른다. 넉넉잡아 두세 개는 차고의 상자들 안에 있을 거다. 나머지는 어디에든 가 있을 수 있다. 몇 개는 매립지, 그러니까 거대한 지하 쓰레기 도시에 있을 거다. 매립지의 변위토양은 어딘가 다른 곳으로 옮겨 다른 용도로 사용될 것 같다. 조경 같은. 아무튼 매립지에 가 있는 리모컨이 아마 다섯 개 정도 될 거다. 그러면 다른 11개는? 몇 개는 산산이 부서져 강이나 하수구를 통해 바다로 갔겠지. 많은 플라스틱이 바다로 간다. 바다에는 소용돌이치는 거대한 플라스틱 더미, 텍사스 주만 한 플라스틱 섬이 있다. 보물섬과는 반대다. 이 섬이 커질수록 플라스틱 조각들은 소용돌이에 부서져 점점 더 작아진다. 그러다 먹이사슬에 들어가기에 충분할 정도로 작아져서 물고기가 작은 플라스틱 조각을 먹고 우리가 그 물고기를 먹는다. 낡은 텔레비전 리모컨이 우리의 소화관을 지나고 하수관으로 들어가 소용돌이치는 플라스틱 텍사스로 되돌아간다. 뱀장어들이 사르가소Sargasso 해로 돌아가듯이.

다시 말하지만 나는 사회학자가 아니다. 하지만 이 순서가 우리 모두의 머리 한구석에 분명히 박혀 있을 것이다. 우리 모두는 이런 일이 벌어지고 있다는 것과 점점 악화되고 있다는 것을 알고 있다. 이 문제가 선진국들의 전반적 불안감의 한 원인임이 틀림없다. 우리는 이런 소용돌이치는 섬을 만들고 있고 이것이 지구를 죽이고 있다. 우리는 그걸 알면서 부정한다. 섬이 커질수록 우리는 더 많이 부정해야 하고, 이런 부정에는 대가가 따른다. 동물과 충돌했을 때 차를 멈추고 돌아와 동물의 상태를 확인할 수도 있고 그냥 계속 차를 몰고 갈 수도 있는 것과 비슷하다. 후자의 경우 당신은 동물이 죽어가는 동안 겪을 고통에 대한 상상을 차단해야 한다. 하지만 지구의 문제는 계속 죽어가고 있다는 점이다. 어떤 면에서 우리에겐 항상 지구의 비명이 들린다.

나는 경제학자가 아니다. 하지만 소용돌이치는 섬이 생긴 이유는 안다. 경제학이 성장해야 하는 건 사실이다. 물건을 만드는 회사들은 어김없이 빚을 지고 있고, 눈덩이처럼 불어나는 이자를 갚으려면 더 많은 물건을 만들어야 하기 때문이다. 그리고 일반적으로 이 회사들은 플라스틱으로 물건을 만든다. 또 플라스틱 조각들을 판매할 똑똑한 방법을 생각할 광고 담당 간부, 플라스틱 조각들을 입거나 들고 포즈를 취할 모델, 모델의 사진을 찍을 사진작가를 고용한다. 플라스틱 조각들이 디자이너들에 의해 타이츠나 드레스 혹은 휴대용 조종 장치로 변신한 뒤 물고기와 우리에게 차례로 먹힌 다음 변기에 쓸려 내려가 소용돌이치는 섬을 더 크게 만들고 세계의 전반적 불안감을 높인다.

얼마 전, 나는 세계에서 가장 부유한 가문의 사람인 데이비드 드 로스차일드David de Rothschild에 대한 기사를 써달라는 요청을 받았다. 그 사람, 그러니까 드 로스차일드가 소용돌이치는 섬에 관해 어떤 일을 하길 원했기 때문이다. 그는 기발한 아이디어를 떠올렸다. 그는 플라스틱 병들로 멋진 녀석들이 타는 배인 쌍동선을 만들고 있었다. 그걸 보자 캐나다의 억만장자 길모어가 떠올랐다. 길모어는 나를 피지에 있는 그의 개인섬에 머물게 하고 병에 물을 담는 공장을 방문하게 했다. 병에 물을 담는 모든 공장들, 투명한 플라스틱을 속이 빈 병으로 만들어주는 구역으로 보냈다가 가압 물 분사기로 이동시킨 뒤 뚜껑 덮는 기계로 보내는 방식이 떠올랐다. 드 로스차일드는 플라스틱 병들로 쌍동선을 만들어 타고 소용돌이치는 섬을 향해 태평양을 항해할 것이다.

그건 그렇고 데이비드 드 로스차일드는 굉장한 미남이다. 이 이야기는 보물섬의 줄거리를 뒤집었다. 못생긴 외다리 해적이 숨겨진 보물을 찾는 게 아니라 이미 엄청나게 부자인 극도로 잘생긴 남자가 아무 가치도 없는 섬, 변기 물에 쓸려 내려간 물건들로 이뤄진 사실상 반反가치적인 섬을 향해 7대양을 항해하는 이야기다. 드 로스차일드는 반가치적인 섬에 세계가 관심을 갖길 기대하고 있다. 기발한 아이디어다.

지인 한 명이 내게 드 로스차일드가 키가 아주 큰지 물어봤다. 나는 그렇다고 대답했다. 그는 매우 장신이다. 그 지인은 스위스, 아마도 크슈타트Gstaad인가 어딘가에서 열린 로스차일드 집안 사람의 결혼식에 갔는데 다들 키가 컸다고 했다. 그 집안 사람들이 원래 18세기에는 키가 작았는데 남성들이 항상 키 크고 매력적인 모델들과 결혼하는 바람에(부자들은 항상 키 크고 매력적인 모델들에게 끌리니까) 이제 집안 전체가 키가 크고 매력적이 됐다는 얘기였다.

아무튼 드 로스차일드는 플라스틱 병들로 멋진 녀석들이 타는 배를 만들어 사람들의 인식을 높이기 위해 반가치적인 섬으로 배를 몰았다. 기자들이 드 로스차일드에 관해, 그리고 그 섬에 관해 기사를 썼다. 하지만 섬은 여전히 그 자리에 있다. 그 섬은 많은 방문객을 끌지 못한다. 섬에는 보물이 묻혀 있지 않다. 그러는 사이에 섬은 우리의 집합적 사고의 한구석에서 점점 커지고 있고, 우리의 전반적인 불안감도 높아지고 있다.

나는 전화기를 귀에 대고 폐허가 된 성터를 훑어봤다. 이 성의 사람들이 불안을 느낀 시점이 분명 있었을 것이다. 특히 누군가가 대포를 발명했을 때 그랬을 거다. 대포가 나오기 전에는 성 안에 있기만 하면 안전했다. 그런데 갑자기 성 밖이나 성 안이나 마찬가지인 상태가 됐다. 아마 심지어 성 밖이 더 안전했을지도 모른다. 사람들은 분명 모닥불 주위에 둘러앉아 성 안에 있으면 누군가가 탑의 구멍 사이로 화살을 쏘지 않는 한 안전했던 시절을 회상했을 것이다. 구멍 사이로 화살이 날아와도 딱 그 순간에 그 자리를 지나가지 않는 이상 안전했다.

수세기 전에는 경계선이 어디인지, 적이 어디에서 덤벼들 수 있는지 보통 알고 있었다. 당연히 지금은 어디에나 적이 있다. 당신이 모르는 사이에 적이 당신의 전화기를 통해 당신의 머릿속으로 침입할 수도 있다. 그래서 나는 대부분의 사람들과 같은 방식으로 불안을 느낀다. 하지만 나는 그 지점을 넘어서까지 불안하다. 자기태만에 빠질 정도로 내 머릿속에는 내가 가난하길 원하는 메커니즘이 도사리고 있다. 그 메커니즘은 내가 부랑자가 돼서집도 없이 다리 밑에서 살길 바랄 것이다. 그래서 불안하다. 무언가가 잘못됐는데, 나는 그게 어떻게 된 건지 모른다. 이런 생각들이 초고속으로 머릿속을 스쳐갔다.

나는 그게 어떻게 된 건지 모른다. 알고 싶지도 않다. 아무튼 나는 우리 모두가 불안하다고 나를 다독인다. 불안이 인간 조건의 핵심이다. 우리는 모두 자신이 죽을 것을 알고 있기 때문이다. 그리고 현대의 죽음이 고대의 죽음보다 더 힘들다. 죽는 데 오래 걸리기 때문이다. 죽음에 이르기까지 몇 년이 걸린다. 대부분의 사람들이 최소한 생의 4분의 1 동안 죽어가고 있다. 어쩌면 탑의 구멍 사이로 날아온 화살을 맞는 편이 더 나을지도 모른다. 10분 동안 극심한 가슴 통증을 겪으면 끝나니까. 현대의 병은 죽음과 소용돌이치는 섬에 대한 생각에 시달리고 제어판과 버려진 기기들을 부인하며 죽음을 향해 천천히 기어가는 것과 같다.

버려진 기기들에 매료된 조엘이라는 사람을 만난 적이 있다. 조엘은 그 기기들을 이용할 기발한 아이디어를 떠올렸다. 그는 특히 텔레비전과 구식 컴퓨터, 스크린과 오래된 음악 장치가 달린 물건을 좋아해서 밴을 한 대 빌려 런던을 돌아다녔다. 사람들은 이런 물건들을 그냥 거리에 내다버린다. 나는 그와 함께 이 물건들을 주우러 다니며 몇 시간을 보냈다. 그는 세탁기, 식기세척기, 냉장고, 회전식 건조기, 전자레인지도 좋아했다. 다이얼과 스위치가 달린 쓸모없는 정육면체들.

우리는 차를 몰고 다니며 사방에 널린 쓸모없는 정육면체와 스크린을 주워 밴에 실었다. 이런 물건을 치우는 것도 우리 사회가 안고 있는 문제다. 조엘은 정육면체와 스크린들을 빌린 창고로 전부 옮겼다. 그는 창고를 쓸모없는 기술들로 채웠다. 제3세계에서는 사람들이 아직 이런 물건들을 사용할 것이다. 일본에서는 우리보다 더 일찍 치워버렸을 수도 있다. 이 문제는 해당 지역 광고의 품질, 사람들이 이미 가지고 있던 정육면체와 스크린들을 더 이상 좋아하지 않게 만드는 광고주들의 능력에 달려 있다.

조엘은 자신의 아이디어를 스크랩 클럽Scrap Club이라고 불렀다. 그는 창고 한가운데 구역에 밧줄을 치고 그 안을 정육면체와 스크린들로 채웠다. 일종의 복싱 링이었다. 그러고는 사람들에게 커다란 나무망치와 안전복을 주고 링 안으로 들어가 정육면체들을 때려 부수라고 했다. 사람들이 줄을 서서 그에게 돈을 냈다. 주어진 시간은 3분. 관객도 있다. 자기 차례가 된 사람은 링 안으로 들어가 정육면체와 스크린들을 나무망치로 때려 부수었다. 헤비메탈 음악이 쾅쾅 울렸다. 한 사람의 차례가 끝나면 부서진 물건들을 전부 링 밖으로 치우고 텔레비전 세트와 컴퓨터와 전자레인지를 더 집어넣었다.

압축된 기억 하나가 머릿속을 휙 스쳐 지나갔다. 내 차례가 됐다. 안전복을 입고 마스크를 쓴 나는 나무망치를 들고 링 안으로 걸어 들어갔다. 음악이 울리고 깽깽거리는 소리가 났다. 나무망치를 들어 올려 휘둘렀다. 먼저 텔레비전 옆을 멋지게 후려쳐 화면을 박살낸 다음 모니터 두 개를 해치웠다. 망치를 들어 올려 때려 부수고, 들어 올려 때려 부수고. 머릿속이 몽롱했다. 나는 정육면체와 스크린들을 공격하고, 찌그러뜨리고, 부수고, 망가뜨렸다. 놈들의 내장, 흰색과 갖가지 색의 전선이 드러났다. 내 손에 완벽하게 맞는 망치가 금속과 유리들을 두들겨 부수고 괴롭혔다. 다이얼과 스위치들을 산산조각 냈다. 사람들이 나를 지켜보고 있었고, 나는 이 놀이를 끝내고 싶지 않았다. 뭔가 좋은 기분이 밀려왔다. 오랫동안 그보다 더 만족스럽고 충만한 기분을 느낀 적이 없었다. 링에서 나왔을 때 나는 몸을 떨고 있었다.

지금 나는 무너진 성 너머의 푸른 언덕을 보고 있다. 뭔가가 잘못됐다. 어떻게 된 건지 알아야 한다. 나는 셀리아에게 말했다.

"네. 그래요, 아마 난 불안한 사람이라고 해야겠죠."

# 불안에 무관심해지는 연습

셀리아가 내게 준 일거리인 불안 퇴치 프로그램이 열리는 시골집으로 가면서 나는 내 불안을 살펴보려고 애썼다. 나는 무언가를 무서워한다. 그게 뭔지는 모른다. 물론 당신이 무섭다고 생각하는 대상은 절대 실제로 당신이 무서워하는 것이 아니다. 항상 그 아래에 당신이 생각하지 못하는 무언가가 있다. 당신은 그 무언가를 생각해내야 한다. 하지만 생각이 나지 않는다. 그래도 생각해야 한다. 이 것이 정신분석이다. 당신은 자신이 생각할 수 없는 무언가에 관해 생각해야 한다. 당신의 마음이 당신이 보길 원하지 않는 무언가를 봐야 한다. 이 게 내가 믿는 것이다. 그게 내가 두려워하는 것이다. 자신을 바로잡기 위해서는 과거로 돌아가 장애와 기능이상의 경로들을 더듬어 당신의 마음이 보호하고 싶은 무언가를 찾아야 한다. 당신을 조종하는 메커니즘이 어디에 있는지 찾아야 한다. 그 메커니즘은 당신이다.

나는 택시와 기차를 차례로 탄 뒤 다른 기차로 갈아탔다가 또 다른 택시를 타고 멀리 낮게 이어진 푸른 산들을 향해 시골지역을 달렸다. 내가 나 자신에게 두렵다고 말하는 건 죽음과 병이다. 높은 곳. 폐쇄된 공간. 터널이나 광산에 갇히는 것. 잠들었다가 관 속에서 눈을 뜨는 상상도 늘 나를 따라다닌다. 반듯이 누워 있다는 사실에는 두려운 무언가가 있다. 몸을 돌릴 수조차 없다. 그런 약간의 편안함도 허용되지 않는다. 에드거 앨런 포Edgar Allan Poe는 소설 《성급한 매장The Premature Burial》에서 무슨 이유에서인지 땅에서 파낸 어떤 관을 묘사한다. 관의 뚜껑 안쪽에 긁힌 자국들이 있다. 화자는 많은 관 뚜껑에 긁힌 자국이 있는 것으로 밝혀졌다고 말한다. 그렇다면 이제 결정적인 질문을 던져보자. 땅에 묻은 관들 중에서 다시 파낸 것은 몇이나 될까? 아마 1% 정도일 것이다. 기껏해야. 이 말은 어느 때든 수백 혹은 수천 명의 사람들이 지하 6피트 아래의 관속에 며칠이고 갇혀 있다가 죽는다는 뜻이다. 아무도 모른 채. 누구도 그 긁은 자국들을 보지 못할 것이다.

어렸을 때는 실명에 대한 두려움에 사로잡혔다. 그 두려움은 맹렬한 강박관념이 됐다. 나는 눈이 더 이상 보이지 않을 때 마음의 눈에 모든 사물이 어떻게 보일지 계속 상상했다. '이미지들이 왜곡되고 손상되겠지. 정확하지 않은 기억의 지배를 받겠지. 누군가가 아름다운 명소나 시골집이나 바닷가에 나를 데려가도 내가 기억하는 집이나 바닷가 말고는 떠오르지 않겠지. 게다가 기억 속의 집이나 바닷가도 아마도 실명으로 우울해진 마음의 눈 속에서 부식돼 사라지겠지. 집은 어둡고 불안하거나 악마 같은 색조로 얼룩져 보이겠지. 석조물은 울퉁불퉁하고 가장자리는 바스라지고 바닷가는 수정처럼 푸른 바닷물이 철썩이는 아름다운 모래밭이 아니라 악몽 속의 해변이 될 거야. 바스러진 조개껍질들로 검은 물이 밀려들겠지. 큰 생물체에게 쫓기는 작은 생물체들이 바글거리는 검은 물. 그리고 그 큰 생물체들은 더 큰 생물체에게 쫓기다 붙잡혀 찢기고. 그러니 세상은 더 이상 내게 보이던 세상이 아니라 내 불안한 마음에서 주워 모을 수 있는 것들의 저장고, 점점 더 작아지는 이 저장고에서 급조한 축적모형, 축소모형일 거야.' 이런 불안이 열한 살 때부터 열여섯 살 때까지 줄곧 따라다녔다. 그러고는 스무 살 때까지 괜찮았다. 그러다 스무 살 때 헨리 그린Henry Green의 소설 《실명Blindness》 때문에 이 두려움이 다시 촉발됐다. 이 책을 읽자 부분적으로는 실제적이고 부분적으로는 향수병인 실명에 대한 두려움이 두 달간 다시 도졌다. 아무튼 그때부터 나는 그밖의 질병과 질환들에 집착하게 됐다.

항상 나를 가장 괴롭히는 질병 하나가 있었고, 이 질병에 대한 두려움에서 벗어날 수 있는 유일한 방법은 더 두려운 다른 질병으로 그 질병을 대체하는 것이었다. 나는 방법을 개발했다. 나는 지금 나를 사로잡고 있는 질병보다 더 나쁜 질병을 찾아 의학서를 읽었다. 내 뇌가 두 질병을 혼동할 때 안도의 순간이 찾아온다. 하지만 그 안도감은 오래가지 않는다. 물론 새로운 두려움이 지난번 두려움보다 더 극심하다.

게다가 나는 사람들이 나를 관찰하며 추적하고 있다는 강한 느낌에 시달렸다. 현실에서도, 꿈에서도 그랬다. 꿈에서 막 처형당하려다 깨는 날이 잦았다. 몇 년 동안은 처형이 공식적이고 정중했다. 누군가 내 감방 문을 두드리고 나는 교수대로 인도돼 올가미에 목이 걸렸다. 최근에는 처형이 훨씬 더 난폭해졌다. 주차장이나 쇼핑몰에서 갑자기 처형당했다. 총을 든 사람들이 별안간 나를 붙잡아 어두운 구석으로 끌고 갔다. 이런 예들은 내 두려움의 작은 표본이다. 빙산의 일각이다. 이 빙산의 일각 자체가 빙산 아래에 있는 것으로부터, 내 뇌가 내가 보지 않길 바라는 것으로부터 나를 보호하는 정교한 허위다.

택시가 속도를 늦추더니 나무들이 늘어선 길로 들어섰다. 우리는 불안 퇴치 프로그램이 진행되는 곳, 18세기에 지어진 고전적 디자인의 낡은 시골집으로 다가가고 있었다. 가로수길을 달려 내려간 뒤 나는 바퀴 달린 짐 가방을 들고 택시에서 내렸다. 이제 나는 중간에 뜰이 있고 두 채의 별채가 딸린 아름다운 집 앞에 서 있다. 집 앞 진입로에는 줄지어 선 검은색 독일제 차들이 보였다 포르쉐 한 대, 메르세데스 한 대, 아우디 두 대, BMW 한 대. 나는 바퀴 달린 짐 가방을 덜컹덜컹 끌며 집으로 난 오솔길을 걸어 올라갔다.

내 머릿속에서 뭔가가 딱 분명해졌다. 이 낯선 시설에 오니 잠깐 동안 정확한 감정이 모습을 드러냈다. 열 살 때, 첫 기숙사에 도착해서 받은 느낌이었다. 가족들은 수백 마일 멀리, 다른 나라에 있었다. 한동안 나는 가족의 존재를 잊어야 했다. 아마 정말로 그들의 존재를 잊어야 했을 것이다. 나는 어머니의 사촌과 함께 그 학교에 갔다. 나를 학교에 데려다 주는 사람이 그녀라는 사실이 전반적인 혼란을 가중시켰다. 나를 데려다준 뒤 그녀는 떠났다. 나는 안도했다. 나는 그녀가 얼마나 슬퍼하는지 알 수 있었다.

내가 그 전의 나, 아니, 내가 생각했던 내가 아닌 것처럼 느껴졌다. 나는 12주 동안 기숙사에서 지낸 뒤 집에 가기로 돼 있었다. 하지만 대부분의 사람들이 잘 모르는 게 있다. 당신은 사실 집으로 돌아가지 않는다. 집이 더 이상 이전과 같은 곳이 아니기 때문이다. 이 시골집에 들어서자 익숙한 암울함, 아무런 희망이 없는 듯한 느낌이 머릿속을 스쳐 지나가 내 직감 어딘가에 박혔다. '아무런 희망이 없어. 아무것도 못 믿어.' 과거에 무언가를 믿었던 게 얼마나 어리석었던가. 다시는 실수를 반복하지 말아야지. 이게 내 기분이고, 내가 느끼기 싫어하는 기분이다. 누군가가 내가 이런 기분이란 걸 안다면… 누군가가 그걸 간파하면…

맙소사. 추한 생각은 그만. 나는 문을 열고 탁 트인 공간으로 들어갔다. 허름한 모습이 사랑스럽다. 돈을 덕지덕지 바른 맥스의 집과는 다르다. 이 공간이 더 위로를 준다. 체크인을 하고 곡선 모양의 계단을 올라 내 방으로 갔다. 커다란 침대, 소파, 의자, 책상, 욕실. 잘 다듬어진 정원 너머로 멀리 푸른 산들이 보였다. 불안에 시달리는 사람들과 그들에게 조언을 해주고 치료를 해줄 사람들이 격식 없이 모이는 자리가 아래층 거실에 마련됐다. 우리는 서성거리다 악수를 하고 섬세한 도자기 찻잔에 차를 마셨다.

새로운 차원의 불안이 나를 에워쌌다. 고객일 뿐 아니라 기자이기 때문에 찾아온 불안감이었다. 이 사람들은 내 앞에서 마음을 열고 자신의 깊은 괴로움을 드러낼 것이다. 물론 내가 그들을 개인적으로 알아보지는 못할 거다. 하지만 그 사실이 뭐 얼마나 위로가 되겠는가? 이 사람들에게 내가 구체적인 이야기들을 일반적 이야기로 바꾸는 데 능하다는 말을 해줘야 할지도 모른다. 나는 세세한 이야기들을 도가 지나치지 않게 이용할 수 있는 사람이다. 과거에는 종종 실수를 저질렀다. 때로는 감정에 휩쓸려 도를 넘기도 했다. 하지만 그러지 않으려고 노력할 거다.

이 프로그램에 참석한 불안한 사람들은 대부분 부자거나 아주 부자였다. 그중 서너 명은 은행 시스템 내에서 돈을 거래하는 머니 트레이더들이다. 한 유형의 돈을 다른 유형의 돈으로 교환하는 일을 하다 보니 긴장으로 뇌가 녹초가 돼버렸다. 한 명은 뇌가 멀쩡한 머니 트레이더의 배우자다. 그 트레이더의 뇌는 사실 엄청나게 능률적인 돈 거래 기계인데, 그의 배우자의 뇌가 지쳐버렸다. 다른 한두 명은 최근에 재조정된 공급 체인에 소속된 사람들이었다. 재조정됐다는 말은 그들이 더 이상 그 공급 체인을 지배하지 않는다는 뜻이다. 데이터에 더 효과적으로 접근하거나 더 강력한 컴퓨터를 가진 누군가가 그들에게 압박을 가하고 있다. 그래서 이제 그들은 사람들을 해고하거나 더 열심히 일하게 만들어야 한다. 끔찍한 짓이다. 그들은 그렇게 하고 싶지 않지만 압박이 더 거세졌다. 그들은 중압감으로 망가지고 있다.

그리고 내가 있다. 나로 말할 것 같으면, 수십 년간 불안에 시달린 사람이다. 나는 아주 잘 작동하지만 때때로 몹시 부실하다. 매우 유능하지만 균열이 있다. 나는 상황을 그냥 내버려둔다. 나쁜 일은 일어나기 마련이다. 나는 대개 감정적인 측면에서 거리를 둔다. 그래서 사람들은 때때로 내가 냉정하다고 생각한다. 나는 삶의 관찰자들 중 한 명이 됐다. 사람들을 보고 그 사람처럼 되면 어떨지 상상해본다. 내가 설령 성공하더라도 그 대가를 치를 것 같다는 느낌이 강하게 든다. 마음속 깊은 곳 어딘가에서 죄책감에 시달린다. 내 무의식은 내 사고를 강박과 충동으로 뒤덮어 균형을 맞추려고 끊임없이 노력하고 있다. 나는 이런 강박과 충동을 대부분 무시하는 법을 익혔다. 장기간에 걸친 암울한 전쟁이었다. 나는 이 전쟁에서 이기고 있다고 생각하지만 종종 패한다. 때로는 2연패나 3연패를 당하기도 한다. 그러는 사이 내 재정상태가 곤란해진다. 돈이 야금야금 빠져나간다. 그러면 나는 재편성을 하고 분발한다.

저녁을 먹은 뒤 방으로 돌아와 창밖을 내다봤다. 나무들과 다듬은 산울타리가 달빛을 받아 으스스해 보였다. 나는 침대에 누웠다. 항상 그렇듯, 기숙사에서 자지 않아도 되는 것에 대해 감사했다. 어두운 향수병이 또 한 차례 밀려왔다. 늘 따라다니는 죄의식과 뒤섞인 쓰라린 외로움과 앞으로 일어날 일이 많았던 더 젊었던 시절의 나에 대한 모호한 질투심. 기숙사에서 지낸 첫 주에 들었던 노래가 내 뇌리에 박혀 있다. '세 번 노크하세요Knock Three Times'라는 노래다. '핫 러브Hot Love'라는 노래도 있다. 몇몇 아이들에게 작은 라디오가 있었다. 낮에는 라디오를 숨겨놨다가 밤에 들었다. 섹스에 관해 아무도 모르면서 아이들은 쉴 새 없이 그 얘기를 했다. 나이든 여사감은 자위행위를 혐오했고, 내 맞은편 침대를 쓰던 아이에게 '나는 내 신체부위를 가지고 장난을 쳐서는 안 된다'라는 글귀를 깔끔한 글씨로 50번 쓰라고 시켰다. 보조 사감이던 프랑스 여자는 열심히, 다정하게 우리를 씻겨줬고 내가 발기를 하거나 비누 묻은 손이 그곳을 스칠 때 흥분이 고조되는 걸 반쯤 모른 척했다.

옷을 입고 침대에 누워 있는 게 불편해지기 시작했다. 그렇다고 일어나서 양치질을 하는 것도 귀찮았다. 이제야 알았는데, 그 학교들은 특수한 기능을 수행하도록 설계됐고 그 기능을 아주 훌륭하게 수행했다. 그 학교들은 제국의 엔진을 가동시켜 전 세계적인 공급 체인을 설치하고 그 체인들을 최대한 유리하게 조직해서 가장 가난한 국가들의 부를 마지막 한 방울까지 빨아낼 냉정한 젊은이들을 대량으로 배출했다. 그들은 인도의 부를 빼앗으려고 철도를 건설해서 관리했고, 북이나 수기신호로 소식을 전하던 아프리카인들보다 더 빨리 데이터를 이동시키기 위해 전신망을 구축했다. 학교들은 학생들에게 고난을 견디라고 가르쳤다. 끝없이 많은 세부사항들을 기억하고 체계화하라고도 가르쳤다. 학생들은 열두 살이 되면 라틴어와 프랑스어 문법을 알았고, 시를 암송할 수 있었다. 로마제국과 튜더 왕가와 스튜어트 왕가, 나폴레옹과 넬슨에 대해서도 알았다. 그 학교들은 일을 아주 잘했다. 그건 인정해야 한다.

열 살 때 나는 포식자 같은 악덕 선생에게 성적 학대를 당했다. 다른 아이들도 그랬다. 결국 한 아이가 납치를 당했고 그 포식자는 감옥에 보내졌다. 우리는 그 선생의 욕구를 완전히 이해하기에는 너무 어렸지만 입 밖으로 내진 않아도 어렴풋하게 알고 있었다. 그가 아이들이 체육시간에 팬티를 입었는지 확인하는 방식이나 특정 아이들을 붙잡고 껴안는 모습에서 느낄 수 있었다. 어느 날 저녁, 자율학습 시간에 그 포식자가 감독을 했다. 그가 내 뒤에 불쑥 나타났고 그의 팔이 나를 향해 다가오는 게 보였다. 그의 몸짓. 그가 뒤에서 나를 껴안으려 했다. 나는 분노로 차올랐다. 그의 팔이 내 몸 가까이 다가왔을 때 나는 그에게 잽을 날렸다. 배를 세게 쳤다. 여러 번. 그리고 내게서 떨어지라고 으르렁거렸다. 아이들이 무슨 일이 벌어졌는지 보려고 고개를 들었다가 다시 숙였고, 선생은 멀어져 갔다. 그 순간이 지나갔다. 그런데 나는 내가 그렇게 화를 낼지, 혹은 그렇게 정의로울지 몰랐다. 수십 년이 지난 뒤에야 나는 내가 사실 무엇 때문에 화가 났었는지 이해했다.

아침에 우리는 토머스 화이트 별채들 중 하나에 있는 거실의 테이블에 앉았다. 아만다 콜린스Amanda Collins라는 심리학자가 우리에게 불안에 관해 이야기했다. 우리는 매일 콜린스와 수업을 할뿐 아니라 이 프로그램을 만든 찰스 린든Charles Linden과 일대일로 만날 예정이었다. 콜린스와 린든 둘 다 불안에 시달렸던 사람이다. 콜린스는 자꾸 얼굴이 빨개졌다. 얼굴이 빨개질 걸 알면 더 빨개졌다. 린든은 어릴 때부터 불안을 느꼈고 20대 초에는 신경쇠약에 걸렸다고 했다. 한동안 그는 화장실에 가서 소변 보는 것도 무서워할 정도로 침실에만 틀어박혀 있었다. 여자친구 베스가 점심시간에 와서 화장실에 데려다줘야 했다. 이제 린든은 불안을 떨치는 기법을 고안했다. 이 기법을 실천하면 불안을 극복하고 완전히 떨쳐버릴 가능성이 100%라고 했다.

콜린스가 이야기하는 동안 나는 메모지에 기록을 하고 뭔가를 끼적거렸다. 동그라미 하나를 그린 후 뇌라고 상상했다. 뇌의 중요한 점은 100억 개의 신경으로 이뤄져 있다는 것이다. 일련의 신경세포들이 서로 연결되면서 생각을 하게 된다. 그러니까 예를 들어 내가 기숙사에 있던 열 살 때의 내 모습이 떠올랐다면 1,000분의 1초 동안 수십만 개의 신경세포들이 서로 연결돼서 그 생각이 떠오른 것이다. 각 신경세포가 사고에 기여하고, 어떤 두 가지 생각도 똑같은 신경세포들을 연결시키지 않는다. 하지만 특정 유형의 생각을 더 자주 할수록 특정 신경세포들 간의 결합이 더 강해진다. 따라서 불안한 생각을 계속하는 경향의 사람이라면 앞으로도 불안한 생각을 할 가능성이 더 크다. 당신의 사고방식은 일련의 습관들이다.

아만다 콜린스가 린든 기법의 중심 개념인 듯한 것들을 이야기하고 있을 때 나는 이런 생각을 하고 있었다. 콜린스는 이렇게 말했다. "불안한 생각의 진짜 이유를 찾으려고 애쓰지 마세요. 불안의 근본 원인을 찾는 데 더는 시간을 쓰지 마세요. 잊어버리세요. 쓸데없는 짓입니다." 왜 그래야 할까? 불안의 원인을 찾는 작업에서 마침내 손을 떼면 무슨 일이 일어날 것 같은가? 그러니까, 진짜로 그렇게 해보면 말이다. 린든 기법에 따르면 그 답은, 아무 일도 일어나지 않는다는 것이다. '그러니 당신을 불안하게 만드는 원인이 무엇인지에 대해 그만 생각하라. 대신 다른 무언가에 대해 생각하라. 그리고 그것을 계속 생각하라. 여러 다른 일들을 시도해봐라. 실험을 해봐라. 그래서 당신에게 효과가 있는 일을 하라. 당신에게 효과 있는 일을 계속하라.' 아만다 콜린스가 이 말을 할 때 내 머릿속에서 불이 켜졌다가 꺼졌다.

다음 사흘 동안 콜린스와 린든은 우리에게 린든 기법을 연습하는 법을 알려줬다. 린든 기법이 뭔지 명확해졌다. 이 기법은 머릿속에 불량 메커니즘을 박아 넣는 방법이 아니라 무시하는 법을 다룬다. 그 메커니즘을 무시해버리면 놈은 시들어 죽을 것이다. 당신이 죽일 필요가 없다. 그냥 관심을 주지 않으면 된다. 다른 무언가에, 그러니까 효과 없는 일들이 아니라 효과 있는 일들을 생각하는 데 당신의 정신 에너지를 전부 쏟는 거다. 물론 효과가 있는 무언가를 발견해야 한다. 그 전의 문제 많은 생각들과 경쟁할 만한 무언가 말이다. 여기에는 연습이 필요할 것이다. 새로운 생각을 하도록 계속 반복해서 연습하고 효과가 있는 무언가를 찾아 이것 저것 시도해 봐야 한다. 내가 아는 한 이것이 린든 기법이다.

나는 스파에 엎드려 한 젊은 여자에게 마사지를 받았다. 여자가 손에 오일을 바르고 내 목과 등을 마사지 하는 동안 린든 기법을 숙달하는 법에 관해 생각했다. 내 머릿속에 혁명을 일으켜야 한다. 뒤돌아보지 않고 앞을 봐야 한다. 축축하고 낡은 방에서 촛불에 의지해 고서들을 뒤적이고 또 뒤적이던 중세시대 승려처럼 돼서는 안 된다. 과거는 잊어버려라. 과거는 고대의 역사일 뿐이다. 더 이상 존재하지 않는다. 하지만 나는 생각한다.

내가 그냥 벌떡 일어나 과거에서 걸어 나올 수 있는 사람 같지는 않다. 과거가 나를 붙잡고 있다. 과거가 나다. 과거는 내가 느끼는 것이다. 과거는 내 감정이다. 후회와 두려움. 내 행동에 대한 후회, 내 행동의 결과에 대한 두려움. 물론 내가 행동하지 않은 데 대한 후회와 그 결과에 대한 두려움도 있다. 내가 했던 일과 하지 않았던 일들로 인한 후회와 두려움. 나를 무겁게 짓누르는 후회와 두려움. 오늘 아침에 느낀 후회와 두려움. 낮에 느끼는 후회와 두려움. 밤에 느낄 후회와 두려움. 후회에 두려움이 더해지면 죄의식이 된다.

지금 내 마음을 들여다보면 깊은 죄의식의 크레바스를 보는 것 같다. 불안한 사람들에 관해 글을 쓰기 위해 그들 사이에 잠입한 데 대한 죄의식. 실제의 내가 아닌, 혹은 완전히 나와 같지는 않은 누군가인 척하는 데 대한 죄의식. 내가 이 사람들에게 상처를 주고 배신하고 있다는 죄의식, 그들이 내게 자신의 비밀을 들려주고 나는 그 비밀들을 팔아먹을 수 있도록 머릿속에 기억하고 있는 데 대한 죄의식. 이 죄의식 아래에는 자신이 부족하다고 느끼도록 정교하게 설계된 번지르르한 광고로 독자들의 눈길을 돌리기 위해 내가 이 비밀들을 이용해서 그 가련하고 불안한 사람들에 대한 독자들의 관심을 얻기 바라는 것에 대한 죄의식이 깔려 있다.

따라서 내가 느끼는 감정은 내가 내 기사가 아니라 독자들을 팔고 있다는 것에 대한 죄의식이다. 불안감이 너무 심해서 수천 파운드를 지불하고 불안 퇴치 프로그램에 참여해 자신을 위협하는 세계에서 벗어나려 안간힘을 쓰고 있는 유약한 사람들을 내가 속이고 있는 데 대한 죄의식이다. 나는 이 사람들을 속인 뒤 내 독자들을 현혹해서 불안하고 나약한 기분이 들도록 설계된 힘들로 관심을 유도하는 데 매정하게 이용할 것이다. 그러면 독자들은 높아지는 불안감과 나약한 기분을 아주 잠깐 동안이라도 떨치려고 돈을 쓸 것이다.

스파의 젊은 여자가 오일을 바른 손가락으로 내 몸을 만지고 있다. 배신자, 변절자, 부역자인 나는 벼랑 끝 죄의식의 바위에 앉아 아래의 크레바스를 들여다보고 있다. 싫지만 내려가야 한다. 어둠 속을 미끄러져 내려가는 악한. 나는 저 아래에 뭐가 있는지 모른다. 하지만 물론 알고 있다. 그것, 메커니즘, 내 안에 살면서 나를 지배하는 생명체, 내 내면의 겁쟁이를 위협하는 폭력배가 거기에 있다. 그는 내게 계속 침대에 있으라고, 내 책들을 침대로 들고 와서 커튼을 내리고 침대에 틀어 박혀 있으라고 지시한다. 그는 내 알람 시계를 끄고, 글을 쓰려 애쓰는 나를 책상에서 잡아당기고, 한잔하자고 항상 나를 꾄다. '이봐, 한잔 어때? 독한 놈이나 아니면 그보다 더 좋은 놈으로.' 더 좋은 것이 항상 있기 마련이다. 나는 어둠속을 미끄러져 내려간다. 실패하고 쫄딱 망하고 안이한 선택을 할 만반의 준비를 한 채 미끄러져 내려간다. 그러다 머지않은 어느 날, 너무 늦어버릴 것이다. 실 한 올에 매달린 처지가 될 것이다. 어쩌면 이미 너무 늦었을지도 모른다. 실이 끊어질 것이다. 이미 끊어졌나? 나는 기회가 있었지만 내팽개치고 냄새나는 낡은 술집의 터줏대감이 된 사람들 중 한 명이 될 것이다. 어쩌면 이미 그렇게 됐을지도 모른다.

오일을 묻힌 손이 내 등과 목을 위아래로 미끄러질 때 나는 이런 생각을 했다. 나는 깊은 크레바스를 생각하고 있다. 크레바스 바닥의 암흑을 생각했다. 암흑 속에 살고 있는 생명체. 내 등을 미끄러져 올라가 목을 누르는 손가락들이 느껴졌다. 나는 천천히 심호흡을 하고 암흑 속을 들여다봤다. 어둠 속에, 검은 거울 속에 얼굴이 있다. 얼굴이 보인다. 돌아서야 한다. 돌아서서 걸어 나가야 한다. 절대 뒤를 돌아보지 말고. 다시는 그 얼굴을 봐서는 안 된다. 그 얼굴은 나다.

# 생각을 바꾸면
# 뇌의 구조와 기능도 바뀐다

며칠 동안 나는 린든 기법을 연습했다. 이 기법에는 '10가지 주요 원칙'이 있다. '치료사를 만나지 말라. 약을 먹지 말라. 더 이상 불안에 대해 조사하지 말라. 오로지 린든 기법만 따르라. 당신이 느끼는 불안에 대해 이야기하지 말라. 다른 사람에게 의지하지 말라. 당신의 기억에 매달리지 말라. 생각을 다른 데로 돌려라. 새로운 습관을 길러라.' 반면 내 주요 원칙들은 이렇다. '내 안에 살고 있는 악한 생명체인 메커니즘에 관심을 주지 말라. 낡은 미신을 버려라. 세상을 내다보라. 데이터를 수집하라. 데이터를 활용하라. 앞으로 나아가라.' 당신은 상어다.

나는 거실에 앉아 찰스 린든과 이야기를 났었다. 머리를 빡빡 깎은 그는 키가 크고 잘생긴 상남자다. 린든이 자신의 어린 시절에 관해 들려줬다. "나는 위험을 제대로 평가하지 못하기 시작했어요." 예를 들면 그는 밧줄그네에 대한 두려움이 생겼다. 그게 시작이었다. "나는 불안이 채색된 안경으로 세상을 보고 있었어요." 그 뒤에는 학교공포증이 생겼다. 그는 어머니에게 죽고 싶다고 말했다. 상황은 갈수록 악화됐다. 열세 살 때는 화학 실험실에서 독살되거나 감전될지 모른다고 걱정했다. 럭비 경기장에서 살해될지 모른다는 생각도 했다. 학교 급식에 독이 들어 있지 않은지 확인했다. 날마다 보건교사를 찾아갔고 어머니에게 데리러 오라고 전화를 걸었다. 한시도 불안에서 벗어나지 못했다.

린든은 '갈 만한 안전한 곳'을 항상 찾고 있었지만 늘 실패했다고 했다. 그는 불안이란 갈 만한 안전한 장소를 끊임없이 찾고 있는 상태라고 말했다. 린든은 집을 떠나 하이델베르크로 가서 독일어를 공부했다. 하지만 불안감은 더 심해졌다. 어느 날은 주유소에서 공황발작을 일으켜 쓰러졌다. 영국으로 돌아온 뒤 상태가 나아졌지만 다시 악화됐다. 그러다 마침내 신경가소성 개념을 알게 됐다. 생각을 변화시키면 뇌가 변화된다는 개념이다. 그는 생각을 바꿨다. 멈추지 않았다. 상어처럼 가차 없이 앞으로 나아갔다. 그는 안전과 안도감, 그러니까 불안한 뇌가 갈망하는 안전한 피난처를 찾는 짓을 그만둬야 한다고 주장했다.

"그런 피난처는 없어요. 사람은 태어나서 탯줄이 잘릴 때부터 혼자입니다."

나는 불안한 사람들과 처음으로 악수를 했다. 머니 트레이더, 기업의 중역들, 만사를 마음대로 주물러 전혀 불안하지 않은 머니 트레이더의 배우자. 이 사람들은 모두 불안 퇴치 프로그램에 2,800파운드를 썼다. 그러니 얼추 3만 파운드가 찰스 린든에게 간다. 독일제 차들이 빠져 나갔다. 택시가 나를 태우러 왔다.

　나는 나무들이 늘어선 길을 달려 내려가며 생각했다. '뭔가가 잘못됐어.' 뭔가가 잘못됐다. 메커니즘. 악한 생명체. 나는 그놈이 어떻게 작동하는지 알아내려 애쓰면서 평생을 보낼 수도 있다. 아니면 다른 뭔가를 할 수도 있다. 그놈에 대한 관심을 끊어버릴 수도 있다. 시골집을 마지막으로 눈에 담으려고 뒤돌아보며 내가 한 생각이다.

　'관심을 주지 말자. 그리고 다른 생각으로 넘어가자.'

## 5장

# 부자가 되는
# 옳은 길은
# 무엇인가

# 예상했어야 하는
# 그 모든 혁신들

나는 적도에서 50마일 떨어진 작은 개인 섬의 바닷가 테라스에 앉아 있다. 건조한 계절이라 공기가 깨끗하고 기압이 높게 느껴졌다. 하지만 괜찮다. 햇살이 뜨겁지만 찌는 듯이 더운 날씨는 아니어서 공기가 상쾌했다. 게다가 세찬 바람이 아닌, 딱 적당히 가벼운 산들바람이 불어왔다. 공기가 내 귀에 속삭였다. '걱정하지 마, 괜찮아. 걱정하지 마. 괜찮아.'

나는 플런지풀에 발을 담그고 있다. 나는 이론적으로는 플런지풀 반대파다. 왜 그냥 바다에 풍덩 뛰어들지 않는가? 바다가 몇 야드밖에 떨어져 있지 않은데. 차라리 정원 바닥에 앉아 있는 편이 낫지. 하지만 사실 나는 플런지풀을 좋아한다. 때로는 내가 통제할 수 있는 방식으로 몸을 적시고 싶기 때문이다. 아니면 갑자기 충동적으로, 혹은 쨍쨍한 햇볕이 아니라 그

늘 속에서 몸을 적시고 싶거나. 그리고 플런지풀 가장자리에 앉아 물에 발을 담그고 책을 읽으면 기분이 좋다는 것도 잊어선 안 된다.

단점도 있다. 통계분석을 해보면 플런지풀이 있을 때 바다에 덜 들어간다는 걸 알게 될 것이다. 침대에서 나와 플런지풀에 몸을 담근 뒤 나와서 목욕가운을 걸치고 커피를 만든다. 이상적으로는 침대에서 나오자마자 바다에 뛰어들어야 하는데. 하지만 당신은 그렇게 하지 않는다. 그러니 당신은 삶이 주는 최고의 선물들 중 하나인 바다에 뛰어들기를 놓치고 적어도 가끔은 차선책인 플런지풀로 대체하는 셈이다.

나는 물속에서 발을 움직이며 플런지풀 가장자리에 책을 펼친 채 올려뒀다. 이 책의 저자는 대단히 흥미로운 사람이다. 나는 최근에 그를 만난 적이 있지만 그 일을 머릿속에서 지우고 싶다. 눈 앞의 하늘과 해변과 바다를 바라본 뒤 고개를 돌려 내가 묵고 있는 작은 집, 나의 개인 '해변 작업실'을 쳐다봤다. 이 해변 작업실은 정말 근사하지만 그 주위를 걸을 때마다 내 마음은 둘로 나뉜다. 나의 한 부분은 지금 여기에 있고, 다른 한 부분은 만약 다른 사람들이 이 집과 그 안에 있는 나를 볼 수 있다면 무슨 생각을 할지 상상한다. 나는 집의 사진을 찍지만 사람들에게 사진을 보내지는 않는다. 나는 그런 부류의 사람이 아니다. 사진을 찍고 사람들에게 그걸 보내는 상상을 하는 게 내가 하는 일이다.

이 집에는 커다란 2인용 침대가 있다. 내 생각엔 킹 사이즈 같지만 확신은 못하겠다. 그리고 보지는 않지만 사랑스러운 텔레비전, 특별식이 가득 든 냉장고, 유리가 깔린 책상과 니스를 칠한 아름다운 나무 바닥이 있다. 와이파이 연결도 완벽하다. 해변 작업실 뒤편에는 벽으로 둘러싸인 일본식 정원이 있다. 이 정원은 실제로는 욕실이며, 세면대 두 개와 거울 두 개, 욕조 한 개, 옥외 샤워기를 갖췄다. 밖에서는 아무도 당신을 볼 수 없으니 정원을 돌아다니며 샤워와 목욕을 하고 이를 닦고 거울에 비친 당신의 모습을 찍어도 된다.

나는 종종 이 정원에 가서 집에 있는 내 욕실을 생각한다. 집의 욕실을 개조해야 한다. 욕실 개조는 할일 목록에 있는 또 다른 항목이다. 베스트셀러 쓰기, 욕실 개조하기, 백만장자 되기(나는 할 수 있다!), 탄수화물 줄이기, 뱃살 빼기, 원시시대 인류의 식단으로 돌아가는 팔레오 다이어트 하기, 생식하기. 생식이 효과적인 데는 이유가 있다. 지금 읽고 있는 책의 저자와 다시 연락하기, 그의 머릿속으로 들어가기, 그의 머리 빌리기.

저자의 이름은 나심 니콜라스 탈레브이고, 책 제목은《블랙 스완》이다. 내가 가장 좋아하는 책들 중 하나다. 나는 이 책을 세 번 읽었다. 그리고 이제야 겨우 책을 이해하기 시작한 것 같다. 이 책은 세상이 어떻게 돌아가는지 모르는 인간들에 대한 이야기다. 그들은 정말로 모른다. 그게 문제다. 하지만 더 심오한 문제가 있다. 그건 우리가 세상이 어떻게 돌아가는지 모른다는 것이 아니다. 더 심오한 문제는 우리가 세상이 어떻게 돌아가는지 안다고 생각하는 것이다.

우리는 세상을 본다. 그리고 규칙성이 보인다고 믿는다. 우리는 규칙을 만들어낸다. 하지만 우리가 만들어낸 규칙은 현실을 설명해주지 않는다. 우리는 머릿속에서 규칙들을 지어낸다. 버트런트 러셀의 닭과 비슷하다. 탈레브가 러셀의 닭을 업데이트시킨 점만 제외하면. 탈레브는 추수감사절 칠면조를 상상했다. 농부가 칠면조에게 1,000일 동안 먹이를 준다.

칠면조는 패턴을 찾고 규칙을 만든다. 그 규칙은 칠면조에게 농부가 그를 사랑한다고, 농부가 진심으로 그에게 마음을 쓴다고 말해준다. 규칙에 대한 칠면조의 믿음은 날이 갈수록 더 굳건해진다. 칠면조는 1,000번의 실험을 한 과학자 같다. 그는 세상의 모델을 만들어낸다. 그리고 그 모델은 완벽하게 작동한다. 완벽한 작동을 멈출 때까지.

나는 플런지풀에 담근 발을 움직여봤다. 물이 발목 주위로 흘러갔다. 바다가 '쏴아쏴아' 하고 말하는 것 같다. 걱정하지 말라고, 괜찮다고, 모든 것이 좋다고 말하는 것 같다. 당신이 칠면조라면 1,001일째 되는 날에 일어난 사건이 난데없이 느껴질 것이다. 이상현상처럼 느껴질 것이다. 실제로는 그 사건이 당신 삶의 핵심이자 중심 의미인데 말이다. 탈레브는 이것이 인간사의 패턴이라고 말한다. 인간사는 우리가 예상치 못하는 이상현상들에 의해 지배된다. 그는 이런 이상현상을 블랙 스완이라고 부른다.(중세 영국에서는 '검은 백조처럼 도저히 일어날 것 같지 않은 일'이라는 표현이 '돼지가 하늘을 나는 날'이라는 말과 약간 비슷하게 쓰였다. 그때 사람들은 지구 반대편에 실제로 흑색 백조들이 존재한다는 것을 몰랐다) 탈레브는 역사나 당신의 삶에서 뭐든 중요한 사건을 떠올려보라고 말한다. 당신은 그 사건이 일어날 것을 예상했는가? 그 사건이 예정대로 일어났는가? 아니다, 난데없이 일어났다. 그렇지 않은가?

블랙 스완에는 세 가지 특징이 있다. 난데없이 일어난다. 어마어마한 영향을 미친다. 그리고 블랙 스완이 일어난 뒤에 우리는 자신에게 이를 예상했어야 한다고 말한다. 우리의 삶은 블랙 스완들에 의해 지배된다. 하지만 우리의 머리는 이 정보를 직시하지 못한다. 뇌는 이 정보를 처리하도록 만들어지지 않았다. 그래서 우리는 '삶은 정상적 범위 내에서 펼쳐진다'고 계속 되뇌인다. 정상적인 것에 초점을 맞추고 이상현상을 부인한다. 이상현상이 더 중요한데 말이다. 그것이 메인 이벤트다. 우리는 그 현상이 일어날 것을 예상하지 못한다. 그런 현상이 존재하지 않는 척한다. 하지만 이상현상은 항상 존재한다. 아주 가까운 곳에.

나는 인도양 몰디브의 한 섬에 있다. 이 섬에 관한 기사를 써서 〈파이낸셜 타임스Financial Times〉의 독자들에게 질투심을 일으키려고 여기에 왔다. 독자들은 그 기사를 읽고 몰디브로 짧은 휴가를 떠나야겠다고 결심할지 모른다. 짧은 휴가여야 할 것이다. 이 섬은 몹시 작으니까. 여자친구와 어느 열대 섬에서 일주일을 보낸 때가 기억난다. 나흘째 되던 날, 여행 준비에 뭔가가 잘못됐다는 걸 깨달았다. 내가 어떤 예약을 해두는 걸 잊어버렸고, 전화통에 매달려 아침시간을 다 보낸 나는 여자친구에게 나쁜 소식을 전해야 했다. 우리는 일주일 뒤에나 그 섬을 떠날 수 있었다. 그러자 그곳이 감옥처럼 느껴지기 시작했다. 초승달 모양의 모래사장과 수정처럼 푸른 바다가 어찌나 진저리나던지. 섬의 향토음식들, 어떻게 그 음식들이 매력적이라고 생각했던 거야? 아니 대체 어떻게 그것들을 먹었던 거야? 나흘째와 닷새째 되던 날 우리는 방에 앉아 술을 마시고 담배를 피우며 서로를 물어뜯었다. 나는 부자 친구에게 연락해 비행기를 예약 할 수 있도록 돈을 보내달라고 했다. 돈이 충분하면 섬을 탈출할 수 있었다. 나는 내 돈이 아닌 돈을 썼다. 수천 달러에 이르는 돈이었다. 하지만 어쨌거나 우리는 섬을 탈출할 수 있게 됐다.

그러자 바다가 다시 아름다워 보이기 시작했다. 초승달 모양의 모래사장, 수정처럼 푸른 바다. 얼마나 사랑스럽던지. 소라게! 야자수! 엿새째가 되자 섬은 우리가 첫날 인정했던 완벽함을 되찾았다. 이제 우리는 섬을 떠나고 싶지 않았다. 그렇게 느껴졌다. 물론 우리는 섬을 떠나고 싶었다. 하지만 떠나고 싶지 않았다. 정말 그랬다.

이 작은 섬에는 도서관과 스파, 몇몇 식당이 있다. 한 식당의 바비큐 화덕은 수렵채집인들이 사용하던 스타일이었다. 거대한 크기의 비디오 게임을 할 수 있는 곳도 있다. 예를 들면 실물 크기의 가상 골키퍼를 상대로 패널티킥을 찰 수 있는 식이다. 나는 이미 이 로봇을 한 수 앞지르는 법을 터득했다. 수중 나이트클럽도 있다. 이곳에 가려면 모터보트를 타고 바다로 나가야 한다. 물론 해변에서는 나이트클럽이 보이지 않는다. 하지만 승강장 같은 것이 있다. 내 생각엔 그 계단을 내려가면 될 것 같다. 수렵채집인 고깃집에서 누군가를 만나기로 약속했다. 리조트 대표인 그는 내게 수중 나이트클럽에 관한 모든 걸 이야기해줄 것이고 다음 날이나 그 다음 날 나는 배를 타고 승강장으로 향할 것이다.

수렵채집인 식당은 반은 실내, 반은 야외이고 두툼한 고깃덩어리들을 판다. 이 섬에 살던 실제 수렵채집인들은 물고기를 잡았을 테니 어획채집인들이었을 거다. 이 식당에서 파는 고기들은 수백 마일 떨어진 곳에서 실려 온 게 분명하다. 이 섬에는 소들이나 물소 떼가 없으니까. 그럼에도 이 식당은 부족민, 원시적 자아, 부족에서 최고 사냥꾼인 사내, 그가 좋아하는 사람들, 가령 오두막 짓는 솜씨가 좋은 사람에게 두툼한 고깃덩어리를 건네는 사내를 상기시킨다. 어떤 사람들은 사냥을 했다. 그 외의 사람들은 채집을 했다. 채집은 여성들이 했을까? 아마도 그랬을 거다.

매트 리들리는 초기 인류의 남성과 여성 사이의 분업은 거래에 대한 깊은 이해를 발달시켰고 우리가 생물의 한 종으로 성공하는 열쇠가 됐다고 생각한다. 또한 분업은 아마 네안데르탈인에게는 없었던 특성일 것이다. 네안데르탈인은 우리만큼 똑똑했고 옷도 만들어 입었다. 예술적이었다. 하지만 이런 분업이 없었다. 그래서 거래를 이해하지 못했고 전문화하지 않아서 발전하지 못했다. 결국 그들은 찡그린 얼굴로 반 고흐처럼 붓을 들고 동굴에 앉아 있다가 굶어 죽었다. 하지만 호모에렉투스의 후손들을 보아라. 우리는 화소로 처리된 골키퍼와 수중 나이트클럽이 있는 어느 섬의 수렵채집인 바비큐 화덕에서 두툼한 고깃덩어리를 먹고 있다. 리조트의 대표가 왔다. 나는 그에게 수중 나이트클럽을 어떻게 만드는지 물었다. 그는 먼저 나이트클럽을 지어서 물속에 넣는다고 대답했다. 나는 고기를 먹었다.

　다음 날에는 내 일본식 정원을 돌아 다녔다. 샤워를 했다. 플런지풀에 발을 담근 채 책을 읽고 뭔가를 끼적거렸다. 탈레브는 블랙 스완이 인간의 조건을 이해하는 열쇠라고 말한다. 말이 나와서 말인데 블랙 스완은 부자가 되는 열쇠임에 틀림없다. 나는 지금까지 인터뷰했던 부자들을 생각했다. 길모어, 데니스, 슈거, 슐츠, 벨포트, 맥스. 이들은 모두 무언가를 아주 명확하게 볼 수 있을 때까지 그 일에 초점을 맞췄고 다른 사람들이 알아차리지 못했던 무언가를 발견한 뒤 예상치 못한 새로운 일을 했다. 그들은 행동했다. 그리고 연달아 벌어지는 사건들에 편승했고, 그 사건들은 모두 그들에게 유리하게 작용했다.

　브루스 리의 포스터를 잡지처럼 보이게 접었다. 보통 때는 버터 접시를 만드는 사람들이 하이파이 데크를 만들었다. 5달러짜리 주식을 부자들에게 홍보했다. 물을 사치품처럼 마케팅했다. 사람들에게 커피숍에서 더 많은 시간과 돈을 쓰라고 부추겼다. 시장 전체를 바꿔놓는 혁신은 갑자기 찾아온다. 하지만 그 시장의 사람들은 매번 말한다. '그런 혁신이 일어날 걸 예상했어야 했는데'라고. 나는 바다를 내다봤다. 세상의 어떤 부분을 충분히 오래, 적절하고 치열하게 바라보면 다른 누구도 알아차리지 못한 무언가를 이내 발견할 것이라는 생각이 든다.

저녁에는 수중 나이트클럽에 데려다주는 배에 탔다. 배에는 몇 명의 사람들이 타고 있다. 우리는 어두운 하늘 아래 캄캄한 바다 위를 나아갔다. 현실에서는 나이트클럽에 가려면 차를 타고 이동해야 하지만 휴양지에는 나이트클럽들이 그냥 그곳에 있다. 그런데 이 곳에서는 나이트클럽까지 이동해야 한다. 그래서 당시가 더 현실처럼 느껴지는 동시에 덜 현실적으로 느껴졌다. 나는 플랫폼 위에 내렸다. 무언가가 석유굴착장치를 떠올리게 했다. 물론 이곳에는 문지기의 눈길을 끌려고 애쓰는 미니스커트 차림의 여성들이 줄을 서 있지도 않고 기도도 없다. 구린 데가 있는 것 같은 마약 거래상, 바깥에 이중 주차된 택시들, 섹슈얼한 슈퍼스타인 당신이 당당히 불지옥으로 내려가도록 형식적으로 풀어주는 벨벳 로프도 없다. 나는 계단을 걸어 내려갔다.

계단 아래에는 테이블과 의자가 놓인 바, 여성용과 남성용 화장실, 밖에서 헤엄치는 물고기들이 보이는 커다란 창문이 있었다. 물에는 수족관처럼 환하게 불이 밝혀져 있다. 밖의 물고기들이 잘 보이는 호텔 로비 같은 분위기였다. 현대 세계는 호텔 로비처럼 되길 갈망한다는 생각을 처음 한 건 아니다. 여기에 랩톱을 가져와서 일을 해도 된다. 내가 실제로 그렇게 할 수도 있다. 이곳에서 일을 하자. 이곳이 내 창의력을 자극할 수도 있다. 사실 이미 자극했다. 지금 막 사업 아이디어 하나가 떠올랐으니까. 좋은 아이디어일 수도 있고, 어쩌면 세계 최악의 아이디어일 수도 있다. 자크 쿠스토Jacques Cousteau와 하워드 슐츠의 첫 걸음. 이 아이디어를 곰곰이 검토해봐야겠다.

나는 다른 사람들을 둘러봤다. 그들은 물속에 있다. 그들은 부자다. 그들은 보송보송한 상태를 좋아한다. 직원들이 화장실의 하수를 어떻게 처리하는지 궁금하다. 그냥 바다로 내보낼까? 아니면 낮에 위로 옮겨 배에 실을까? 그런 뒤에는? 어디로 가져갈까?

# 블랙 스완의 지배를 받는
# 극단의 세계

다음 날, 내가 머무는 섬은 더 호화로운 곳으로 업그레이드됐다. 나는 흰색 고속정에 탔고 우리는 사파이어 빛깔의 물살을 가르고 달렸다. 섬이 많았다. 수백 개, 수천 개. 완전한 섬이 아니라 모래톱이 물속에 잠길락 말락 해서 섬으로 치지 않는 곳들도 있었다. 이곳 사람들은 모두 물이 몇 인치만 더 올라오면 진짜 섬들이 많이 사라질 것을 알고 있다. 해수면이 상승하면 이 섬이 가장 먼저 자취를 감출 것이다. 이곳이 전초기지다.

이 배에서 내뿜는 모든 배기가스가 균형을 깨트리는 데 결정적 역할을 할 수도 있다는 생각이 든다. 나는 뭐라고 변명할 것인가? 상위 1%로의 삶은 내게 지위불안 증세를 안겨줬다. 다른 모든 사람과 마찬가지로 나는 상위 0.1%에 속하고 싶었다. 여기에서 기름을 왕창 먹는 배를 타고 있는 이유가 바로 그거다. 나는 배가 달리면서 물살이 거세게 휘돌고 배가 지나가는 자리에 거품이 일며 남는 자국을 좋아한다. 소음. 이 깊고 푸른 배경에서 밝은 흰색의 탄소섬유는 너무도 선명해 보인다.

우리는 더 호화로운 섬에 도착했다. 작은 섬이다. 하지만 이곳에는 세계 최상급의 포도주 저장소와 기막히게 멋진 식당들이 있다. 숙소에 갖춰진 베개들은 다양했다. 이곳에서는 천 달러짜리 와인을 마셔도 취하지 않는다. 모든 사람에게 집사가 배정된다. 누군가가 메이페어Mayfair나 어퍼 이스트 사이드Upper East Side의 부유한 삶을 가져와 분해한 뒤 인도양의 작은 섬에 다시 건축한 것 같다. 마치 부자들이 작은 섬에 이미 살고 있지 않은 것처럼. 하지만 그들의 상상력에는 만점을 줘야 한다.

내 집사가 나를 '바다 방갈로'로 안내했다. 집사는 조용하고 매우 공손했다. 그래서 이런 상황에서 늘 그렇듯 불편한 기분이 들었다. 도시의 호텔에서는 보통 내가 직접 짐을 들고 방에 간다. 만약 호텔 직원이 서비스를 해주겠다고 고집을 부리면 그렇게 하게 한 뒤 팁을 준다. 미국에서는 10~20달러, 대부분의 유럽에서는 20유로, 영국에서는 10파운드가 팁이다. 스물다섯 살 때 빈털터리나 다름없는 처지로 첫 해외 취재를 갔을 때 나는 셰러턴 시티 스콰이어Sheraton City Squire에 체크인을 하고 벨보이에게 팁을 주지 못했다. 호텔 요금은 내가 인터뷰할 백만장자 10대 래퍼의 음반 회사에서 지불했다. 나는 22층에 묵었다. 사람들과 차들이 조그맣게 보였다. 개미만큼은 아니지만 아주 작았다. 나는 샤워를 하고 나와서 방을 가로질러 걸어갔다. 누가 내가 벌거벗었다는 걸 알기엔 호텔 아래의 사람들이 너무 조그마했다. 어쨌거나 수건도 두르고 있었고.

그때 내 방의 전화기가 울렸다. 나는 물을 뚝뚝 흘리며 전화기를 집어들었다. 전화기 너머의 누군가가 말했다. "옷 입어, 이 게이 새끼야." 전화가 끊겼다. 나는 영화 〈롱 굿 프라이데이Long Good Friday〉의 마지막 장면에 나오는 밥 호스킨스Bob Hoskins 같은 얼굴로 우두커니 그 자리에 서있었다. 그가 처한 상황의 공포가 실감났다. 마침내 상황이 이해됐다. 그호텔은 두 개의 높은 건물로 구성돼 있었다. 맞은편 건물에서 누군가가 나를 본 게 틀림없었다. 창문들을 헤아려 내 객실번호를 계산할 수 있는 누군가가. 범인은 내가 팁을 주지 않은 벨보이였다.

집사가 내 방갈로를 구경시켜 줬다. 거실, 침실, 욕실, 전부 비싸 보이는 미니멀리즘 스타일이었다. '특대형 거품욕조'가 딸린 욕실에서는 사방이 투명한 벽으로 된 샤워 박스가 특히 눈에 띄었다. 바깥에는 3개의 테라스가 있는데, 그중 2개에는 서로 다른 유형의 옥외 라운지 가구들이 놓여 있고 나머지 하나에는 플런지풀과 함께 라운지 가구가 설치돼 있다. 테라스들 중 하나의 끝에는 바다로 이어지는 계단이 있다.

나는 지갑을 꺼냈다. 어색한 순간이다. 하지만 내 집사는 팁을 받으리라곤 꿈에도 생각하지 않았을 것이다. 2분 뒤 혼자 남은 나는 거실 바닥을 살펴봤다. 일부는 유리로 돼 있고 실제로 바다 속에 있다. 그 위를 걸어가기가 너무 불안했다. 그래서 가장자리에 서서 해저에서 무슨 일이 일어나고 있는지 관찰했다. 별건 없었다. 내 계획은 그늘진 테라스에 앉아 플런지풀에 발을 담그고 바다를 내다보는 것이었다. 책을 읽어야지.

상어 한 마리가 유리바닥 아래에서 헤엄을 치고 있었다. 바로 저 맞은편에서! 길이가 3피트 정도 되는 놈이다. 어쩌면 4피트일지도. 거대하다!

세상에, 상어라니. 아마 수염상어인 것 같다. 나는 사람들에게 이 상어에 관해 어떻게 얘기해줄지 벌써 상상하고 있다. 이미 표현들이 생각났다. 그런 후에는 테라스에 앉아 지금 내가 있는 곳에서 약간 떨어진 곳에 있는 두 채의 '바다 파빌리온'을 생각했다. 그 파빌리온들은 내 바다 방갈로보다 더 호화롭거나 아니면 그저 좀 더 클 뿐일 것이다. 어느 쪽인지는 모르겠다. 최근에 모델 일행이 그 방에서 묵었다. 그중에 케이트 모스도 있었다고 들었다. 더 호화로울까, 아니면 그저 좀 더 클 뿐일까?

가장 낮은 테라스의 가장자리에 머리를 베고 누우면 바다를 들여다보면서 갖가지 물고기들을 구경할 수 있다. 물고기들은 파란색, 노란색, 오렌지색이다. 크기가 열쇠만 한 작은 물고기 대여섯 마리가 바위 아래에서 나와 이리저리 헤엄치다 다시 획 되돌아갔다. 뭉툭한 맥주병 크기의 물고기 두 마리가 바위 주변을 돌면서 작은 물고기를 잡으려고 했다. 하지만 녀석들이 획획 돌 때마다 열쇠만 한 놈들은 재빨리 바위 밑으로 숨어들었다. 뭉툭한 맥주병들은 입을 뻐끔뻐끔하며 돌고 또 돌았다.

탈레브는 두 가지 세계가 있다고 말한다. 그가 평범의 세계Mediocristan라고 부르는 자연계와 극단의 세계Extremistan라고 부르는 인간이 만든 세계다. 평범의 세계는 예측 가능하다. 아주 천천히 바뀐다. 평범의 세계에서는 어제 일어난 일이 분명히 오늘도 일어나고 내일도 일어날 것이다. 열쇠 크기의 물고기는 입을 뻐끔거리는 뭉툭한 맥주병 크기의 물고기에게 쫓길 것이다. 와인 병 크기의 물고기가 나타날 것이고, 와인 병 크기의 물고기들은 야구방망이 크기의 물고기들에게 쫓길 것이다. 이것이 평범의 세계다. 우리는 이 세계를 잘 알고 있다. 물고기와 악어와 고양이와 개. 암소와 코끼리. 겨울과 봄과 여름과 가을. 평범의 세계는 우리가 불을 다루는 법을 배우기 전까지, 도끼와 창과 낚싯바늘을 발명하기 전까지, 거래와 돈, 과학, 기술이 나타나기 전까지 살던 세계다.

이제 우리는 극단의 세계에 살고 있다. 상황이 급속도로 획획 바뀌는 세계다. 극단의 세계에서 삶은 항상 변화하고 있다. 극단의 세계는 블랙스완의 지배를 받는다. 인간이 만든 세계, 기술과 데이터의 세계는 복잡하고 서로 연결돼 있기 때문이다. 하나가 바뀌면 다른 것도 다 함께 바뀌어야 한다. 극단의 세계는 폭포수와 눈사태로 가득하다. 말이 나왔으니 말인데, 그 세계는 기업가의 꿈이다. 계속 부서지고 재구성돼 새로운 기회가 드러나는 세계이기 때문이다.

문제는 우리들 대부분이 극단의 세계를 이해하지 못한다는 점이다. 우리는 아직 평범의 세계에 살고 있는 척함으로써 머릿속으로 극단의 세계를 정상화하려고 노력한다. 그렇게 하지 않았다면 그 세계는 우리를 미치게 만들었을 것이다. 사실 이미 우리를 미치게 만들고 있다. 정신과 의사 이언 맥길크리스트Iain McGilchrist는 추상적 개념들이 서로 연동되는 현대 세계는 우리의 좌뇌가 우뇌를 점점 더 지배하게 만들고 있다는 멋진 이론을 내놓았다. 과거에는 우뇌가 대장이었다. 우뇌가 항상 자연계를 포착했다. 좌뇌의 도움이 필요할 때는 좌뇌와 우뇌를 연결하는 뇌량을 통해 왼쪽으로 정보를 제공했다. 그러면 좌뇌가 일을 시작했다. 자연계를 하나의 추상적 개념으로 상상해서 부분들로 나누고 도구들로 만들었다. 하지만 이후 우리 주변의 세계가 점점 더 좌뇌의 산물을 닮아가기 시작했다. 세계가 도구들처럼 보인다. 세계의 많은 부분이 도구들로 만들어졌기 때문이다. 그래서 도구의 지배자인 좌뇌가 우리를 장악하고 있다.

또한 극단의 세계는 점점 더 극단적이 되고 있다. 1690년대의 과학 혁명은 세계를 더 빠르고 서로 연결된 곳으로 만들었다. 세계는 더 연결될수록 더 빠르게 변화하고, 더 빠르게 변화할수록 더 연결된다. 자가촉매적 과정이다. 그리고 3세기가 지난 지금, 뉴욕에서 런던으로 몇 초 만에 이동하는 돈이 몇 배나 더 빨리 이동하는 더 똑똑한 돈에게 도중에 추월당한다. 이 더 똑똑한 돈은 적정 가격에 사고팔려 이익을 고정시키고 베이징, 도쿄, 프랑크푸르트에서 거래를 한 뒤 느린 돈이 바다를 건너기도 전에 맨해튼으로 되돌아간다. 우리의 세계는 추상적이고 변덕스러우며 부서지기 쉽고 불투명하다. 따라서 블랙 스완에 취약하다.

곧, 우리 생각보다 더 빨리 난데없는 어떤 일이 일어나 극단적이 될 것이다. 그 뒤에는 더 큰 일이 일어나 더 극단적이 될 것이다. 그린란드에서 고대의 빙하 핵이 녹아 북극의 빙원 아래로 물이 스며들면서 얼음이 매끄러워져 시카고 면적만 한 빙산이 떨어져 나간다. 빙산이 녹으면 더 많은 얼음이 녹고 지구의 흰색 부분이 줄어 열을 덜 반사하고 더 많은 열을 흡수한다. 그러면 더 많은 얼음이 녹는다. 자가촉매적 과정이고 연쇄적인 반응이다. 물이 지금 내가 있는 곳을 거쳐 이 테라스 높이까지 상승했다가 다시 내 플런지풀 높이로 올라가고 곧 내 바다 방갈로가 자취를 감출 것이다. 그 뒤에는 나무 바닥과 특대형 거품욕조 위까지 물이 차올라 결국 지금 내가 있는 곳에서 조금 떨어진 더 크고 더 호화스러울 게 분명한 바다 파빌리온의 지붕 꼭대기만 보일 것이다. 래미네이트를 입힌 케이트 모스의 베개 메뉴판이 두둥실 떠내려가 플라스틱 병들로 이루어진 텍사스 주 크기의 섬으로 향할 것이다.

혹은 어쩌면 한 알고리즘이 다른 알고리즘과 상호작용함으로써 경제에서 수십억이 날아가 나라 전체가 가난에 빠질 것이다. 사람들이 죽을 것이다. 부자들은 더 부유해지고 더욱더 부유해질 것이다. 부자들은 돈이 많아질수록 더 많은 돈을 원할 것이다. 그러다 티핑포인트에 다다를 것이다. 이상한 일들이 일어날 것이다. 누군가가 부자를 침실에서 아침 식탁까지 데려가는 컨베이어벨트를 발명할 것이다. 식탁까지 가는 도중에 그에게 관장약을 주고 방광에 도뇨관을 꽂아준 뒤 일본의 변기처럼 엉덩이에 물을 쏘고 따뜻한 바람으로 말려줄 것이다. 부자는 아침을 먹을 만반의 준비가 된 채 평온하고 상쾌한 기분으로 잠에서 깰 때까지의 이런 과정에 대해 전혀 모를 것이다.

작은 물고기 떼가 쏜살같이 쏟아져 나오자 더 큰 물고기들과 그보다 더 큰 물고기들이 그 뒤를 따랐다. 이 모든 일이 단 2초 만에 바로 눈앞에서 벌어졌다. 물이 요동치면서 마구 휘돌더니 물고기와 물이 은색과 푸른색, 노란색으로 반짝였다. 그런 뒤 모든 것이 조용해졌다.

어떤 일이 일어날 것이다. 어떤 일인지는 감이 오지 않는다. 그 일은 우리가 사는 세상을 뒤집어엎을 것이다. 그리고 나중에 우리는 말할 것이다. '음, 이렇게 혹은 저렇게 생각해보면 뻔히 알 수 있는 일이었어.' 하지만 절대 그렇지 않다.

# 21세기의 전부,
# 호황과 붕괴

               런던으로 돌아온 나는 나심 탈레브와
의 두 번째 약속을 잡았다. 첫 번째 만남은 내 마음 깊은 곳으로 밀어뒀
다. 나는 탈레브의 실체를 파악하려고 노력했다. 탈레브는 '세계에서 가
장 핫한 사상가'로 불린다. 그는 살아 있는 가장 영향력 있는 사상가들 중
한 명이다. 그는, 이 사람은 정말로 생각이라는 걸 할 수 있는 사람이다.
나도 정말로 생각을 할 수 있으면 좋을 텐데. 나도 그럴 수 있다면… 제
발. 이런 생각은 그만.

    탈레브는 레바논 사람이지만 파리에서 교육을 받았다. 내 생각엔 소르
본에서 공부한 것 같다. 그 뒤에 필라델피아에 있는 아이비리그 경영대학
원인 와튼 스쿨을 다녔다. 와튼 스쿨은 워런 버핏과 도널드 트럼프가 다
녔던 학교다. 버핏은 대학을 다니기에는 너무 똑똑했는데, 내가 생각하기

에 탈레브도 그랬던 것 같다. 탈레브와 이야기를 하면, 각양각색의 사람들이 섞인 식자 자리의 대화에서 그의 사고가 재빠르고 부지런히 움직이는 걸 알 수 있다. 가끔 뭔가를 설명할 때는 오른손이 공중에 그래프를 그린다. 그의 뇌 속에는 그냥 무언가에 관해 이야기만 하는 게 아니라 계산을 해서 숫자들을 확인한 뒤 그래프까지 그리는 구획이 있다.

탈레브는 1970년대에 베이루트 외곽에서 자랐다. 그의 증조할아버지와 고조할아버지는 정부각료였고 아버지는 과학자였다. 가족은 부유했다. 그러다 레바논에 폭탄과 포탄이 떨어지기 시작하더니 20년 동안 멈추지 않았다. 탈레브 가족은 고국을 떠났다. 이제 그들은 더 이상 부유하지 않았다. 탈레브의 말처럼, 누구도 폭탄과 포탄을 예측하지 못했다. 폭격은 난데없이 일어난 것처럼 보였다. 또 아무도 그렇게 여러 해 동안 폭격이 계속 이어질지 몰랐다. 모든 사람이 입을 모아 말했다. '괜찮아, 금방 멈출 거야. 크리스마스까지는 끝날 거야.' 사람들의 머릿속에서 그들은 세상이 이성적으로 움직이는 평범의 세계에서 살고 있었다. 갑작스럽고 예기치 못한 전쟁은 일어나지 않는 곳, 설사 일어나더라도 크리스마스 전에는 멈추는 곳.

하지만 탈레브는 자신들이 극단의 세계에 살고 있다는 것을 깨닫기 시작했다. 나는 탈레브의 담당 출판사로 전화를 걸어 그를 만나고 싶다고 청했다. 출판사에서 나중에 다시 연락을 해줬다. 당시 탈레브는 그가 살고 있는 뉴욕에 있었지만 곧 런던을 방문하고 점심식사 자리가 마련될 것이라 했다. 나는 초대를 받았고 가기로 했다. 그리고 그 자리에서 나는 뭔가 끔찍한 짓을 했거나 혹은 하지 않았다.

탈레브가 완전히 이해한 점은 현대 세계는 호황과 붕괴가 전부라는 것이다. 시장은 종종 호황을 맞는다. 사람들이 여기에 합류한다. 그 뒤 모든 사람이 여기에 합류하길 원한다. 그러다 어느 지점에서 호황이 비이성적이 된다. 운동장에서 대유행하는 장난감과 비슷하다. 내가 그걸 갖고 싶은 이유는 네가 그걸 갖고 있어서야. 네가 갖고 있어서 더 갖고 싶어. 사람들이 로봇처럼 행동하기 시작한다. 그들의 머릿속은 광적인 열기에 사로잡혀 있다. 자신을 어쩌지 못한다. 그러다 붕괴가 일어난다. 벼락경기와 불경기. 광적인 열기와 극심한 공포. 매트 리들리가 겪고 내게 설명해준 세계. 매트에 따르면 우리가 사는 세계의 전반적인 동향은 오름세이고 그 과정에 요철들이 있다. 이것이 이성적 낙관주의다. 탈레브는 이 패턴을 알아차렸다. 더 중요하게는, 완화 국면은 항상 고평가되고 변동성은 항상 저평가된다는 것도 알아차렸다.

여기에는 이유가 있다. 모든 상황을 언제나 훌륭하게 설명하는 말콤 글래드웰이 2002년에 탈레브를 인터뷰했다. 당시 탈레브는 경험주의자를 뜻하는 '엠피리카Empirica'라는 헤지펀드를 운영하고 있었다. 책이나 보고서에 의존하기보다 자신의 눈으로 상황을 직접 보길 좋아하기 때문에 붙인 이름이었다. 탈레브는 적중확률이 66분의 1인 복병마에게만 돈을 거는 경마도박꾼처럼 주식 시장에 투자했다. 승산이 낮은 수많은 주식들에 돈을 걸었고 이런 복병들이 질 때마다 조금씩 돈을 잃었다. 하지만 가끔 복병마가 승리했고 그러면 탈레브는 어마어마한 돈을 벌었다.

경제는 경마와는 다른 방식으로 서로 연결돼 있기 때문에 실제로는 상황이 이보다 더 복잡하다. 그래서 1987년에 주식 시장이 붕괴됐을 때나

1998년에 러시아가 채무불이행을 선언했을 때, 혹은 기술주들의 주가가 치솟았다가 세기가 바뀔 무렵 급락했을 때처럼 탈레브의 복병들 중 하나가 이기면 판돈을 전부 쓸어갔다. 사람들은 그런 급등을 예상하지 못했다. 그런 붕괴도 예상하지 못했다.

아무튼 글래드웰은 이 부분을 매우 훌륭하게 설명했다. 그는 만약 선택권이 주어진다면 대부분의 사람들이 적은 이익을 정기적으로 얻는 쪽을 선호한다고 말했다. 이 경우 극히 드물긴 하지만 모든 걸 다 날리고 잃을 위험을 감수해야 하는데도 말이다. 탈레브는 그와 반대로 했다. 그는 정기적으로 조금씩 돈을 잃다가 예기치 못한 어떤 일이 일어나면 거액을 땄다. 탈레브는 사람들이 세계가 어떻게 돌아가는지 모른다는 걸 도저히 인정하지 못하기 때문에 그가 예기치 못한 사건 쪽에 돈을 걸면 항상 더 높은 배당률을 얻을 수 있다는 계산을 했다. 다시 말해 그는 극단의 세계에서 살고 있었던 것이다. 가능성이 높은 대상에 돈을 걸면 뿌듯하다. 가능성 없는 대상에 돈을 걸면 외롭다. 가능성이 없던 일이 실제로 일어나면 큰돈을 번다. 하지만 대개의 경우 돈을 잃는다. 대개의 경우 찬밥 신세다. 탈레브는 이런 찬밥신세가 명당자리라고 생각했다.

얼마 전 나는 이 문제를 이해하려고 애쓰다가 승산이 없는 말에 돈을 걸어 1년에 백만 파운드 이상을 벌어들인 패트릭 비치Patrick Veitch라는 경마꾼에게 관심이 쏠렸다. 비치는 승률을 살펴보고 때때로 승률이 틀렸다는 것을 알아차리는 기법을 개발했다. 승률이 틀리면 적중확률이 66분의 1인 복병마가 경주에서 이길 가능성이 10%가 될 수도 있다. 따라서 그 말에 돈을 걸면 열 번 중 아홉 번은 돈을 잃을 것이다. 하지만 열 번째 경주에서 떼돈을 벌 수도 있다. 내가 '벌 수도 있다'고 말한 이유는 확실한 건 아무것도 없기 때문이다.

비치는 무엇을 봤을까? 그는 아주 구체적인 무언가, 그러니까 평평한 트랙 1마일에서 벌어지는 경마에 초점을 맞췄다. 그는 이 대상을 아주 명확하게 보고 그 작용을 관찰해서 마권업자까지 말리는데도 돈을 거는 방법들을 개발했다. 그는 이 아주 구체적인 유형의 경마를 관찰하면서 남들은 보지 못하는 무언가를 봤다.

그런데 뭘 봤을까? 마침내 비치가 나를 만나준다고 했다. 나는 그에게 두 시간 동안 질문을 던졌다. 그는 탈레브를 언급했다. 비치는 수학영재였다. 그는 탈레브의 책을 읽지는 않았지만, 읽을 필요가 없다고 말했다. 탈레브가 자신과 같은 생각을 하고 있다는 걸 알기 때문이다. 그는 내게 자신의 비결을 말해주지 않았다. 하지만 나는 그 문제를 계속 생각했다. 얼마 후 나는 그 작용을 일부 이해하기 시작했다. 대상을 명확하고 편견 없이 보는 사고방식과 스스로를 통제하지 못하는 자제심 없는 사고방식, 엉뚱한 방향을 잡고는 어디로 가고 있는지 모르는 사고방식 간의 차이였다.

탈레브와의 점심 식사는 코벤트 가든 호텔Covent Garden Hotel의 프라이빗 다이닝룸인 레드룸에서 열렸다. 최신 유행과 전통의 중간 스타일쯤으로 꾸며진 세련된 호텔이었다. 그 자리에는 탈레브의 출판사 담당자들뿐 아니라 6명 정도의 손님이 참석했던 것 같다. 탈레브가 식탁의 상석에 앉고, 적어도 런던 광고계에서는 가장 똑똑한 사람이라고들 하는 로리 서덜랜드Rory Sutherland가 탈레브 옆의 귀퉁이에 앉았다. 내 자리는 로리 옆이었고, 내 맞은편에는 방송 진행자 에번 데이비스Evan Davies가 앉았다. 교수가 3명쯤 참석했고 엄청나게 영리한 탈레브의 편집자도 있었다. 나는 옷깃이 없는 소프트칼라가 달린 코르덴 재킷을 입고 있었다. 내가 제일 좋아하는 재킷이었다. 탈레브는 트위드 재킷 아래에 크루넥 저지를 받쳐 입었다. 그는 자신이 도살업자나 보디가드, 그러니까 거친 남자처럼 보인다는 말을 가끔 한다. 약간 그렇긴 하다.

탈레브는 그의 성공의 열쇠인 '반反취약성antifragility' 개념에 관해 이야기했다. 그는 취약한 무언가는 변동을 싫어한다고 말했다. 사실 취약한 무언가는 시간을 포함해 거의 모든 것을 싫어한다. 포도주 잔을 생각해보라. 포도주 잔은 오로지 혼자 내버려두길 원한다. 이제 포도주 잔의 반대를 생각해보자. 취약하다의 반대가 뭘까? 이 질문을 던지면 대부분의 사람들이 '강건하다'라고 대답한다. 하지만 강건함은 취약함의 반대가 아니다. 탈레브는 이렇게 말한다. "소포를 보내면서 상자에 'fragile(충격을 받으면 깨지기 쉽습니다)'이라고 쓰면 '손상시키지 마세요, 떨어뜨리지 마세요'라는 뜻입니다. 하지만 'antifragile(충격을 받으면 더 단단해집니다)'라고 쓴다면 무슨 뜻일까요? 손상시키라는 말입니다. 거칠게 다루세요. 떨어뜨리세요. 걷어차세요."

다시 말해 반취약성을 가진 무언가는 무질서에서 이득을 본다. 호되게 언어맞는 걸 좋아한다. 예를 들어 인간의 몸은 운동을 좋아한다. 근섬유가 찢어지고 닳으면 더 튼튼하게 다시 자란다. 그리고 전체적인 인류를 생각해보자. 우리가 진화하는 건 항상 시험을 받고 있기 때문이다. 시험은 우리를 더 강하게 만든다. 통과하지 못한 사람은 많이 번식하지 못하기 때문이다. 진화에는 반취약성이 있다. 우리의 문제점은 실패를 좋아하지 않아서 진화를 좋아하지 않는다는 것이다. 우리는 안전을 고집한다. 삶이 순조롭고 비슷비슷하길 원한다. 스스로 평범의 세계를 만들길 원한다. 하지만 그런 바람은 환상일 뿐이다. 절대 이뤄질 수 없다. 안전과 예측성에 대한 우리의 갈망은 우리를 더 취약하게 만들뿐이다.

점심식사 자리는 약간 아첨하는 분위기로 흘러갔다. 탈레브가 영국의 언어 철학자 J. L. 오스틴의 일화를 이야기하기 시작했다. 나는 지금까지 살면서 오스틴에 대해 수십 시간을 생각했다. 오스틴은 우리가 어떤 말을 할 때 그저 말만 하는 게 아니라 특정 행동을 동시에 수행한다고 생각했다. 내 인생에서 이를 보여주는 가장 좋은 예가 내가 어떤 사람이 유죄라고 선언했던 순간이었다. 그는 폭력행위로 기소돼 피고석에 서 있던 전 前 권투선수였다. 그의 친구들과 가족들이 방청석을 가득 채웠다. 그의 삶은 내가 가발을 쓴 어떤 나이 지긋한 사람과 나눈 짧은 대화의 결과로 뒤집혔다. 이것이 오스틴의 주장이다. 혹은 적어도 주장의 일부다. 무언가를 말할 때 당신은 행동도 하고 있다. 그리고 그 사람, 그 권투선수는, 아, 나를 보던 그의 눈빛을 당신이 봐야 했는데. 그 역시 행동을 수행하는 데 익숙했다. 주먹으로 말이다. 애초에 그가 피고석에 선 이유가 그 때문이었다. 그리고 이제 나는 그에게 행동을 수행하고 있었다. 퍽! 어퍼컷, '어'으로 시작하고 '컷'으로 끝나는 세 글자. 때려눕히기. 이 지점에서 그는 고함을 질렀고 방청석의 모든 사람들도 그랬다.

탈레브가 들려준 일화는 1950년대에 오스틴이 뉴욕의 컬럼비아 대학교에서 했던 강연에서 일어난 일이었다. 당시 오스틴은 거의 가장 완고한 상류층 악센트를 구사하는, 세계에서 가장 옥스브리지 출신답다고 할 만

한 사람이었다. 그런 그가 이 미국인들에게 그들의 음성언어에 대해 어떻게 생각해야 할지 이야기하고 있었다. 당시 청중석 뒤쪽에 시드니 모건베서Sidney Morgenbesser라는 미국의 철학자가 앉아 있었다. 탈레브가 이 이야기를 하는데 내 머릿속에서 뭔가가 환해졌다. '하! 내가 알고 있는 이야기잖아!' 모건베서는 언어의 달인이었다. 강연 중에 오스틴은 대담한 선언을 했다. 영어에서 이중부정은 긍정이 되지만 그 반대가 성립되는 언어는 없다, 즉 이중긍정은 절대 부정이 될 수 없다고 말한 것이다.

이제 탈레브의 이야기는 모건베서가 강한 브롱크스 말투로 강연장 전체에 울리게 두 마디를 내지르는 결정적 대목을 향해 가고 있었다. 그 뒤 모건베서는 이 두 마디로 유명해졌다. 이것은 무덤까지 그를 따라갔고 그의 사망기사의 골자가 됐다. 탈레브가 이 두 마디를 막 말하려는 참이었다. 내 머릿속에 반짝 불이 들어왔다. 그 다음에 무슨 일이 일어났는지는 정말 모르겠다. 나는 분명 그 두 마디를 내뱉어 탈레브의 이야기를 망치고 교수들과 영리한 편집자와 방송 진행자와 광고계에서 가장 똑똑한 사람 앞에서 창피를 당했을 거다. 아니면 말하지 않았을 수도 있다. 만약 그랬다면 내가 무심코 입 밖으로 내뱉으려는 걸 가까스로 자제했기 때문일 것이다. 하지만 만약 내가 기어코 그 두 단어를 말했다면, 참으려고 애썼는데도 실패했기 때문일 것이다. 내가 그 단어들을 말했던가? 아니면 그냥 생각만 했던가? 내 머리가 내 의지를 거스르고 내 혀와 목구멍에게 두 개의 구체적인 음소를 레드룸 전체에 내뱉게 했던가?

몇 초 전, 탈레브가 오스틴 일화의 끝부분을 향해 가고 있을 때 나는 세 음절짜리 단어로 전직 권투선수를 때려눕혔을 때의 기분이 떠올랐다. 픽! 장소는 웨스터민스터 형사 법원이었다. 더없이 진지한 분위기였다. 배심원 대표였던 나는 일어나 있었다. 판사가 내게 질문했다. "배심원단은 어느 한 기소조항에 대해 만장일치의 평결을 내렸습니까?" 식당에서 끔찍한 몇 분 동안 자제력을 잃었던 권투선수는 두 가지 기소조항으로 재판을 받고 있었다. 하나는 그를 감옥에 집어넣기에 충분한 죄목이었고, 다른 하나는 그가 오랫동안 집을 떠나 있어야 할 극악무도한 죄목이었다. 우리는 덜 심각한 기소조항에 대해 그가 유죄라고 판단했다. 더 심각한 조항에 대해서는 아직 논의 중이었다.

내게 닥친 첫 번째 문제는 판사가 어느 한 기소조항에 대한 평결을 내렸는지 물어볼지 몰랐다는 것이었다. 나는 판사가 두 기소조항 모두에 대해 판단을 내렸는지 물어볼줄 알았다. 그래서 아직 평결을 내리지 못했다고 대답할 참이었다. 그러면 판사는 우리가 커피를 마시면서 누군가를 특정한 방식으로 해치려고 시도한 것과 덜 특정한 방식으로 해치려고 했지만 공교롭게도 특정한 방식으로 해친 것 사이의 차이를 토론하면서 오후를 보내도록 돌려보낼 것이다. 내가 대답했다.

"네."

"첫 번째 기소조항에 대해 만장일치의 평결을 내렸습니까?"

훨씬 중요한 내 두 번째 문제는 내가 어떤 범법행위가 첫 번째 기소조항이고 무엇이 두 번째인지 확실히 몰랐다는 데 있었다. 기소조항은 심각성에 따라 번호가 매겨지는 걸까? 아니면 반대일까? 판사. 전 권투선수. 전 권투선수의 친구들과 가족들이 앉아 있는 방청석. 내가 머리를 쥐어짜고 있을 때 눈에 들어온 모습이었다. 머리를 쥐어짤수록 내가 확실히 모른다는 사실만 더 확실해졌다. 내가 대답했다.

"네."

판사의 질문에 대한 옳은 대답은 '모르겠습니다'였다. 나는 그렇게 대답했어야 했다. 하지만 무언가가, 어떤 충동이 나로 하여금 '네'라고 대답하게 만들었다. 나는 일종의 광기에 사로잡혔다. 이제 돌이킬 수 없었다.

"피고에게 어떤 판결을 내렸습니까?"

이제 동전 던지기였다. "유죄입니다!"

나는 어떤 말을 말했다. 오스틴에 따르면 그 말을 하면서 어떤 행동도 했다. 전 권투선수가 고함을 질렀다. 방청석의 사람들도 고함을 질렀다. 그때까지도 몰랐지만 내가 넘겨짚은 쪽이 맞았다. 레드룸에서 사람들이 웃고 있었고 나는 얼굴이 빨개졌다. 탈레브의 얼굴을 봐야 했지만 고개를 숙이고 내 접시와 식기들만 쳐다봤다. 몸이 화끈거리고 죄스러운 기분이 들었다. 머릿속이 마구 소용돌이쳤다. 전 권투선수가 고함을 지르기 시작했을 때 느꼈던 딱 그 기분이었다.

# 04

# 위험을 감수하며 나아가는 일

6주 뒤 탈레브는 런던 중심부에 있는 또 다른 호텔에서 나와 만나기로 했다. 그는 우리가 세상이 어떻게 돌아가는지 알고 있다고 생각하지만 실제로는 그렇지 않다는 것을 인류에게 말해주는 임무를 띠고 계속 대서양을 오갔다. 우리의 머리는 우리가 만든 세계보다 더 규칙적인 세계에 맞춰서 설계돼 있다. 우리는 더 이상 평범의 세계에서 살지 않는다. 극단의 세계에서 산다. 우리는 과학이 진리라고 생각한다. 과학을 이용해 세계지도를 만든다. 그리고 지도를 흔들며 모든 사람에게 보물이 어디에 묻혀 있는지 안다고 말한다. 하지만 과학은 진리가 아니다. 과학은 잠정적이다. 우리는 항상 반증을 내놓는다. 칼 포퍼Karl Popper가 계속 주장한 것처럼 반증가능성이 없는 것은 과학이 아니다. 탈레브는 포퍼를 좋아한다.

나는 탈레브 사상의 본질을 이해하려고 애쓰면서 로비에 앉아 차를 마시는 중이었다. 스티브 잡스를 인용한 탈레브의 말을 빌려오자면, 깔끔하게 생각하려 애쓰고 있었다. 잡스는 생각을 깔끔하게 만드는 데 많은 시간을 써야 한다고 강조했다. 생각이 깔끔해지면 상황이 분명하게 이해된다. 내 생각을 깔끔하게 만들어야 한다.

탈레브의 신조들 중 하나는 '인생은 긴 감마long gamma다'라는 말이다. 랍비가 된 그의 친구가 했던 말인데, 길다는 것은 '이익을 보다'나 '내기를 걸다'를 의미하고, 감마는 무작위성이나 무질서를 의미한다. 삶은 무작위성을 좋아한다. 무작위성이 진화의 동력이다. 무작위성이 유인원들을 인간으로 진화시켰다. 한 유인원에게 나타난 무작위적인 작은 DNA 돌연변이(아마도 뇌의 좌반구에서 우반구로 가는, 치안이 엄중한 길인 뇌간과 관련된 유전자였을 것이다) 때문에 산불이나 불타는 통나무를 보고 새로운 유형의 생각을 할 수 있었다. 덕분에 음식을 익혀 먹을 수 있게 됐고, 호모 에렉투스가 출현했다. 이어서 도구와 거래, 돈, 도시, 호텔이 생겨났다.

탈레브의 우주에서는 무작위성이 중요하다. 거의 전부라 할 수 있다. 그가 말하는 무작위성은 '우리가 이해하지 못하는 무언가'를 의미한다. 탈레브에게 무작위적 사건은 복잡성의 산물, 상호작용해서 변화를 만들어내는 모호한 힘들의 산물이다. 자연계, 즉 평범의 세계에서는 변화가 서서히 일어난다. 유인원들은 서서히 인간으로 바뀌었다. 한 특별한 유인원이 불타는 통나무를 보고 새로운 유형의 사고를 했던 때부터 물고기를 잘 잡는 사람이 물고기 잡기에 서투른 사람과 거래를 해서 그 사람이 해주는 일, 가령 오두막을 지어 주는 일에 대해 물고기로 보상하기까지 6만

세대가 지나갔다. 그 후에 속도가 붙기 시작했다.

그때부터 크리스토퍼 렌이 활기찬 런던으로 돌아가고 싶어서 전원지 대의 약간 높은 땅에 서서 조수 니콜라스 호크스모어에게 건축공사를 넘 겨받으라고 부탁한 때까지 약 6,000세대가 지나갔다. 그리고 그때부터, 그러니까 초기 지폐와 삭구장치가 달린 배의 시대, 세계 최고의 과학자가 눈이 어떻게 작동하는지 알고 싶어서 자기 눈을 찔러보고 세탁기가 없던 시절, 거의 완벽한 건물을 지을 수는 있지만 수세식 화장실이 없던 시절 부터 인터넷이 발명될 때까지는 겨우 29세대가 지나갔다. 그리고 인터넷 이 생긴 뒤부터, 즉 구글, 페이스북, 유튜브, 아이폰, 인스타그램, 스냅챗, 왓츠앱, 그라인더, 틴더와 넷플릭스가 생긴 뒤부터 아직 한 세대도 지나 지 않았다.

이 경로의 어느 지점에서 우리는 극단의 세계로 들어섰다. 이제 알고 리즘이 0.01초 만에 대서양 너머로 거액을 보내고, 다른 알고리즘과 거래 를 하고, 시간이 갈수록 점점 더 우리가 알지 못하는 세계를 만들고 있다. 이제 로봇이 우리에게 메시지를 보내고 데이터를 수집하며 우리를 상대 로 실험을 하고 있다. 로봇이 우리에게 실험을 하고 있다고? 그렇다.

탈레브가 깊이 신뢰하는 것들 중 또 다른 하나는 덴마크의 수학자 요 한 얀센Johan Jensen이 고안한 수학 정리인 얀센의 부등식이다. 얀센의 부등식은 탈레브가 자신의 '철학자의 돌lapis philosophorum'이라고 부르 는 개념, 그러니까 반취약적이 돼 극단의 세계에서 번창하기 위한 열쇠 다. 나는 한동안 얀센의 부등식을 이해해보려 노력했다. 이 부등식은 볼 록한 그래프를 이용해서 설명돼 있다. 학교 다닐 때 내가 이해했지만 그 뒤 이해하지 못하게 된 바로 그런 류의 문제다.

안센의 부등식은 진화가 작용하는 방식과 금융시장에서 탈레브가 옵션을 구매하는 방법의 유사성을 표현하는 방식이다. 적어도 나는 그 방정식을 그렇게 이해했다. 당신이 이해하지 못하는 세계에서 진전을 이루는 방법. 탈레브는 자신의 거래 기법, 즉 그가 '동적 헤징dynamic hedging'이라고 부르는 것이 보편적 패턴, 자연적 규칙의 표현이라는 점을 이해하는데 25년이 걸렸다고 말했다. 사반세기四半世紀 동안 생각하다가 어느 순간 앞뒤가 딱 맞아떨어지며 이해가 됐다고. 나는 이 개념을 약간 이해할수 있다. 아니, 말도 안 되는 소리다. 이 개념은 내게 아직 완전히 명확해지지 않았다.

나는 깔끔하게 생각해야 한다.

　◗◖

그리고 그가 왔다. 세계에서 가장 핫한 사상가. 세계의 지도자들이 조언을 구하는 인물. 그가 로비를 가로질러 걸어오고 있다. 벗겨진 머리에 손질한 회색 수염. 나는 그를 따라 아래층의 회의실 같은 곳으로 갔다. 우리는 이제 일대일 대화를 나눌 것이다. 그런 후에 나는 650명 앞에서 이야기하는 그를 볼 것이고 그 다음에는 인간의 진보가 계획에 따라서가 아니라 예기치 않게 이루어진다고 쓴 뛰어난 과학자 테렌스 킬리Terence Kealy를 포함한 몇몇 똑똑한 인물들과 식사를 할 것이다.

두 시간 동안 탈레브는 자신의 생각을 거듭해서 설명했다. '우리는 극단의 세계에 살고 있다. 우리는 결코 역사를 이해하지 못할 것이다. 앞으로 우리는 복잡한 체계 속에서 과거보다 규범에서 더 많이 벗어날 것이다. 더 큰 지진이 일어나고 더 큰 홍수가 닥칠 것이다. 더 큰 금융 붕괴가 일어날 것이다.' 하지만 우리는 항상 다음에 일어날 참사가 아니라 지난번 참사를 막으려고 한다. 이게 문제다.

우리는 회의실에 앉았다. 나는 얀센의 부등식, 사상가로서 탈레브의 이력의 정점을 이루는 철학자의 돌, 그리고 그의 필생의 연구를 뒷받침하는 수학적 토대를 이해하고 싶었다. 나는 비만의 유행에 대한 여담으로 대화를 시작했다. 어떻게 이 문제가 우리를 불시에 공격했을까? 그 규모는 얼마나 클까? "우리는 조금씩, 조금씩 살이 찌다가… 갑자기 정상 범위를 넘어서 버렸습니다." 하지만 탈레브는 바로 본론으로 들어갔다.

"내 전공은 얀센의 부등식입니다."

"그렇죠!"

"얀센의 부등식이라. 얀센의 부등식이 뭘까요? 그 부등식은 뭐든 볼록성을 지니는 것이 변화에서 이익을 얻는다고 말합니다."

"변동성에서 얻는… 이익 말인가요?"

"분산에서 얻는 이익이죠. 다시 말해, 당신이 어떤 요인에 대해 볼록성을 가진다면…"

"음, 네."

"볼록성 반응에서는 2가 1의 2배보다 낫습니다…"

"그렇죠, 그래요."

"이것이 긍정적 비선형성입니다. 볼록성이죠. 그러면 당신은 자동적으로 어떤 변화에서 이익을 얻습니다."

다음 몇 달 동안 나는 이 부분에서 녹음테이프를 정지시키고 볼록 그래프를 그려보며 깔끔하게 생각하려 노력할 것이다. 나는 생에서 두 번째로 곡선 그래프가 비선형적이라는 것을 이해하기 시작할 것이다. 이 그래프는 작은 어떤 일이 다른 일에 큰 영향을 미치는 상황을 설명한다. 작은 변화가 큰 차이를 불러온다.

맞다, 나는 이렇게 생각할 것이다. 이건 위상전이를 설명하는 그 유명한 S 곡선의 볼록한 부분과 비슷해. 위상전이는 기본적으로 우주 만물이 한 상태에서 다른 상태로 변화하는 방식이다. 인공지능 전문가 페드로 도밍고스Pedro Domingos는 저서《마스터 알고리즘The Master Algorithm》에서 녹고 있는 얼음덩이, 초기 우주의 팽창, '과학의 패러다임 전환', 팝콘이 튀겨지는 방식, 사랑에 빠지는 방식 등 이런 예들을 일부 나열했다. 또한 삶이 꾸준하고 선형적인 진행이 아니라 일련의 단계 혹은 급격한 변화에 따라 진화한다고 주장하는 '단속평형설'에서 진화가 일어나는 방식도 여기에 해당된다.

상황 변화는 모두 같은 방식으로 일어나는 것처럼 보인다. 처음에는 아무 변화가 없다가 그리 크지 않은 변화가 일어난다. 그러다 쾅! 그래프의 볼록한 부분에서 모든 일이 아주 급속도로 일어난다. 그 뒤에는 그다지 큰 변화가 일어나지 않다가 마지막에는 다시 아무 변화도 일어나지 않는다. 말콤 글래드웰이 쓴 같은 제목의 책으로 유명해진 개념인 '티핑포인트'에 대해 도밍고스는 그것이 'S곡선'으로도 불릴 수 있다고 말한다. '티핑포인트'라는 명칭이 더 낫다는 점만 제외하면 말이다. 복잡한 힘들에 이끌려 상황이 서서히 변화하다가 어느 시점부터는 훨씬 더 빠른 속도로 변화한다. 우리가 조금씩, 조금씩 뚱뚱해지다가 갑자기 정상범위를 넘어서는 것처럼. 탈레브가 말했다. "그러니까, 우리는 음식 재료에 대해 다소 볼록성을 지닙니다."

우리는 다이어트에 관해 이야기했다. 탈레브는 간헌절 단식에 찬성했다. 이어서 로마인들, 정크푸드의 발전, 행동심리학, 행동심리학자 대니얼 카너먼Daniel Kahneman에 대해 이야기를 나눴다. 카너먼을 존경하는 탈레브는 탐욕스러운 박식가다. 나는 정크푸드가 사람들을 허기지게 만들도록 진화된 게 틀림없다고 생각한다. 정크푸드는 적자생존의 세계에 가장 적합한 유형의 음식이다. 정크푸드는 예기치 못하게 나타난 현상이다. 어떤 계획도 필요하지 않았다. 탈레브가 동의했다. 탈레브가 내 생각에 동의하다니!

만성질환과 급성질환 치료제가 불러올 수 있는 결과의 차이를 두고도 이야기했다. 아침을 먹어야 하는지 아닌지에 대해서도. 모든 걸 고려했을 때 그는 아침을 먹지 않아야 한다고 생각하는 것 같았다. 어쨌거나 야생동물들은 사냥을 해야 아침을 먹을 수 있다. 그가 말했다. "동물들은 먹기 위해 달려요. 달리기 위해 먹는 게 아닙니다."

여행이 어떤지 물어보자 그는 "지옥이죠. 사람들이 내게 지옥을 경험시키네요"라고 대답했다. "어젯밤에 잠을 못 이뤘어요. 그래서 잠이 부족해요." 그는 이른 아침의 텔레비전 인터뷰를 위해 일어나야 했다. 담화를 하고 또 했다. 그는 많은 사람이 자신의 이야기를 잘못 이해한다고 말해왔다. 실제로 많은 사람이 전반적으로 그의 연구를 잘못 이해한다. 그의 주요 주장들 중 하나는 무작위성이다. 운은 중요하다. 당신이 정 그렇게 생각하고 싶다면 말이다. 하지만 운이 전부는 아니다. 탈레브는 운이 전부라고 말한 적이 없다. 특정 유형의 라디오나 텔레비전 인터뷰 진행자는 이 점을 파악하기 힘들 수 있다.

현실은 훨씬 더 미묘하다. 우리가 사는 세계가 점점 더 기이하고 무작위적이 되고 있다면 우리는 그 세계를 길들이고 통제하려는 노력을 중단해야 한다. 위험을 부인하려고 애쓰지 말라. 탈레브는 "이론상으로는 이 점을 이해할 수 없습니다"라고 말했다.

그는 말이 빨랐다. 그리고 책임을 안고 직접 참여한다는 의미의 '스킨 인 더 게임skin in the game', '새에게 나는 법 가르치기', '생목 오류green lumber fallacy' 같은 특유의 은어들을 사용했다. 생목 오류는 파산한 조 시걸Joe Siegel이라는 상인에게서 나온 표현이다. 그는 가공되지 않은 목재를 뜻하는 '생목green lumber'을 거래해서 큰돈을 번 성공한 상인을 알고 있다. 그런데 그 상인은 자신이 초록색으로 칠해진 목재를 거래하고 있다고 생각했다. 하지만 그런 무지는 아무 문제가 되지 않았다. 중요한 건 그가 목재를 거래하는 요령을 알고 있었다는 것이다. 이 경우 지식에는 두 가지 유형이 존재한다. 하나는 목재에 관한 지식이고, 다른 하나는 훨씬 더 미묘하고 파악하기 어려운 지식이다. 후자는 다른 사람들이 목재 값으로 지불하려고 마음먹은 가변적 액수에 대한 지식이다. 상인에게 전자는 중요하지 않다. 후자가 전부다.

탈레브에 따르면, 조금씩 수정하고 위험을 감수하며 나아가야 한다. '작은 실험을 하라. 잃어도 되는 내기를 하라. 초기의 과학자들처럼 돼라. 세상에 참여하라. 당신의 이해가 잠정적이라는 점을 항상 염두에 두고 더

듬더듬 나아가라. 그러다 긍정적 면이 부정적 면보다 더 큰 기회, 즉 볼록 그래프를 보면 붙잡아라.' 당신은 종종 실패할 것이다. 하지만 실패가 부끄러운 건 아니다. 성공하려면 많은 실패가 필요하다.

우리는 탈레브의 친구이자 위험 판정자로 유명한 아론 브라운에 대해 이야기했다. 브라운은 내게 포커를 치는 순간과 시장에서 옵션을 거래하는 순간에 황홀경 같은 특정한 정신 상태에 돌입하고 그 뒤에는 선잠을 자며 밤새 이상한 꿈을 꾼다고 말한 적이 있다. 이런 모습이 탈레브가 말하는 '스킨 인 더 게임'에 적용된다. 직접 투자를 하면 당신이 자신의 손해와 이익에 책임을 지게 된다. 당신이 직접 경기를 한다. 당신이 위험을 감수한다. 당신은 진정으로 살아 있다. 당신은 오랜 진실과 연결된다. 당신의 머리는 수천 건의 계산을 하고 있다. 당신은 배우고 있다. 당신은 예측할 수 없는 현상이다. 당신은 숲에서 냄새로 단서를 잡는 동물이다.

탈레브는 긴 산책을 자주 한다고 했다. 글이 써지지 않아 많이 힘들 때, 가령 자신의 생각들을 〈월 스트리트 저널〉의 기사 하나로 압축하기로 약속한 경우에 그는 도통 떠오르지 않는 것에 대해서는 생각하지 않으려 노력한다. 그가 말했다. "그 문제에 대해 생각하지 마세요. 생각하지 않으려고 의식적으로 노력하세요." 그러다 보면 결국 머릿속에서 불쑥 아이디어가 튀어나온다는 얘기였다.

이야기를 나누는 동안 내 머릿속에서 무언가가 막 튀어나오려고 했다. 철학자의 돌! 나는 그 개념을 거의 이해했다가 다시 이해가 안 갔다가 또 다시 이해의 끄트머리 가까이로 맹렬히 다가갔다. 철학자의 돌은 상황이 변화하는 방식, 이중부정이 긍정이 되는 방식이며 패트릭 비치의 말들,

스타벅스의 성장과 관련돼 있다. 철학자의 돌은 어릴 때 내 친구 조가 이상하게 나보다 훨씬 낚시를 잘했던 일과 그것에 대한 이유다. 또한 진화 그 자체, 어마어마한 영향을 미치는 작은 일들, 아무 계획도 하지 않지만 때때로 거대한 파도를 타고 한 종에서 다른 종으로 나아가며 수백만 번의 작은 내기를 하는 유전자들이다.

'알겠어!'
그런데 또 모르겠다.

나는 인사를 하고 탈레브와 악수했다. 레드룸에서 무슨 일이 일어났었는지는 차마 물어보지 못했다. 아마 나는 절대 진실을 알지 못할 것이다. 호텔을 걸어 나오면서 레드룸, 뉴욕의 강연장, 철학자 시드니 모건베서, 그리고 그가 방 전체에 외친 두 마디, 그 두 마디가 6주 전 그 날 내 머릿속을 채우던 것을 생각했다. 그는 이렇게 소리쳤다.

"픽이나 그렇겠네 yeah, yeah."

# 05

# 사치를 누릴 수 있게
# 해주는 것들

회사 돈으로 호사를 부리며 뉴욕으로
가면서 나는 이런 호사를 즐길 수 있는 정확한 이유가 아니라 앞으로 며
칠 동안 얼마나 풍요롭게 지낼지 생각하려고 노력한다. 호사를 누리게 된
이유보다 앞으로 누릴 호사를 생각하는 편이 더 쉽다. 이유를 생각하면
싫어질 테니까.

나는 이런 호사를 싫어한다. 하지만 사랑한다. 렉서스나 메르세데스가
나를 태우러 오면 항상 반색을 하고, 공항으로 가는 차의 부드러운 승차
감과 가죽 시트, 대개는 오지랖을 부리지 않는 운전기사를 즐긴다. 반들
반들한 동물 가죽으로 꾸며진 차 안으로 미끄러져 들어가면서 최근에 만
났던 선을 넘으려 했던 러시아인 기사가 떠올랐다. 차에 타자 그는 내게
마사지를 원하는지 물었다.

"마사지를 받으시겠습니까?"

"아니요! 어, 아닙니다, 괜찮습니다."

"마사지가 뭔지 보여 드리죠."

러시아인은 운전석에서 내리지 않았다. 그냥 버튼 몇 개를 눌렀다. 그러자 내 엉덩이 아래와 뒤쪽의 가죽이 출렁이기 시작했다. 기사가 모는 차를 차고 가면 고속도로의 풍경이 보인다. 일등석 라운지에 가면 출국 수속이 약간 지체되는 건 개의치 않게 된다. 라운지에서 당신은 공항의 나머지 구역에는 없는 다양한 음식들, 배가 고프거나 식탐이 많은 사람이 아니라 금욕주의자들을 위한 음식에 감사한다. 부자들은 퀴노아와 케일을 좋아한다. 좋아하지 않는다 해도 그런 음식을 보는 건 좋아한다.

아무튼 비행기에 타면 항상 당신보다 더 좋은 좌석 혹은 더 좋은 유형의 좌석에 앉는 사람이 있다. 당신이 비행기의 가장 앞쪽 구역에 있지 않다는 사실에 기분이 상한다. 그 시간, 비행기 맨 앞쪽에 앉아 있는 사람은 전용 비행기에 타고 있지 않다는 사실에 기분이 상한다. 전용 비행기에 타고 있는 사람은 자기 소유의 비행기가 아니라는 사실에 기분이 상하고, 전용 비행기를 소유한 사람은 더 큰 전용 비행기이길 바란다. 나는 내 자리에 적응하려고 노력한다. 내가 앉은 자리는 프리미엄 비즈니스 클래스인가, 뭐 그런 것 같다.

최근에 공항에 억류된, 사람이 아닌 승객들에 관한 기사를 썼다. 그들에겐 적절한 증명서가 없었다. 나는 보관 시설로 그들을 찾아갔다. 어린 악어들, 거대한 용 같은 왕도마뱀, 보아뱀이 특히 눈에 들어왔다. 왕도마뱀은 멕시코의 어느 주소로 가는 길이었다. 확실하진 않지만 아마 부유한 마약계 대부의 집 같았는데, 그가 자신이 주인이라고 나서지 않았다. 그래서 이 포악한 놈들은 꼬리를 마구 휘두르며 공항에서 오도 가도 못하고 있었다. 놈의 꼬리에 한 대 맞으면 사람 다리가 부러질 수 있다고 했다. 그 말을 듣자 마약계 대부와 그의 삶에 관해 좀 더 생각해보게 됐다.

뉴욕에 도착한 뒤 시내로 들어갈 때 다리 위에서 고층빌딩의 숲이 보이는 순간이 있다. 항상 그렇듯 아주 작은 공간, 작은 섬에 많은 사람이 꽉 들어차 있다는 느낌이 강하게 든다. 다들 무언가를 찾아 작은 섬에 왔다. 그리고 이 모든 고층건물을 지었으니 그들이 찾던 것을 발견한 게 틀림없다. 나로 말하자면, 이번에는 모델들이다. 지난번에는 촉망받는 신인 여배우들을 취재했다. 아름답지 않은 여성에 관해 마지막으로 글을 썼던 게 언제인지 기억나지 않는다. 반면 집요한 강박에 사로잡히지 않은 남성에 대해 마지막으로 글을 썼던 때도 생각나지 않는다. 이 말은, 내가 강박에 사로잡힌 남성들과 아름다운 여성들로 이뤄진 판타지 세계의 홍보를 돕고 있다는 뜻이다.

나는 아침과 저녁에는 쉬지만 사흘 연속으로 오후마다 세 명의 모델을 인터뷰해야 했다. 전부 합하면 아홉 명이란 뜻이다. 아드리아나 리마Adriana Lima, 라켈 짐머만Raquel Zimmerman, 이사벨리 폰타나Isabeli Fontana, 지지 하디드Gigi Hadid, 나탈리아 보디아노바Natalia Vodianova, 사샤 루스Sasha Luss, 조안 스몰스Joan Smalls, 캐롤린 머피Carolyn Murphy, 카렌 엘슨Karen Elson. 이 모델들은 1년에 100~700만 달러를 번다. 패션 산업의 이윤이 약 10%라는 것을 감안하면 이 모델들이 1년에 5억 달러 정도의 매출을 창출할 것으로 예상된다. 여성들에게 옷과 미용제품을 구매하고 싶게 만드는 그들의 외모에는 뭔가 특별한 것이 있다. 그들은 최후 몇 명만 남을 때까지 여성들 수천 명의 얼굴과 몸을 걸러내는 엄격한 선별 과정을 거쳤다. 그들은 여성 소비자들의 마음에 정확한 일련의 욕구를 불러일으킬 것이라 믿어지는 사람들이며, 점점 더 많은 돈을 벌어다주는 여성들의 시선이 낳은 산물이다.

모델들은 키가 크고 극도로 말랐다. 극히 여성스럽고 나이에 비해 굉장히 어려 보인다. 모델들은 사진발이 잘 받는데, 이 말은 그들이 픽셀 단위로 축소했을 때 가장 아름다워 보인다는 뜻이다. 일반적인 얼굴은 그렇게 축소하면 거칠고 무뎌진다. 모델들은 광대뼈가 불거져 나와서 약간 고양이 같거나 귀족적인 느낌을 주고 심지어 오만해 보인다. 무표정일 때면 '난 특별대우를 받을 만한 가치가 있어'라고 믿는 것 같은 이목구비를 가지고 있다. 상당히 소녀 같은 느낌을 발산하기도 한다. 그들은 속옷을 입고도 기품 있어 보일 수 있고, 마찬가지로 비싸고 얌전한 옷을 입고도 야해 보일 수 있다. 걸을 때면 엉덩이와 허벅지의 정확한 기하학적 구조가 그들의 여성성을 분명하게 보여준다. 이 모델들의 이미지는 많은 사람에게 분노를 불러일으키는데, 분석해보면 그 분노는 이미지의 힘과 관련돼 있다. 사람들의 감정을 상하게 하고 자신이 가치 없고 부족하다고 느끼게 만드는 힘.

나는 호텔방의 흥미로운 가구에 느긋하게 앉아 모델들의 사진을 보면서 그들에 대해 생각했다. 그러다 비스듬히 비치는 햇살 속에 산책을 나가 주스 바에서 방글라데시 재봉사의 일주일치 식비를 주고 작은 생강주스 한 병을 샀다. 그런 뒤 주니어 스위트룸인지 뭔지로 돌아와 만약 내가 커다란 아르데코 스타일의 세면대와 고전적인 '미국식 물 내리기' 장치가 달린 변기가 있는 집에 산다면 어떨까 생각했다. 온라인에서 그런 변기를 주문할 수 있다. '언젠가는 주문해야지' 하고 혼잣말을 했다.

검정색 SUV, 내 생각엔 쉐보레 서버번이 나를 태우러 와서 스튜디오까지 데려다줬다. 스튜디오는 원래 정육점 구역의 창고였다. 나는 산업용 승강기를 타고 거대한 방으로 올라가서 이 방이 전에는 어떤 모습이었을까 상상해봤다. 도살된 동물들의 몸통이 줄줄이 걸려있고 쇠사슬과 고리들이 있었겠지. 하지만 지금은 사랑스러운 벨벳 소파와 커피테이블, 뷔페가 차려진 사이드테이블이 놓여 있는 라운지다. 몇 시간마다 한 번씩 시간대에 맞게 뷔페에 새 음식이 놓일 것이다. 지금은 케이퍼를 넣은 완벽한 에그 샌드위치를 얇은 조각으로 잘라 케이퍼가 구슬처럼 보이도록 쌓아놓았다. 전체적으로 기하학적 디자인 같다. 격자무늬로 모양을 낸 산딸기&블루베리 파이, 장인의 손길이 느껴지는 병에 담겨 버드나무 바구니들에 놓인 케일 스무디도 있다. 대부분의 음식이 입도 대지 않은 채 치워질 것이고, 나흘 뒤면 사랑스러운 소파와 테이블도 대여점으로 돌아가 이 산업적 공간은 다시 텅 빌 것이다.

모델들은 타이어 회사가 후원한 달력을 위해 포즈를 취했다. 나는 스티븐 마이젤Steven Meisel이 모델들의 사진을 찍고 나면 주로 가죽소파에서 한 사람씩 인터뷰를 했다. 1980년대에 슈퍼모델이라는 개념을 만들고 마돈나의 책《섹스Sex》의 사진을 찍은 사람으로 유명한 마이젤이 나와 이야기를 하지 않으리란 게 분명해진다. 모델들은 한쪽 방에서 촬영을 한 후에 나와 이야기를 나눴다. 마이젤의 재능은 여성들의 얼굴을 극적이고 욕구로 가득 차 보이게 만들 수 있다는 것이다. 그윽한 눈과 큰 입술, 벌름거리는 콧구멍. 그들은 무언가를 간절히 원해서 안달이 나 있지만, 너무나 아름답고 너무나 이목구비가 섬세하고 너무나 다른 사람들과 다르고 특별해서 탐욕이 고귀해보이고 심술을 부려도 용서된다. 남성이나 여성의 관점, 그나 그녀의 관점이 아니다. 돈의 관점이다.

내 스마트폰으로 그들의 사진을 찍는 동안 그들은 내게 자신의 삶에 관해 들려준다. 그들의 이야기는 대체로 비슷하다. 10대 때는 아름답지 않았다. 깡말랐다. 그때는 인기 있는 소녀가 아니었다. 그러다 누군가가 그들을 발견했다. 가는 손목과 발목, 얼굴 뼈대. 돈을 벌어다주는 좁은 얼굴 여백. 그들은 이제 비행기를 타고 전 세계를 다니며 정상에서 10년 혹은 15년을 보내고 있다. "여행은 근사했어요." 리마가 말했다. 그녀는 두 딸의 아버지와 헤어졌다. "어머니로서는 늘 죄책감을 느껴요." 짐머만은 초월명상을 하며 모델 생활을 관리한다고 했다. "굉장히 쉬워요. 그냥 몸의 긴장을 풀고 눈을 감아요. 그런 뒤에… 자신을 내려놓으면 됩니다."

그들은 날씬하지만 깡마른 것은 아니다. 팔다리는 가느다랗고 얼굴은 앳돼 보인다. 많은 사람이 그들과 같은 팔다리를 가질 수는 있지만 그러면 얼굴이 나이 들어 보인다. 아니면 그 반대다. 보디아노바와 그 외 몇몇 사람과 이야기를 나눌 때 그녀가 말했다. "우리는 모델이에요. 끊임없이 이런 질문을 받죠. 어떻게 그럴 수 있나요? 음, 알다시피 우리 유전자가 그래요. 그게 우리가 애초에 이 직업에 발을 들여놓게 된 이유죠."

그들은 차려 입는 걸 좋아한다. 그들은 신발에 관해 이야기한다. 스몰스는 내게 신발에서 중요한 건, 신발은 작은 디테일에 불과하지만 전체적인 모습을 바꿀 수 있다는 점이라고 말한다. 머피는 "톰 포드가 내게 말한 것처럼 여자들이 하이힐을 신는 이유는, 그가 나를 놀린 건지 아직도 모르겠지만, 그가 개코원숭이에 대해 뭔가를 알게 됐는데 암컷 개코원숭이가 발끝으로 서는 게 짝짓기 음성과 거의 비슷하게 수컷들을 미치게 만든다고 하더라고요."

하디드는 "난 사실 신발에 꽂혀 있어요"라고 했다. 그녀는 "하이힐을 신는 건 욕 나오는 일이죠. 끔찍해요. 엄청나게 불편하니까요. 하지만 매력적으로 보이죠." 그녀가 나를 바라보며 말했다. "아름다움은 고통이에요."

나는 긴 산책을 하며 폰타나가 한 말을 생각했다. "세상은 여성들을 보길 원해요. 여성들은 여성들을 보길 원하죠. 남성들도 여성들을 보길 원해요." 나는 고급스러운 내 호텔로 돌아왔다. 세련된 미술작품, 미국식 물 내리기 장치. 나는 이곳에서 하루를 더 지낼 것이다. 그런 뒤 부자가 아닌 사내, 부자가 되길 원하는 사내, 부자가 되길 원한다는 것에 죄의식을 느끼며 일생의 대부분을 보내는 사내로 돌아갈 것이다.

공항으로 가는 차 안과 공항에서, 그리고 전장의 영관급 장교에게 제공될 만한 사치품인 조그만 침대가 있는 비행기 안에서 나는 내가 이런 사치를 누리는 이유를 생각했다. 약간 냄새나는 이 강철관 안에서 내 몸의 뼈들에 충격을 주는 난기류를 느끼며, 얇긴 하지만 이런 상황에서 주어진 게 기적이라 할 만한 매트리스로 파고들면서 나는 논리적으로 그 답을 알아냈다.

그 이유는 내가 사진발을 잘 받는 여성들을 인터뷰했기 때문이다. 그 여성들의 사진이 잡지에 실릴 것이기 때문이다. 남성들이 여성들을 보고 싶어 하기 때문이다. 여성들이 여성들을 보고 싶어 하기 때문이다. 여성들이 특정 유형의 여성들을 볼 때 돈이 벌리기 때문이다. 여성들의 시선, 돈벌이가 되는 여성들의 시선 때문이다. 돈을 끌어 모으는 자석 같은 바로 그런 유형의 아름다움 때문이다. 아름다움은 고통이기 때문이다. 완전히 집중한 스티븐 마이젤의 천재성 때문이다. 완전히 집중한 스티븐 마이젤의 천재성이 타이어를 팔 것이기 때문이다. 내가 타이어를 팔 것이기 때문이다. 작은 베개에 머리를 묻으며 나는 이런 생각을 했다.

# 인간 본성을 비추는
# 부자라는 거울

　　　　　　　　　　나는 조던 벨포트의 강연을 직접 보려
고 그의 세미나에 참석했다. 그는 1인당 600파운드를 낸 사람들에게 부
자 되는 법을 가르칠 것이다. 벨포트는 이제 전 세계적인 브랜드가 됐다.
스코세이지 감독의 영화가 나온 뒤 '월가의 늑대'라고 말하면 거의 모든
사람이 그게 누구를 가리키는지 알 정도다. 월가의 늑대. 동시에 두 가지
이미지를 가진 사람. 한 이미지에서 그는 요트, 헬리콥터, 돈다발 같은 부
에 둘러싸여 있다. 성공을 나타내는 사진이다. 다른 이미지에서도 마찬가
지다. 이 남자는 돈에 의해 파괴됐다.

　말이 나왔으니 말인데, 영화는 훌륭했다. 이 영화는 머릿속의 단층선,
그러니까 우리가 항상 하는 갈등을 따라가게 한다. 탐욕의 폭로이자 영
화가 폭로하고 있는 일의 재연. 이 영화는 당신의 손을 잡고 당신 자신의

추잡스런 물질주의를 이해하도록 이끈 뒤 그것을 즐기라고 설득하는 사악한 영화다. 스코세이지는 도파민을 연달아 공급한다. 장면마다 파우스트식 거래의 실체, 거래의 부분들, 황갈색을 띤 분홍색 피부, 시골의 대저택, 포르노맨션, 하얀 보트와 푸른 바다, 빳빳한 정장과 샴페인 거품을 보여준다. 당신이 원하는 것이지만 사실은 아무것도 아니다. 이것은 당신을 해치고 정신을 손상시켜 결국 아무것도 아닌 것보다 못한 것이 된다.

이것은 반가치적이다. 그리고 당신은 이 모든 걸 알고 있으면서도 여전히 웃고, 여전히 열광하고, 여전히 광적일 정도로 흥분한다. 맙소사, 당신은 여전히 그걸 원한다. 다른 사람들처럼 당신은 해적이기 때문이다. 보물이 묻혀 있다고 하면 모든 걸 버리고 그것을 찾아 지구 끝까지라도 갈 것이다. 당신은 부인하겠지만 이게 진실이란 걸 알고 있다. 이것이 우리가 사는 사회다. 이것이 우리다. 우리는 보물을 찾는다. 보물을 사랑한다. 우리는 망가졌다. 보물 때문이 아니라 보물에 대한 우리의 사랑 때문에.

마지막 장면에서 스코세이지는 연단 위에서 사람들에게 부자가 되는 법을 가르치는 벨포트를 보여준다. 그러다 카메라가 벨포트에게서 방향을 틀어 청중들을 보여준다. 줄지어 앉아 꼼짝하지 않고 앞을 바라보는 사람들. 이 장면이 무엇을 의미하는지, 그가 우리에게 무엇을 말하고 있는지 알아차리는 데는 2초밖에 걸리지 않는다. 그는 우리에게 우리 자신을 보여주고 있다. 그곳에 있는 건 우리다.

그건 나다. 괴물이다.

## 07

# 끝이 아닌 시작으로의 결정

나는 청중이 몇 명이나 있는지 계산하고 있다. 적어도 2,000명은 될 것 같다. 그러면 1인당 600파운드니까, 어디보자, 100만 파운드가 넘는다. 나는 플래티넘 티켓을 구했지만, 연단 더가까이에 앉은 사람들도 있다. 그 사람들 자리엔 개인용 책상도 있다. 다이아몬드 티켓 소지자들이다. 그들은 더 많은 돈을 낸 게 분명하다. 벨포트는 전 세계에서 이 정도 규모의 청중을 모을 수 있고 자주 그렇게 한다. 수십만 명이 그를 보고 싶어 한다. 이유가 뭘까? 그들이 그를 믿기 때문이다. 그들은 그가 자신이 부자가 되도록 도와줄 것이라고 생각한다. 내 생각은?

나는 그들이 옳다고 생각한다. 나는 사람들이 어떻게 부자가 되는지 알고 있다. 맞다, 나는 부자가 아니다. 하지만 나는 사람들이 어떻게 부자가 되는지는 알고 있다. 나도 연단 위로 올라가 이 사람들에게 부자가 되는 법을 말해줄 수 있다. 나도 할 수 있다. 분명히. 머릿속에서 내가 연단을 가로질러 걷고 있다. 시끄러운 음악도 틀까? 그러지 뭐. 블랙아이드피스의 'I've Gotta Feeling' 어떨까? 그럴 수도. 안 될 이유가 없지 않나? 아니, 이 노래는 밖에 나가서 잔뜩 취하는 내용이다. 그러니 메시지가 잘못됐다. 그래서 안 된다. 내가 이 사람들한테 말하고 싶은 중요한 이야기들 중 하나, 내 중요한 메시지들 중 하나는 나가서 잔뜩 취하는 짓을 그만두라는 거니까! 노래는 사람들의 관심을 끌려고 트는 거다.

이제 나는 청중들을 둘러본다. 부자가 되고 싶어 하는 사람들, 지금은 부자가 아닌 사람들, 돈을 모아서 동기부여를 받는 데 쓴 사람들. 이 점을 명심해야 한다. 나는 연단을 오르락내리락 하며 그들에게 동기를 부여할 것이다. 나는 항상 동기부여 강연가가 되고 싶었다. 언젠가 나는 삶이 무너져 내리고 있는 동기부여 강연가에 관한 책을 쓸 거다. 말이 나왔으니 하는 말인데, 정말 좋은 아이디어 아닌가?

내 스타일은 재치 있게 말하되 세심하게 조절하는 것이다. 위대한 강연가인 故 짐 론Jim Rohn처럼. 짐은 성경을 자주 인용했다. 특정 단어들을 선택해 약간 높은 목소리로 말했다. 굉장히 효과적인 방법이었다. 짐은 말을 번드르르하게 잘했다. 그의 뒤를 이은 사람들, 그의 말을 인용한 사람들보다 말솜씨가 더 좋았다. 앤서니 로빈스Anthony Robbins는 말도 잘하지만 대단히 건장한 사람이다. 로빈스의 강연을 들으러 간 적이 있는데, 그는 우리에게 '차가운 이끼cool moss'라고 외치며 뜨거운 숯불 위를 맨발로 걷게 했다. 나는 위층 좌석에 숨어 있다가 나와서 불 위를 걷는 과정을 전부 구경하고 그게 어떤 효과가 있는지 봤다. 아무튼 짐은 "구하라, 그러면 얻을 것이다"라고 말했다. 이 문장에는 생각보다 더 많은 의미가 담겨 있다. 그래서 나는 짐과 약간 비슷한 강연자가 될 생각이다. 그리고 강연 내내 음악이 깔렸으면 좋겠다. 부드럽고 사려 깊은 음악, 현을 퉁기는 소리, 내가 하는 말에 담긴 감정을 연주하는 현악기들. 나는 부드럽게 강연을 시작할 것이다. 먼저 "어렸을 때가 기억나는군요"라는 말로 운을 떼야지.

"나는 어떤 아이와 물고기를 잡으러 가곤 했습니다. 조라는 아이였죠. 조는 나와 가장 친한 친구였습니다. 여름에 우리 둘은 날마다 물고기를 잡으러 갔습니다. 그러다 농어를 잡을 수 있는 특별한 장소를 발견했습니다. 매일 꽤 커다란 농어 네다섯 마리를 들고 집으로 돌아갔죠. 우리가 다섯 마리를 잡으면 그중 네 마리는 조가 잡은 것이었습니다. 네 마리를 잡으면 조가 잡은 놈이 네 마리였죠. 나는 가끔 한 마리를 잡았습니다. 한 마리도 잡지 못한 날도 많았습니다. 가끔 조에게 그가 나와 뭘 다르게 하는지 물어봤습니다. 우리는 똑같은 낚싯대와 똑같은 릴, 똑같은 미끼를 사용했으니까요. 조는 자기가 뭘 다르게 하는지 모르겠다고 대답했어요. 조는 내가 어떻게 하는지 몰랐으니까요. 가끔 조는 순식간에 커다란 물고기 세 마리를 연달아 잡기도 했습니다. 전 조에게 요령이 있는 게 틀림없다고 생각했죠. 손쉬운 방법. 내가 모르는 비결. 그 모든 일이 한동안 신경이 쓰였습니다.

그러다 나이가 들어 우리는 각자의 길을 갔습니다. 하지만 내 마음 깊은 곳 어딘가에 이 수수께끼가 항상 남아 있었습니다. 내가 몰랐던 게 뭘까? 음, 내가 그 수수께끼를 풀 거라는 생각은 들지 않았습니다. 인생의 후반기에, 내가 아는 많은 사람이 경제적으로 성공을 거뒀습니다. 나는 부자가 되지 못했습니다. 여기저기에서 약간의 성공을 했을 뿐이었죠. 어떤 면에서 보면 괜찮은 삶입니다. 하지만 내가 얼마간의 돈을 벌 때마다 그 돈이 점점 줄어들고 한동안 가난해집니다. 내가 아무 일도 하지 않는다면 모를까. 나는 얼마간의 일을 합니다. 때때로 성과도 얻습니다. 하지만 나는 그 성과를 진정한 부로 바꾸지 못한 것 같습니다. 어떤 사람들은 그렇게 할 수 있었고요. 전 못했습니다. 나는 내가 그렇게 하지 못한 사람들 중 한 명일 뿐이라고 생각했습니다.

어느 날 나는 돈을 벌 줄 아는 사람을 만났습니다. 바로 패트릭 비치입니다. 비치를 만나 보면 그가 아주 정확한 타입의 사람이라는 생각이 들 겁니다. 아주 깔끔하게 생각하는 사람 말입니다. 비치와 이야기를 나누다 보면 자신이 게으름뱅이처럼 느껴질 겁니다. 비치는 모든 일의 핵심을 곧바로 파악합니다. 구분을 하고 연결을 짓죠. 머리가 좋은 사람입니다. 열여섯 살 때 케임브리지의 수학 전공 입학시험에 합격했을 정도니까요. 비치는 말들을 연구했습니다. 자신의 분석 능력을 적용했죠. 일주일에 100시간을 공부했습니다. 매주 경마를 지켜봤습니다. 데이터를 수집해서 살펴보고 예측한 뒤 생각을 업데이트했습니다. 그런 뒤 더 많은 데이터를 살펴보고 다시 생각을 업데이트했죠. 그는 맹렬한 학습기계가 돼서 가장 세세한 세부사항, 가장 작은 차이까지 뇌를 조율했습니다. 그러다… 데이터에서 무언가를 발견했습니다.

그런 후에는 어떻게 됐을까요? 비치는 내기를 하기 시작했습니다. 행동했죠. 처음 10주 동안 그는 33만 8,000파운드를 벌었습니다. 그중 상당 부분은 데이터에서 본 것 덕분에 번 돈이었습니다. 그가 항상 옳지는 않았습니다. 몇몇 패자들에게 돈을 걸었고, 1위와 막상막하로 달렸지만 기수가 잘못하는 바람에 아깝게 2위를 한 복병마 두 마리에도 돈을 걸었죠. 그 두 마리는 더 많은 경기에서 우승했고, 간발의 차로 그들을 이겼던 말들은 어느덧 사라졌습니다. 그는 데이터를 살펴봤습니다. 그러다 가치 있는 무언가를 봤습니다. 그가 발견한 것은 몇 년 뒤에도 여전히 가치가 있습니다. 지금 그는 1년에 100만 파운드를 법니다. 비치는 요령을 발견했습니다. 내게 그 요령이 뭔지 말해주지는 않았지만요.

어느 날 나는 로스앤젤레스 출신의 전직 전문 도박꾼 조시 악셀라드Josh Axelrad와 이야기를 나눴습니다. 블랙잭 도박사 팀의 일원이던 그는 라스베이거스, 리노, 애틀랜틱시티의 카지노에서 수십만 달러를 벌었죠. 악셀라드가 카드카운팅(게임에 사용된 카드들을 계산해 어떤 카드가 남았는지 예상하는 것)을 어떻게 하는지 보여주기 위해 나를 카지노로 데려갔습니다.

블랙잭은 아주 단순한 게임입니다. 딜러를 포함해 모든 플레이어가 카드를 두 장씩 받고, 모든 사람이 딜러에게 추가로 카드를 요구할 수 있습니다. 목표는 카드에 적힌 숫자의 합계가 21이 되거나 가능한 한 21에 가깝게 만드는 것입니다. 그림 카드는 10점으로 계산됩니다. 도합 21점을 넘으면 '버스트'가 돼 바로 게임에서 집니다. 딜러도 21점을 초과하면 버스트가 되죠. 보통 상황에서는 딜러가 약간 유리합니다. 마지막에 카드를 받으니까요. 플레이어가 합계 21을 만들려고 하다가 버스트가 되면 딜러는 베팅을 할 필요가 없습니다. 이런 약간의 우위는 게임이 무한정 진행되면 결국 카지노가 모든 칩을 가지고 플레이어에겐 아무것도 남지 않는다는 뜻입니다.

하지만 이런 상황을 뒤집고 딜러보다 약간 유리한 입장에 서기 위해 할 수 있는 일이 있습니다. 1960년대에 에드 소프Ed Thorp라는 수학자가 생각해낸 방법입니다. 그는 낮은 카드(2, 3, 4, 5, 6)는 딜러에게 약간 유리한 반면 높은 카드(10, 그림카드, 에이스)는 플레이어에게 약간 유리하다는 것을 알게 됐습니다. 7, 8, 9는 중립적입니다. 높은 카드가 플레이어에게 유리한 이유에는 여러 가지가 있습니다. 일단 딜러의 점수가 16점 이하면 의무적으로 카드를 더 받아야 하거든요. 또 플레이어는 카드를 분할하는 스플릿과 판돈을 두 배로 올리는 더블다운을 할 수 있습니다. 따라서 이렇게 하면 됩니다. 테이블에 카드가 깔릴 때 각각의 낮은 숫자 카드에는 1점, 높은 카드에는 마이너스 1점을 줘서 누계하면 이미 사용된 낮은 카드와 높은 카드의 비율이 계산됩니다. 따라서 남은 카드들 중에서 낮은 카드와 높은 카드의 비율을 알 수 있습니다. 합계가 낮으면 딜러에게 유리합니다. 하지만 합계가 높으면 빠밤! 당신의 판돈을 올릴 때입니다.

악셀라드는 무엇을 했을까요? 그는 덱(카드 뭉치)에 남아 있는 카드들을 읽었습니다. 완벽하게 읽을 수는 없었습니다. 덱에 없는 카드들을 보고 덱에 남아 있는 카드를 알아내야 했기 때문이죠. 덱에 없는 카드를 알아내려면 작은 배팅을 여러 번 해야 하고 그러는 동안 딜러가 약간 유리한 입장에 서게 됩니다. 딜러가 약간 유리한 입장에 있을 때 악셀라드는 서서히 돈을 잃었습니다. 하지만 돈이 빠져나가는 동안 그는 데이터를 수집하고 있었습니다. 학습하고 있었죠. 그러다, 빠밤!

대부분의 데이터는 '잡음'입니다. 당신이 알고 싶은 그 무엇도 말해 주지 않습니다. 하지만 때때로 잡음 속에서 신호가 보입니다. 패트릭 비치는 말들에 대한 데이터를 살펴봤고 잡음 속에서 신호를 발견했습니다. 비치는 특정 유형의 말에 관해 특정한 점을 알고 싶어 했습니다. 조는 특정 유형의 낚시에 관한 특정한 점을 알고 싶어 했죠. 조시가 덱의 안쪽을 보고 싶어 했던 것처럼 조는 물속을 보고 싶어 했습니다. 패트릭, 조, 조시, 그들은 모두 요령을 발견했습니다.

매튜 사이드Matthew Syed라는 작가와 이야기를 나눈 적이 있습니다. 사이드는 내가 이런 요령에 관해 아주 중요한 무언가를 이해하게 해줬습니다. 사이드는 테니스에 대해 이야기했는데요, 그는 탁구 챔피언이었습니다. 그는 탁구를 했죠. 올림픽에 영국 대표로 나갔고요. 어느 날 그는 한 자선행사에서 테니스를 치고 있었습니다. 탁구가 아니라 테니스요. 그는 전 윔블던 챔피언인 미카엘 슈티히Michael Stich와 붙었습니다. 슈티히는 킬러 서브로 유명한 선수였습니다. 사이드는 슈티히에게 봐주지 말라고 말했습니다. 평소대로 서브를 하라고 했죠. 슈티히가 공중으로 공을 던지고 라켓을 들었습니다. 사이드는 슈티히가 공을 치기를 기다렸습니다. 기다리고, 또 기다렸죠.

슈티히는 어떻게 된 영문인지 어리둥절했습니다. 그는 사이드에게 서브를 넣었습니다. 그런데 사이드가 공을 보지 못했습니다. 슈티히는 다시 서브를 넣었습니다. 이번에도 사이드는 움직이지 않았습니다. 이번에도 공을 못 본 거죠. 사이드는 공을 기다렸습니다. 공을 찾고 있었습니다.

하지만 보지 못했습니다. 슈티히가 서브를 넣었다는 사실을 처음 알게 된 건 공이 그의 뒤에 있는 캔버스를 맞혔을 때였습니다.

당신에게 이런 일이 일어나면 이렇게 생각할 겁니다. '음, 그럴 수도 있어.' 당신은 자신의 반응이 충분히 빠르지 않았다고 생각하겠죠. 하지만 사이드는 탁구 챔피언이었습니다. 그는 예전에는 충분히 빨리 반응했습니다. 누군가가 탁구공으로 서브를 넣으면 그는 0.25초 만에 반응했습니다. 슈티히의 서브는 그보다 느렸습니다. 슈티히가 서브를 넣은 공이 코트를 넘어가는 데 0.5초가 걸렸으니까요.

사이드는 운동행동 교수를 찾아갔습니다. 안구추적 장치를 달고 스크린 앞에 섰습니다. 스크린에서 테니스 선수가 카메라를 향해 서브를 넣었습니다. 교수가 사이드에게 어찌된 일인지 설명했습니다. 사이드는 잘못된 곳을 보고 있었습니다. 초보자는 공을 봅니다. 그저 그런 경기자들은 서브를 넣는 상대의 팔이 그리는 원을 봅니다. 하지만 전문선수들은 서브를 넣는 팔을 보지 않습니다. 팔은 너무 빨리 움직이거든요. 전문선수들은 서브를 넣는 상대의 엉덩이 부근을 봅니다. 로저 페더러Roger Federer의 눈을 추적해보면 이 부근을 보고 있습니다. 서브를 넣는 상대의 엉덩이를 보고 있죠. 데이터가 풍부한 데가 그곳입니다. 빠른 상대와 경기를 할 때는 상대의 엉덩이를 봐야 합니다. 그렇게 하기까지는 시간이 걸립니다. 수년간의 연습이 필요하죠. 하지만 연습을 하면 뇌의 회로가 바뀝니다. 초보일 때 공을 쳐다보는 것을 멈추고 서브를 넣는 상대의 팔이 그리는 원을 보기 시작했을 때와 마찬가지입니다. 그때도 뇌의 회로가 바뀌게 됩니다.

지금 나는 이 무대 위에 서서 여러분 모두를 보고 있습니다. 나는 왜 여러분이 이곳에 있는지 알고 있습니다. 여러분은 부자가 되길 원합니다. 지금은 부자가 아니지만 그렇게 되길 바라죠. 여러분들 중 많은 사람이 30대이고 일부는 40대로 보입니다. 그래서 나는 여러분이 부자가 되려고 노력하지만 부자가 아니며 그래서 여기에 왔다고 짐작합니다. 여러분은 노력했습니다. 하지만 효과가 없었죠. 먹히지 않았습니다. 도약하지 못했어요. 여러분은 항상 자신이 큰 기회를 놓치고 있다고 느낍니다. 여러분이 놓치고 있는 건 요령입니다. 여러분은 큰 물고기를 잡고 있지 않습니다. 큰돈을 따지 못하고 있습니다.

인생은 카지노이고 카지노가 항상 더 유리한 입장에 있다고 느끼십니까? 물론 카지노가 약간 유리하긴 합니다. 하지만 여러분이 게임을 중단할 만큼 크게 유리하진 않습니다. 그게 카지노가 항상 하는 일이니까요, 그렇지 않나요? 카지노는 여러분이 게임을 계속 하도록 만듭니다. 그리고 여러분은 매일 조금씩 더 돈을 잃고 집에 돌아갑니다. 그리고 다음날이면 다시 카지노를 찾아와 좀 더 돈을 잃죠.

때때로 자신이 테니스 경기를 하고 있는데 공이 보이지 않는다고 느끼십니까? 공이 쌩하고 여러분 옆을 지나가고 여러분이 처음 인식하는 건 소리, 공이 여러분 뒤의 캔버스를 치면서 나는 '픽' 소리입니다. 이런 일이 자꾸 일어나면 여러분은 어떻게 하길 원하나요? 여러분은 경기를 중단하길 원합니다, 그렇지 않나요? 여러분이 그 소리를 들을 수 있는 횟수에는 한계가 있으니까요. 그 세게 후려치는 소리요.

일전에 유명한 외과의사와 이야기를 나눈 적이 있습니다. 아툴 가완디Atul

Gawande라는 의사인데요, 세계에서 가장 유명한 의사 중 한 명입니다. 대단한 외과의사죠. 가완디는 의사생활을 하면서 누군가가 '당신은 기계예요, 가완디'라고 말했을 때 자신이 최고란 걸 알았다고 했습니다. 하지만 첫 수술을 할 때는 어땠을까요? 가완디는 첫 수술을 할 때 이론적으로는 준비가 된 상태였다고 말했습니다. 해부학 책들을 숙지했고 신체를 기증한 사람들의 시신으로 연습을 했으니까요. 인체 부위들의 라텍스 모형으로 모의 수술도 했고요.

첫 번째 수술은 아주 간단했습니다. 흉곽 속에 손을 넣어 결합조직을 한 바늘 꿰매기만 하면 됐거든요. 그러면 끝이었습니다. 그래서 그는 수술 장갑을 끼고 흉곽 속으로 손을 넣었습니다. 그런데 할 수가 없었습니다. 흉강 내부에 손을 넣으니… 모든 게 잘못된 느낌이 들었거든요. 살아 있는 사람의 몸은 모형이나 책에서 상상했던 것과는 차원이 달랐습니다. 그는 다시 시도했습니다. 또 실패했죠. 엉뚱한 곳에 바늘을 찔렀습니다. 그는 계속 시도했습니다. 더 바짝 다가가 여기저기 더듬거렸죠. 그러다 마침내 해냈습니다. 다음 번 수술 때는 좀 더 나아졌고, 그 다음 수술에서는 또 더 나아졌습니다. 그리고 지금은 기계가 됐습니다.

그렇다면 어떻게 기계가 될 수 있을까요? 음, 공부를 해야 합니다. 하지만 실제로 뭔가를 해보지 않고는 더 배울 게 없는 지점이 옵니다. 행동하지 않고는 앞으로 나아갈 수 없습니다. 여러분이 조 심슨처럼 절벽의 바위 위에서 꼼짝 못하고 있다고 상상해보세요. 심슨은 무릎이 박살나 뼈가 산산조각 난 채로 크레바스에 떨어졌습니다. 거대한 눈 더미 위에 떨어진 덕분에 죽지는 않았죠. 그리고 자신이 절벽의 바위 위에 있다는 걸 알아차렸습니다. 그는 그 바위 위에 계속 남아있으면 죽는다는 걸 분명히 알고 있었습니다. 위를 올려다보니 협곡은 온통 빙벽이었습니다. 무릎이 망가져서 위로는 올라갈 수 없었습니다.

그에게는 두 가지 선택권이 있었습니다. 하나는 그 바위 위에 계속 있다가 죽는 것, 다른 하나는 협곡 안으로 내려가는 것이었습니다. 미지의 세계로. 공허 속으로. 몸에 맨 밧줄이 다 풀리기 전까지 아래에서 아무것도 발견하지 못한다면 다시 기어 올라올 힘은 없을 것입니다. 그런데 우리가 어떻게 이 이야기를 알고 있을까요? 조 심슨이 바위 위에 남아 있지 않았기 때문입니다. 그는 공허 속으로 들어갔습니다. 그리고 공허 속에서 뭔가를 봤습니다. 오랜 사투 끝에 마침내 안전한 곳으로 그를 데려갈 얼음 다리를 발견했죠. 처음에는 바위가 안전한 선택지처럼 보였습니다. 하지만 그렇지 않았습니다. 바위는 가장 위험한 선택지였습니다. 바위 위에서는 무엇도 배울 수 없습니다. 바위 위에서 할 수 있는 일은 죽는 것뿐입니다.

따라서 마음에는 두 가지 상태가 있습니다. 생각하는 상태와 그 뒤 행동하는 상태. 여러분은 생각을 해야 합니다. 하지만 행동도 해야 합니다. 패트릭 비치가 이런 이분법을 가리키는 용어를 만들었습니다. '뇌 외과의사와 미친 도끼맨.' 여러분은 동시에 이 두 사람이 돼야 합니다. 여러분이 하는 일을 잘 알아야 하고 단호하고 자신감 있는 결정을 내려야 합니다. 결정이 뭔지 생각해 보세요. 영어로 결정을 의미하는 단어 'decision'은 '자르다'를 뜻하는 라틴어에서 유래했습니다. 어떤 결정을 내린다는 것은 다른 선택들을 잘라내는 것입니다. 무언가를 배제하는 것입니다.

나는 이렇게 말하겠습니다. 여러분이 하는 일을 파악한 뒤 결정을 내리는 게 아닙니다. 여러분이 하는 일을 알려면 결정을 내려야 합니다. 그러니까 이런 거죠. 결정을 내리기 시작해야만, 무언가를 잘라내야만 당신이 하는 일을 정말로 알 수 있습니다. 무언가를 잘라내는 건 위험합니다. 여러분은 모험을 하고 있습니다. 나는 부자가 된 많은 사람과 이야기를 나눴는데, 그들을 다른 사람들과 구별 짓는 한 가지가 있었습니다. 그들은 모험을 해야 한다는 걸 알았습니다. 그 위험을 즐긴다고 말할 수도 있겠네요. 그들은 잘라낼 때 정확해야 한다는 걸 알고 있습니다. 작은 차이가 굉장히 중요합니다.

나는 하워드 슐츠와 이야기를 나눴습니다. 그는 그런 잘라내기를 했습니다. 커피숍을 좀 더 편안한 장소로 만들면 사람들이 그곳에서 더 많은 시간을 보내리란 걸 알았습니다. 사람들은 커피숍에서 노닥거릴 겁니다. 술집에서 돈을 쓰는 사람들처럼 커피숍에서 돈을 쓸 겁니다. 그래서 슐츠는 위험을 무릅쓰고 커피숍을 열었습니다. 편안한 의자와 소파들로 공간을 채웠습니다. 그리고 그곳을 '스타벅스'라고 불렀습니다.

나는 펠릭스 데니스와 이야기를 나눴습니다. 그도 그런 잘라내기를 했습니다. 그는 한 무리의 사람들이 브루스 리의 영화를 보려고 줄을 서있는 모습을 봤습니다. 그리고 이 사람들이 브루스 리와 관련된 상품을 사고 싶어도 갈 곳이 없다는 사실을 알아차렸죠. 포스터 같은 상품들 말입니다. 이 사람들은 고급 포스터 상점에 들어가는 타입이 아니었습니다. 그래서 데니스는 뭘 할지 생각해냈습니다. 그는 그 과정의 모든 단계를 계획했습니다. 브루스 리의 포스트를 제작해서 잡지 크기로 접은 뒤 신문

가판대에서 팔았습니다. 브루스 리의 팬들은 신문 가판대에는 가는 사람들이었으니까요. 편안한 의자. 접은 포스터. 큰 차이를 만드는 작은 것들입니다. 데니스는 행동했습니다. 행동하면서 배웠습니다. 특정 지점을 넘어서면 실제로 일을 하지 않고는 더 이상 배울 수 없습니다. 그리고 일을 하기 시작하면 무슨 일이 일어날까요? 처음부터 일을 제대로 하지는 못할 겁니다. 하지만 잘못 하는 부분이 조금씩, 조금씩 줄어들 겁니다.

나심 탈레브는 세계에서 가장 유명한 트레이더들 중 한 명입니다. 실제로 돈을 어마어마하게 벌어서 그 일을 그만뒀습니다. 그는 배우면 진화한다고 말합니다. 다시 말해, 진화가 덜 적합한 생물형태를 없애는 과정이라면 학습은 좋지 않은 아이디어들을 제거하는 과정입니다. 이것은 최후의 1인이 살아남는 게임입니다. 여러분은 좋은 아이디어, 효과적인 아이디어 하나가 남을 때까지 나쁜 아이디어들을 전부 제거해야 합니다.

또한 탈레브는 우리는 엄청난 시장 변동성의 시대에 살고 있다고 말했습니다. 하지만 대부분의 사람들은 이런 변동성을 믿지 않습니다. 사람들은 변동성을 믿고 싶어 하지 않습니다. 대부분의 사람들은 세계가 실제보다 안정적이라고 믿고 싶어 합니다. 하지만 우리는 거품과 붕괴의 시대에 살고 있습니다. 예기치 못했던 일들이 예상했던 일보다 훨씬 더 자주 일어나는 세계에 살고 있습니다. 탈레브는 배팅하는 법을 배우라고 말합니다. 조심조심 시장으로 나아가세요. 투자에 직접 참여하세요. 처음에는 잃을 겁니다. 하지만 어느 날 기회를 볼 겁니다. 적중확률이 66분의 1인 복병마를 볼 수 있을 겁니다. 덱에 10, 에이스, 킹, 퀸 카드가 남아있다는 걸 볼 수 있을 겁니다. 물을 살펴보고 낚싯줄을 던져 농어들을 잡을 거예요.

여러분은 내가 실제로 비치가 뭘 했나 알아냈는지 궁금하실 겁니다. 답은, 나는 모른다는 겁니다. 앞으로도 절대 모를 겁니다. 하지만 아주 소수의 어린 말들이 어떻게 매우 단기간에 뛰어난 말이 되는지와 관련된 일이라고 생각됩니다. 그 말들은 아마 만 두 살이 될 무렵에 일종의 티핑 포인트에 도달할 겁니다. 어느 날 63초에 1마일을 주파할 겁니다. 두 달 뒤에는 57초가 걸리고요.

여러분이 테니스 선수라면 믿음직한 선수에서 페더러Federer나 애거시 Agassi가 될 수 있고, 이런 변화가 2년 안에 일어날 겁니다. 말의 경우 이런 변화가 훨씬 더 갑작스럽게 일어납니다. 수백 마리의 말들에 대한 몇 주 동안의 데이터포인트 수백 건을 수집하면 간단한 신경망을 통해 그 데이터를 분석할 수 있습니다. 데이터에 '역전파back-propagate' 기법을 적용해서 말이죠. 그러면 여러분은 뛰어난 말에서 S 곡선을 보게 될 겁니다. 볼록 곡선. 급격한 변화의 시기를 나타내는 곡선이죠. 그런 뒤 그래프의 앞부분을 연구하면 말의 급격한 기량 향상을 최대한 빨리 알아차려서 그 말이 뛰어난 말이란 걸 다른 누구보다 먼저 알게 됩니다.

비치가 한 일이 이걸까요? 모르겠습니다. 하지만 아마 비치는 이와 비슷한 일을 했을 겁니다. 뭐든 큰 성공을 거둔 경우를 살펴보면 볼록 그래프를 보게 될 겁니다. S 곡선, 티핑포인트를 볼 겁니다. 여러분은 티핑포인트 전에 무슨 일이 일어났는지 알아내기만 하면 됩니다.

그러면 우리가 농어 낚시를 할 때 내가 잘못한 건 무엇이고 조가 잘한 건 무엇일까요? 나는 낚싯줄을 던졌다가 소득 없이 감아올렸다가 다시 던졌습니다. 그러다 가끔, 아주 가끔 행운이 찾아왔죠. 하지만 조는 물을 연구하고 있었습니다. 조는 낚싯줄을 던질 때마다 새로운 뭔가를 배웠죠. 자기 앞에 있는 물에 낚싯줄을 던졌을 때 줄이 닿는 범위를 커다란 정육면체 공간으로 상상하고 그 안에서 미끼를 약간 밑으로 내렸다가 깊은 곳에서 얕은 곳으로 올렸다가 왼쪽으로 오른쪽으로 조금씩 방향을 바꿨습니다. 정육면체 안을 볼 수는 없지만 그 안에 무엇이 있는지 상상할 수 있었습니다. 그리고 때때로 어디에 물고기가 있는지, 녀석들이 물속에서 어떻게 움직이고 있는지 알아차렸습니다. 그게 전부였습니다. 하지만 가장 중요한 일이기도 했죠.

무엇을 하건 여러분 앞에는 3차원의 공간이 있습니다. 여러분은 이 공간 안으로 들어가야 합니다. 이 공간을 헤치며 나아가야 합니다. 옳은 길을 찾아야 합니다. 그리고 옳은 길을 찾기 위해서는 여러 번 길을 잘못 들어야 합니다. 하지만 엉뚱한 길에 대해, 엉뚱한 길이 실제로 무엇인지 대해 생각해봅니다. 엉뚱한 길은 당신이 좋은 아이디어를 찾기 전에 버린 나쁜 아이디어입니다. 학습과정의 일부이며, 진행 중인 진화입니다. 실제로 엉뚱한 길에 접어든 적이 없으면 옳은 길을 알아차리지 못할 겁니다. 그러니 엉뚱한 길로 가시기 바랍니다. 그게 옳은 길을 찾는 유일한 방법입니다. 구하라, 그러면 얻을 것이다. 하지만 중요한 건 계속 구해야 한다는 점입니다.

요령이 보이기 시작하나요? 스티븐 프레스필드Steven Pressfield라는 작가에 대해 들려드릴게요. 프레스필드는 이 주제에 관한 가장 훌륭한 책들 중 하나를 쓴 사람입니다. 《기술의 전쟁The War of Art》이라는 책입니다. 들어본 분이 있는지 모르겠지만 제프 올슨Jeff Olsen이 쓴 《약간의 우위The Slight Edge》와 함께 내가 으뜸으로 꼽는 책입니다. 프레스필드와 올슨은 요령을 완전히 명확하게 이해하고 있습니다. 프레스필드는 작가입니다. 역사소설, 특히 스파르타의 전사들에 관한 소설들을 썼죠. 아무튼 그는 작가가 되길 바랐지만 꿈을 이루지 못한 채 수년을 보냈습니다. 무언가가 그의 길을 방해하고 있었습니다. 무언가가 그를 막고 있었습니다. 어떤 강력한 힘이. 그는 그 힘을 '저항'이라고 불렀습니다. 그가 말합니다. '우리들 대부분에게는 두 개의 삶이 있습니다. 우리가 살고 있는 삶과 우리 안에 있는 살아보지 않은 삶이죠. 둘 사이에는 저항이 존재합니다.'

저항이 뭘까요? 여러분을 막는 힘입니다. 여러분은 화가나 영화감독이나 소설가를 꿈꿀 수 있습니다. 학습에 어려움을 겪는 아이들을 위한 학교를 열고 싶을 수도 있습니다. 갱스터 영화를 제작하거나 가난한 사람들에게 시간을 사서 부자들에게 파는 사업을 시작하고 싶을 수도 있죠. 여러분의 지저분한 침대를 미술관에 전시한 뒤 수백만 달러에 팔거나 죽은 사람의 두개골에 다이아몬드를 박고 싶을 수도 있습니다. 이런 일들을 못하게 막는 게 뭘까요? 바로 저항입니다.

그렇다면 저항이 뭐죠? 저항은 '지구에서 가장 해로운 힘'입니다. 여러분이 하고 싶은 일을 못 하게 막는 힘입니다. 그 힘은 여러분의 머릿속에 도사리고 있습니다. 그래서 여러분이 책상에 앉아 글을 쓰거나 전화기를 들고 전화를 걸지 못하게 하려고 무슨 짓이든 할 겁니다. 그 힘은 당신이 술을 마시고, 마약을 하고, 파티를 하고, 아무 일도 하지 않은 채 침대에서 빈둥거리도록 몰아갑니다. 여러분을 우울하고 불안하게 만들죠. 구역질과 두통을 선사합니다. 자신을 의심하고 파괴하게 만듭니다.

프레스필드는 '그 힘은 변호사처럼 논리적으로 당신을 설득하거나 노상강도처럼 9밀리미터 권총을 코앞에 들이댑니다'라고 말합니다. 책상에 앉아서 글을 쓰려고 애쓰다가 실패하고 또 애쓰다가 또 실패하면 힘이 듭니다. 뭐든 다른 일을 하는 게 훨씬 편하죠. 계속 침대에 있는 게 더 편합니다. 특별한 목적지 없이 돌아다니는 게 더 편해요. 쿰쿰한 냄새가 나는 가까운 술집에 가는 게 더 편합니다. 어려운 건 '생각하기'입니다. 어려운 건 '명확하게 생각하기'입니다. 명확하게 생각하는 일에 비하면 거의 무슨 일이든 더 쉽습니다.

하지만 프레스필드는 어려운 선택을 하면, 생각을 명확하게 하면, 매일 열심히 생각하고 생각에 따라 행동하면 마법 같은 어떤 일이 일어난다고 말합니다. 그 일이 오늘 당장 일어나진 않을 겁니다. 내일 일어나지도 않겠죠. 수년 동안 일어나지 않을지도 모릅니다. 하지만 언젠가는 일어날 겁니다. 힘든 선택을 거듭하다 보면, 매일 생각하고 행동하면 여러분은 뭔가를 배우게 될 겁니다. 그리고 그 일들이 모여 합쳐질 겁니다. 이자처럼 복리로 불어날 겁니다.

여러분을 화폐라고 생각하세요. 무언가를 배울 때마다 여러분은 그 화폐에 가치를 추가합니다. 그 추가된 가치는 오랫동안 눈에 띄지 않을 겁니다. 그래서 대부분의 사람들이 포기해 버립니다. 추가된 가치가 나타나려면 긴 시간이 걸리거든요. 대체로 많은 사람이 그 지점에 이르기 전에 포기하고 떠납니다. 하지만 여러분이 힘든 선택을 거듭하다 보면 여러분의 가치가 합쳐지기 시작할 겁니다. 그러다 언젠가 S 곡선을 그릴 겁니다. 어느 날 여러분은 자신이 앞서고 있다는 걸 발견할 겁니다. 여러분은 다른 누구도 팔 생각을 못한 무언가로 돈을 벌어들일 겁니다. 여러분이 톰 소여가 될 겁니다. 이게 요령입니다.

여러분은 옳은 길을 발견할 겁니다. 엉뚱한 길을 여러 번 밟음으로써 옳은 길을 발견할 겁니다. 이게 요령입니다. 여러분이 가난해지길 바라는 힘이 있습니다. 그 힘은 여러분 안에 살고 있습니다. 그 힘은 여러분입니다. 그 힘을 죽이십시오. 이게 요령입니다. 옳은 길을 발견하면 무슨 일이 일어날까요? 여러분은 큰 물고기를 잡을 겁니다. 큰 내기에서 이길 겁니다. 상대의 서브를 막아낼 겁니다. 삶이라는 카지노가 더 이상 여러분보다 우위가 아니라는 걸 불현듯 발견하게 될 겁니다. 이제 여러분이 카지노보다 우위에 있습니다.

힘든 선택을 하세요. 명확하게 생각하세요. 시도하고 실패하세요. 다시 시도하고 다시 실패하세요. 행동하고 배우세요. 뇌 외과의사와 미친 도끼맨이 되세요. 여러분은 둘 다가 돼야 합니다. 구하라, 그러면 얻을 것이다. 또 구하세요. 천 번 구하세요. 이게 요령입니다. 감사합니다."

# 부자가 되는 것의 본질

벨포트가 무대에 올랐다. 검은색 슈트, 노타이, 흰색 셔츠, 검정 구두. 그는 성큼성큼 걸어가며 손을 흔들었다. 퀸스 사투리가 강하게 울렸다. 벨포트는 우리에게 부자가 되는 것의 본질에 관해 이야기했다. 그는 항상 재빨리 부자가 돼야 한다고 믿는다. 여러분은 퍼즐을 맞추는 데 집중해야 한다. 하지만 퍼즐을 맞추고 나면 곧 돈이 쏟아져 들어온다. 우리가 부자가 아닌 이유는 평범한 사람이 되길 원하는 힘에 굴복했기 때문이다. 우리는 자신이 부자가 되는 걸 적극적으로 막고 있다. 벨포트는 말한다.

"나는 부자였을 때도 있고 가난했을 때도 있습니다. 그리고 나는 항상 부자가 되는 쪽을 택했습니다. 옆 사람을 보세요."

내 오른쪽에 앉은 사람이 나를 봤다.

"어느 날 신호등에 걸려 멈춰 서서 옆을 봤을 때 여러분은 그 사람을 볼 겁니다. 그리고 그 사람은 포르쉐를 몰고 있을 거예요."

내 옆의 사람이 나를 보며 웃었다. 나는 통로 쪽에 앉아 있어서 내 왼쪽에는 아무도 없었다.

"세상에는 두 가지 유형의 사람이 있습니다. 오리와 독수리죠. 독수리는 높이 날아오릅니다. 오리들은 오리 똥 사이를 뒤뚱뒤뚱 걸어 다니죠. 그런데 그거 아세요? 이 방에는 오리가 한 마리도 없습니다. 오리들은 이 방에 오지 않거든요."

벨포트가 우리에게 자기 인생 이야기를 들려줬다. 치과의사가 되려 했지만 치과대학을 그만둔 이야기. 판매라는 일을 발견했던 이야기. 처음에는 아이스크림을 팔다가 고기와 생선을 팔았고 그 뒤에는 금융상품을 팔았던. 무대 위의 거대한 스크린에 레오나르도 디카프리오가 젊은 그를 연기한 스코세이지의 영화 중 한 장면이 재생됐다. 영상에서 벨포트는 변변찮은 사내들이 그리 넉넉하지 않은 사람들에게 싸구려 주식을 파는 초라한 인베스터 센터 사무실에서 일하는 젊은 주식 중개인이다. 나중에 벨포트가 말한 대로 그는 '미화원들에게 쓰레기를 팔고' 있었다.

우리는 디카프리오가 연기하는 젊은 벨포트가 스트레이트 라인을 이용해 존이라는 사람이 4,000달러를 내놓도록 설득하는 모습을 봤다. 모든 영업 기법이 그 장면에 들어 있었다. '언어 패턴', 드문 기회임을 나타내는 나직한 목소리, 약간의 동의 얻어내기, 리드미컬하게 전하는 확신, 분위기 전환, 관심 포착. 영업에 가속도가 실릴 즈음 사무실의 변변찮은 사내들이 고개를 돌려 그를 쳐다본다. 그리고 하던 일을 멈추고 디카프리오 주위로 모여든다. 디카프리오가 존에게 말한다. "고작 6천 달러를 투자하면 6만 달러가 될 겁니다." 이 말을 하면서 벨포트는 공중으로 주먹을 휘두른다. 그는 고객을 붙들어놓는다. 방안의 모든 사람, 목단추를 푼셔츠와 바지 차림의 남자 30, 40명쯤이 그에게 박수를 보낸다. 디카프리오는 "다들 불을 발견한 것처럼 나를 쳐다봤다"고 말한다.

영상이 끝났다. 강당 안의 모든 사람이 박수를 쳤다. 벨포트가 이야기를 이어갔다. 그 이야기가 사실상 영업이다. 모든 영업 기법이 여기에 들어 있다. 높아졌다 낮아지는 목소리, 리드미컬하게 전하는 확신, 분위기 전환. 관심 포착. 오후가 끝날 무렵, 나는 흥분되고 만사가 잘될 것 같은 기분이 들었다. 도파민이 넘치는 것 같았다. 벨포트는 우리에게 제안할 게 있다고 말했다. 그 제안이란 또 다른 세미나였다. 더 유익하고 아무나 들을 수 없고 더 가치 있는 세미나. 세미나 가격은 1,500파운드였다. 그는 신용카드 리더기를 들고 있는 사람들이 강당 옆쪽에 있다고 알려줬다. 우리는 그의 지시가 있을 때까지 의자에 앉아 있어야 했다. 그 세미나를 들을 수 있는 사람은 소수로 제한된다. 우리 모두가 운이 좋지는 않을 것이다.

그가 지시를 내리자 수백 명이 강당 옆쪽으로 몰려갔다. 카드 리더기 앞에 줄이 쭉 늘어섰다. 또다시 고객 붙들어놓기. 벨포트가 무대를 걸어내려갔다. 돈이 빠른 속도로 쏟아져 들어왔다.

비행기가 이륙해서 북쪽으로 향했다. 눈과 얼음을 향해. 불편한 세계를 향해. 나는 보온성 좋은 속옷과 방수가 되는 겉옷을 챙겼다. 비행기가 솟구쳐 올라 구름을 헤치고 나아가 맑은 밤하늘을 날고 있다. 창밖은 캄캄하다. 반쯤 그늘에 가린 내 얼굴이 창에 비친다. 내가 창문의 블라인드를 내릴 때까지.

◑ ◐

나는 펠릭스 데니스를 두 번째로 만나러 갔다. 그는 당시 인후암 치료를 받았다. 그의 집 정원에 도착하니 새로운 조각상 몇 개가 보였다. 킹콩을 본뜬 청동 고릴라 조각상과 불을 발견한 유인원인 호모 하빌리스처럼 보이는 부족이 사냥 중인 털북숭이 매머드 조각상. 데니스는 이들을 '인간 이전의 인간'이라고 불렀다. 이들은 몸집이 작고 격분한 상태다. 그중 한 명은 돌을 던지는 자세를 취하고 있다. 나는 최후를 맞은 이카루스의 조각상을 지나갔다. 머리가 물에서 고작 몇 인치 떨어진 이카루스가 연못 위에서 아슬아슬하게 균형을 잡고 있었다. 웰시맨 밖에는 중산모를 쓰고 시가를 입에 문 이점바드 킹덤 브루넬Isambard Kingdom Brunel의 실물 크기 조각상이 새로 서 있었다. 역사상 가장 근면한 사람이 서재를 찾아온 나를 맞아줬다.

데니스는 웰시맨의 책상 앞에 앉아 있었다. 우리는 데니스의 삶에 관해 이야기를 나눴다. 그의 삶의 바탕에는 두 가지의 깨달음이 있었다. 돈을 벌 수 있다는 첫 번째 깨달음은 스물네 살 때 찾아왔다. 그는 집착했다. 한 가지 일만 생각했다. 그가 말했다. "그 일을 쫓아 직진해야 합니다. 내가 만든 브루스 리 포스터 잡지의 성과를 알자마자 나는 다른 영화들을 살펴보기 시작했습니다. 그리고 상어를 발견했죠, 다른 사람들은 그냥 상어가 나오는 영화를 봤습니다. 난 아니었어요. 나는 돈을 봤습니다."

그 영화는 〈조스Jaws〉였다. 데니스는 고무상어 사진을 팔아 수백만 달러를 벌었다. 합법적이기만 하면 돈을 버는 방법에는 신경 쓰지 않았다. 그냥 돈을 원했다. "내가 콘택트렌즈를 만드는 사람이었다 해도 나는 돈을 버는 방법을 찾아냈을 겁니다." 데니스는 5억 파운드를 벌었다. 하지만 돈, 돈을 벌기 위해 택한 사고방식, 돈을 벌었을 때 사람들이 그를 대한 특별한 방식, 그가 그 사람들을 상대하기 위해 발달시킨 정서적 냉담함, 그가 좋아하지 않고 '개떡 같은 놈'이라고 생각하는 그 냉담한 자신을 잊어버리기 위해 복용한 마약, 이 모든 것들이 그를 해치기 시작했다. 그는 우울증에 빠지고 몸이 아팠다. 그는 매일 밤 매춘부들을 고용했다. 크랙을 달고 살았다. 그러다 나이 쉰 살에 죽음 직전까지 갔다.

그 직후 그는 두 번째 깨달음을 얻었다. 그는 말했다. "난 부유하고 성공한 멍청이었어요. 큰돈을 번 거의 모든 사람은 멍청이예요. 태반이 미친 사람들이죠. 자신이 죽지 않고 영원히 산다고 생각하거든요. 약간 미쳤어요. 거의 미친 수준이죠." 그는 잠깐 말을 멈췄다. "내가 시를 쓸 수 있다는 사실을 발견한 것, 인정하자면 더 나아가 다른 사람들이 읽고 귀를 기울일 시를 쓸 수 있다는 사실을 발견한 것이 내 인생을 완전히 바꿔놓았습니다."

시는 두 번째 깨달음이었다. 데니스는 시에 사로잡혔다, 시 몇 줄이 항상 머릿속에 떠올랐다. "거의 매일 밤, 때로는 하룻밤에도 두세 번씩 시구가 떠올라 한밤중에 잠에서 깹니다. 오늘은 내가 아는 사람 중에 나와 동갑인데 제일 먼저 세상을 떠난 누군가가 생각났어요. 동료들 중 한 명이었죠. 셜리 다이버스Shirley Divers라는 여성입니다. 그러자 시 한 줄이 떠올랐어요. 그 시는 다른 어딘가에서 나를 찾아온 게 틀림없어요. 어디서 왔는지 알아내야 해요. '나는 이제 다시는 젊어지지 못할 것이다, 디 덤 디 덤 디 덤 디 덤.' 거의 약강 5보격 시행이죠."

그는 자신의 가장 유명한 시들 중 하나가 두 사람에 관해 쓴 시라고 말했다. 한 사람은 막 죽었고, 나머지 한 명은 '그를 다시 불러오려고 애쓰는 중'이라고 했다. 데니스는 예술 창작이 행복을 준다는 두 번째 깨달음에 감사한다고 했다. "내가 시인이라는 깨달음이 내 인생을 바꿨어요. 그걸 깨닫자 약간 슬퍼졌어요. 아마 20대 때 내가 시인이라는 걸 발견했어야 했다는 생각 때문일 거예요. 운명이건, 죽음이건, 삶이건 뭐가 됐건 내게 또 다른 삶을 살 또 다른 기회가 주어진 것이 몹시 감사합니다."

아마 첫 번째 깨달음의 좋지 못한 결과가 두 번째 깨달음의 연료가 됐을 것이다. 시인은 자신이 후회하는 일들을 명확하게 표현한다. 그리고 후회에 관해 쓰기 위해서는 후회하는 대상을 찾아야 한다. 그의 경우에는 그 대상이 돈이다.

웰시맨 밖에 한 여자가 나타났다. "어떻게 지내시나요?" 그녀가 물었다. "아주, 아주 잘 지냈으면 좋겠네요. 적어도 나는 내가 잘 지내길 바랍니다. 돌팔이 의사들한테 배웠어요, 잘 지낸다고 혹은 적어도 잘 지낸다고 생각한다고 말하라고요."

하지만 그는 잘 지내지 않았다. 내가 두 번째로 그를 만난 직후 그는 도싱턴을 산책하다가 갑자기 현기증이 나서 나무에 몸을 기대야 했다. 암이 폐까지 퍼졌다. 그리고 얼마 지나지 않아 그는 세상을 떠났다.

◗ ◗

조시 악셀라드는 카지노에서 카드카운팅으로 수십만 달러를 벌었다. 하지만 이런 생활방식을 감당하기가 힘이 들었다. 좀 더 정상적인 삶을 살고 싶었다. 그래서 작가가 되기로 결심했다. '도박꾼이 되는 것에 대한 책을 쓰면 되잖아?' 그는 이 책의 기획안을 팔았다. 선금은 30만 달러였다. 그런 뒤 난관에 부딪쳤다. 스티븐 프레스필드가 저항이라고 불렀던 현상을 만났다. 조시에게는 시간이 넘쳐흘렀지만 아무런 흥이 나지 않았다. 그는 온라인 포커를 시작했다. 때로는 침대에서 게임을 했다. 가끔 이

기기도 했지만, 주로 졌다. 그는 병적이 되고 자기파괴적이 됐다. 이런 상태는 절망과 엄청난 흥분을 동시에 안겨줬다.

그는 데이비드 포스터 월리스David Foster Wallace의 말을 기억했다. 중독이 어떻게 중독으로 인한 문제들의 해결책이 되는지에 관한 것이었다. 조시는 점점 더 많은 돈을 잃었다. 수만 달러를 잃었다. "난 통제 불능이었어요. 내가 통제 불능이란 것도 알고 있었죠. 내가 사실은 이 게임을 잘한다는 착각을 하지 않았거든요. 내가 질 것을 머리로는 알고 있었어요. 그러니 게임을 계속한 건 바보짓이었죠." 하지만 그는 게임을 계속했다. "그리고 통제 불능 상태가 더 심해질수록 흥분감은 더 커졌어요. 분명 혐오스러운 꼴이었죠. 한심하고."

블랙잭 테이블에서 돈을 잃는 것과는 달랐다. "그때는 굉장히 슬펐어요. 후회했죠. 하지만 나 자신을 미워하진 않았어요. 그 투자의 바탕이 된 판단이 이성적이란 걸 알고 있었거든요." 하지만 포커게임에서 돈을 잃는 건 달랐다. "거울 속의 나 자신을 똑바로 볼 자신이 없었어요." 조시는 도박중독자 모임에 가입했다. 계속 온라인 포커를 하고 계속 돈을 잃었다. 그러다 마침내 그만뒀다. 그는 5만 1,000달러를 잃고 책을 썼다. 제목은 《부자가 될 때까지 반복하라Repeat Until Rich》였다.

◗ ◖

리언 맥스는 나타샤와 결혼하지 않았다. 하지만 나타샤가 그에게 친구인 우크라이나 출신의 모델 야나 보이코Yana Boyko를 소개해줬다. 리언과 야나는 2014년에 결혼했다. 이스턴 네스턴에서 열린 축하 연회에서

야나는 리언 맥스 컬렉션 중 하나인 회색 드레스를 입었다. 9대 스펜서 백작이 참석했다. 얼마 후 야나는 아들을 낳았다. 리언 맥스는 아들을 스토우 스쿨에 보낼 생각이라고 말했다.

◐ ◑

《이성적 낙관주의자》를 쓴 뒤 매트 리들리는《만물의 진화The Evolution of Everything》라는 책을 썼다. 이 책은 경제부터 생명체 자체까지 복잡한 체계들의 작동 방식에 대한 뛰어난 분석서다. 리들리는 '세상에 대한 한 가지 지배적 통념, 우리 모두가 저지르는 한 가지 커다란 실수가 있다면, 우리 모두가 세상이 실제보다 훨씬 더 계획된 곳이라고 가정하는 것이다'라고 썼다.

◐ ◑

매트의 록 은행은 결국 부채를 포함해 은행 전체가 14억 파운드에 영국 정부에게 넘어갔다. 은행은 두 부분으로 쪼개졌다. 자산인 '좋은' 절반과 빚이 있는, 그러니까 부채인 '나쁜' 절반. 버진 머니Virgin Money가 '좋은' 절반을 7억 4,700만 파운드에 사들였다. 헐값이었다. 버진 머니가 실제로 지불한 돈은 4억 6,000만 파운드뿐이었다는 사실을 고려하면 더 싸게 사들인 셈이다.

그렇다면 나머지 2억 8,700만 파운드는 어디에서 왔을까? 나는 버진 머니의 CEO인 제인-앤 가디아Jayne-Anne Gadhia를 만나러 갔고, 그녀가 내게 설명을 해줬다. 2억 8,700만 파운드는 노던록의 자산에서 왔다.

버진의 4억 6,000만 달러 덕분에 노던록이 이전의 안전한 자금에서 2억 8,700만 파운드를 풀 수 있었다. 다시 말해 버진이 한 유형의 돈을 다른 유형의 돈으로 교환하자 다른 유형의 돈의 가치가 높아졌다. 가디아는 "우리가 은행에서 돈을 빼서 우리 금고로 가져온 게 아니에요"라고 말했다. 따라서 버진은 은행의 돈을 이용해 은행을 사들였다. 그들은 뭐랄까, 은행이 스스로를 구입하는 동시에 버진에게 스스로를 내주도록 도왔다. 금융공학이 낳은 솜씨 좋은 작품이었다.

◖◗

나는 콜롬비아의 보고타에서 데이비드 게타를 만나 그가 그날 빌린 전용기를 타고 페루에 갔다. 그는 2, 3일에 한 번씩 전용기를 이용할 때마다 2만 달러를 쓴다고 말했다. 하지만 경제학적으로는 아주 효과적이다. 그는 세계를 돌아다니며 며칠에 한 번씩 수천 명, 때로는 수만 명 앞에서 공연을 한다. 전용기를 빌리는 데 드는 돈은 부차적 비용이다.

전용기는 위험한 기계처럼 느껴졌다. 가늘고 우아한 이 기계는 당신을 하늘 높이 띄워 올린다. 우리는 4만 피트 상공을 날아갔다. 내 취향에 비해 약간 높게 느껴져다. 게타는 'I've Gotta Feeling'을 공동으로 쓰고 공동 제작했던 이야기를 했다. 그 곡은 그의 인생을 바꿔놓았다. 그 곡은 대히트를 쳤다. 그 뒤 리한나Rihanna, 시아Sia, 크리스 브라운Chris Brown, 스눕독Snoop Dogg, 켈리 롤랜드Kelly Rowland, 니키 미나즈Nicky Minaj, 어셔Usher 등 온갖 팝스타들이 그와 함께 일하고 싶어 했다. 갑자기 노는 물이 달라졌다. 그는 세계 어디를 가든 수만 명의 사람을 모을 수 있었다.

그는 수백만 달러를 벌었다. 수천만 달러를 벌었다. 영국, 프랑스, 캘리포니아, 두바이, 이비사, 다섯 곳에 집을 구입했다. 세계 어딘가에서(어디든 될 수 있다) 잠을 깨면 그의 집들 중 하나와 가까운 곳일 수도 있고 아닐 수도 있었다. 그는 방향감각을 잃었다. 공황발작이 찾아오기 시작했다. 결혼생활이 파국을 맞았다.

우리는 조 심슨이 크레바스에 빠지기 전에 올랐던 산인 시울라 그란데 위를 날아갔다. 그리고 리마에 도착해서 SUV에 옮겨 탄 뒤 'I've Gotta Feeling'에 관해 이야기했다. 나중에 나는 그 곡을 분석해봤다. 노래를 여러 번 듣고, 블로그들을 읽고, 유튜브도 봤다. 가사가 냉소적이고 훌륭했다. 이 곡은 파티를 벌이고 노는 것이 중독이 될 수 있다고 말하는 동시에 파티에 중독되면 어떤 기분인지 느끼게 해준다. 두 가지 의미에서 울리는 사이렌이고, 경고이자 유혹이다. 우리는 주 고속도로를 탔다. 경찰차가 요란한 사이렌 소리를 울리며 우리 차를 에스코트했다. 경찰차는 우리를 위해 길을 내며 차들 사이를 뚫고 지나갔다. 게타가 말했다.

"대통령이 된 기분이신가요? 좋아요, 중요한 건 이겁니다. 처음 시작할 때는 위를 봅니다. 긍정적 에너지만 있죠. 당신에게 동기를 부여하는 건 열정, 사랑입니다. 하지만 꼭대기에 올라갔을 때 당신에게 무엇이 있나요?" 게타는 잠시 말을 멈췄다. "내려가는 데 대한 두려움뿐입니다."

우리의 오른쪽에 도시의 한 구역이 보였다. 판자촌이 수마일 이어졌다. 점점이 불이 밝혀져 있었지만 더 가난한 지역이 나오자 곧 불빛이 사라졌다. 우리 앞에서 경찰차가 사이렌을 울렸다.

릭은 극복하지 못했다. 내게 《친구의 자일을 끊어라》를 빌려주고 얼마 지나지 않아 그는 번잡한 거리를 걷고 있었다. 번잡한 거리가 절벽에서 튀어나온 바위와 비슷하다는 내 말이 기억나는가? 당신에게 돌진하는 차량의 에너지가 당신을 바닥으로 곤두박질치게 하는 중력만큼 위험할 수 있기 때문이다. 그래서 가끔 릭을 떠올릴 때면 나는 낭떠러지에서 발을 떼고 있는 그의 모습이 그려진다. 그 다음에 일어난 일은 생각하지 않으려 애쓴다.

그 집을 기억하는가? 내가 호시탐탐 눈독들이던 집 말이다. 건축계의 보석, 중세의 포르노맨션. 낮으면서 길고 건방지면서 아름다운, 1970년대 영화에서 악당이 살던 집. 아무튼 그 집이 시장에 나왔다. 내가 낼 수 있는 돈보다 100만 파운드 더 비싼 가격에. 나는 집을 보러 온 사람인 척하고 그 집으로 들어갔다. 부자들의 말투로 이야기하고 집 구경을 했다. 그리고… 집은 완벽했다. 그 집을 걸어 다니다보니 취한 기분이 들었다. '내 집이야! 내 물건들로 이 집을 채우고 싶어!' 그러다 침실들 중 하나에 들어갔다. 내가 그 방에서 한동안 생활하고 나면 어떤 모습일지가 보였다. 젖은 수건들. 낡은 테디베어처럼 사랑으로 너덜너덜해진 책들. 화려한 잡지들의 보금자리인 바닥. 망가진 둥지 같은 침대. 그 광경이 떠오르자 나는 생각에 잠겼다.

비행기가 내가 묵을 곳, 다시 말해 잠을 잘 곳인 레이캬비크를 향해 아

래로 기울었다. 나는 툰드라를 지나 산으로 들어가 레이캬비크에서 동쪽
으로 약 50킬로미터 떨어진 곳에서 대부분의 시간을 보낼 것이다. 생각
이 자꾸 내일 아침으로 달음박질쳤다. 어둡겠지. 차를 타고 툰드라를 지
나갈 거야. 길은 얼음으로 덮여 있겠지. 장애물들과 얼어붙은 가파른 비
탈도 나타날 거야. 결국 우리는 목적지에 도착하겠지. 불편함의 온상. 그
곳의 이름은 기억나지 않지만 크고 하얀 얼음조각들이 삐죽삐죽 튀어나
와 있을 것 같아. 바람이 내 얼굴과 손을 할퀴겠지.

　나는 조 드 세나Joe de Sena라는 사람을 만날 것이다. 나는 조 드 세나
같은 사람이 되면 어떨지 상상해보려고 애쓰고 있다. 세나는 그의 표현대
로라면 '영화 〈좋은 친구들〉의 배경이 된 퀸스' 출신이다. 이탈리아계 미
국인인 그는 조 '더 이어' 마시노Joe 'the Ear' Massino라는 조직폭력배의
수영장 관리인이었다. '더 이어'라고 불린 이유는 갱단 보스인 그가 누구
도 자기 이름을 입 밖에 내길 원하지 않았기 때문이다. 그를 지칭할 때는
이름을 말하는 대신 귀를 만져야 했다. 더 이어는 조에게 충고를 해줬다.
"무언가를 할 때는 완벽하게 해야 해. 어중간하게 해서는 안 돼."

　드 세나는 월가에서 일했다. 그는 부자가 됐다. 그런 뒤 더 부자로 만들
어줄 아이디어를 떠올렸다. 그는 주변의 모든 사람들이 편안함에 중독되
고 있는 걸 알아차렸다. 그 자신도 마찬가지였다. 편안함은 만족을 주지
않았다. 그가 말했다. "우리는 끊임없이 우리 생활을 더 편하게 만들려고
애써요. 그런 노력은 우리를 더 약하게 만들 뿐입니다. 우리는 아주 사소
한 불편에도 투덜거리죠. 이런 생활은 우리를 봉제인형으로 바꿔놓습니
다. 부드럽고 지나치게 속을 두툼하게 채운 연약한 봉제인형이요."

드 세나는 이런 추론을 했다. '만약 편안함이 우리를 불만스럽게 만든 다면 그 반대는 어떨까? 불편이 우리 기분을 좋게 할까?' 정말 그랬다. 그 는 요령을 발견했다. 드 세나는 스티븐 프레스필드의 생각에 동의한다고 말했다. 적극적으로 불편을 추구하면, 쉬운 길 대신 힘든 선택을 하는 법 을 배우면 기분이 더 나아지기 시작할 것이다. 더 행복해질 것이다. 더 성 공할 것이다. 사람들은 불편을 원한다. 사람들에게는 불편이 필요하다. 불편을 그 사람들에게 팔 수 있다.

드 세나는 스파르탄 레이스Spartan Race라는 회사를 차렸다. 그리고 사 람들이 극도의 불편을 경험하는 장애물 경주를 전 세계에서 열었다. 그는 톰 소여다. 그는 펠릭스 데니스다. 그는 하워드 슐츠다. 그는 조던 벨포트 다. 실제로 그는 조던 벨포트를 알고 있었다. "난 조던을 알아요." 그가 내 게 이렇게 말할 것이다.

비행기가 아래쪽으로 기울 때 나는 창밖을 내다봤다. 뾰족한 산봉우리 들이 눈에 덮여 있는 툰드라. 치아 치료는 받았다. 나는 창에 비친 내 얼 굴을 바라봤다. 잠깐 또 다른 내 모습을 그려봤다. 투지 있는 사람. 가난 해지길 원하지 않는 사람. 침대에서 기어 나와 책상 앞에 가서 글을 쓰기 시작할 수 있는 사람.

'돈이 올 거다! 언젠가 넘치게 밀려들어올 거다.'

나는 아래를 내려다봤다. 툰드라가 나를 향해 다가왔다.

감사의 말

이 책을 쓰는 동안 도움을 주신 몇몇 분들께 감사의 말을 전하고 싶다. 내 대리인 앤터니 토핑Antony Topping, 편집자 마이클 피시윅Michael Fishwick. 그리고 '블룸즈버리Bloomsbury'의 모든 분들, 특히 로렌 와이브로우Lauren Whybrow, 릴리드 켄드릭Lilidh Kendrick, 조니 코워드Jonny Coward에게 감사드린다. 나는 아이디어가 떠오르면 항상 앤터니에게 전달해 괜찮은지 물어봤고, 앤터니는 미적대지 않고 곧장 아이디어를 검토했다. 그는 나를 웃게 만드는 것에, 특히 나 자신에 대해 웃게 만드는 데에 선수다. 마이클은 인내심이 뛰어나다. 로렌은 똑똑하고 대단히 체계적이다. 그녀는 내가 문구에 너무 집착하지 않게 하려고 애썼다. 릴리드는 일이 완료되게 하는 사람이고, 조니는 항상 앞에서 이끌어준다. 오디오북 작업을 해준 조 폴쇼Joe Forshaw에게도 감사드린다.

그 외에도 감사드리고 싶은 분이 많다. 조던 벨포트는 여러 시간 동안 이야기를 나누며 나를 매료시키고 또 즐겁게 해줬다. 아론 브라운도 멋졌다. 아론은 나와 이야기를 나누고 저녁을 샀으며 많은 일을 설명해줬다. 세상에 아론 브라운만큼 돈을 잘 이해하는 사람은 많지 않다. 그의 책 《월 스트리트의 포커페이스The Poker Face of Wall Street》와 《혈기왕성한 위기》를 추천한다. 이 사람은 돈의 역사를 정말로 잘 이해하고 있다.

조지 쿠퍼에게도 고마움을 전한다. 그의 책 《민스키의 눈으로 본 금융 위기의 기원The Origin of Financial Crises》은 최고로 명확하다. 그는 나를 자기 사무실에 초대해서 오랫동안 이 책에 관해 이야기했다. 《부채 그 첫 5000년Debt : The First 5,000 Years》의 저자이며 나와 이야기를 나눠준 데이비드 그레이버David Graever에게도 감사드린다. 또 데이비드 우튼David Wootton에게도 감사를 전한다. 그의 책 《과학이라는 발명The Invention of Science》은 과학 혁명에 관해 내가 읽어본 최고의 저서이자 거의 최고의 역사서이다. 내가 역사서를 딱 한 권만 읽을 수 있다면 이 책을 읽을 것이다. 피커딜리에서 멋진 대화를 나눈 매트 리들리에게도 고맙다.

피지 워터의 데이비드 길모어, 스타벅스의 하워드 슐츠, 앨런 슈거, 맥스 스튜디오의 리언 맥스, 버진 머니의 제인-앤 가디아, 조 심슨, 데이비드 드 로스차일드, 조엘 코한, 나심 니콜라스 탈레브에게도 감사한다. 모두 나와 이야기를 나눠준 분들이다. 너지스톡Nudgestock에 나를 초대해 노벨상 수상자 리처드 탈러Richard Thaler 같은 뛰어난 사람들을 소개해준 로리 서덜랜드에게도 감사한 마음이다. 로리가 뛰어나지 않다는 말은 아니다. 그도 뛰어난 사람이다. 워릭셔의 사유지에서 나와 이야기를 나누고 그의 세그웨이 타는 법을 가르쳐 주려고 애쓴 故 펠릭스 데니스, 말과 배팅에 관해 이야기해준 패트릭 비치, 카드카운팅에 대해 들려준 조시 악셀라드에게도 감사하다. 트레이딩과 그 외 여러 가지에 대해 훌륭한 조언을 해준 조너선 워터스Jonathan Waters, 그리고 초기 독자가 돼준 칼럼 머리Callum Murray에게도 고맙다는 말을 하고 싶다. 또 특히 케인스에 관해 이야기를 나눠준 로버트 스키델스키Robert Skidelsky에게 감사하다.

내 첫 독자가 돼준 조너선 워터스에게도 다시 한 번 감사한다. 그리고 마지막으로, 만난 적도 없고 실명도 모르지만 〈더 포인트 매거진The Point Magazine〉에 픽업 아티스트에 관한 글을 쓴 S.G. 벨냅S.G. Belknap에게 고마운 마음을 전한다.

**옮긴이 박우정**

경북대 영어영문학과를 졸업한 뒤 전문 번역가로 활동하고 있다. 옮긴 책으로 《스프린트》, 《메이크 타임》, 《불평등이 노년의 삶을 어떻게 형성하는가》, 《왜 신경증에 걸릴까》, 《자살의 사회학》, 《월든》, 《히틀러의 비밀 서재》, 《인문학은 자유다》, 《도서관의 삶, 책들의 운명》, 《톨스토이 단편선》, 《노예 12년》, 《아들러 평전》, 《좋은 유럽인 니체》, 《남성 과잉 사회》, 《재생산에 관하여: 낳는 문제와 페미니즘》 등이 있다.

## 세계 최고의 부자들을 만난 남자

1판 1쇄 발행  2021년 2월 26일

지은이  윌리엄 리스
옮긴이  박우정
발행인  오영진 김진갑
발행처  토네이도미디어그룹(주)

책임편집  허재희
기획편집  이다희 박수진 진송이 박은화
디자인팀  안윤민 김현주
마케팅  박시현 신하은 박준서 김예은
경영지원  이혜선

출판등록  2006년 1월 11일 제313-2006-15호
주소  서울시 마포구 월드컵북로5가길 12 서교빌딩 2층
전화  02-332-3310 팩스  02-332-7741
블로그  blog.naver.com/midnightbookstore
페이스북  www.facebook.com/tornadobook

ISBN 979-11-5851-204-0  03320